師弟

笑福亭鶴瓶から
もらった言葉

笑福亭銀瓶

西日本出版社

師弟

笑福亭鶴瓶からもらった言葉

もくじ

序章　お前を辞めさすつもりはない

「俺は今、お前を辞めさすつもりはない」


我が耳を疑った。まさか、そんな言葉を聞くとは。そんな風に言ってくださるとは。

その直前、とても悲しそうな目を見た。悲しそうな目に見えただけなのか。

違う。あんな目を見たのは初めてだ。師匠の、あんな目を。


入門して二年が過ぎた、一九九〇年（平成二年）、夏のある日。時刻は朝九時を過ぎたあたり。

師匠の書斎で、師匠と向き合った。

椅子に座った師匠。その前で正座する私。

「弟子を辞めたい」

私のこの申し出に対する師匠の答えが、冒頭の言葉だった。

もし、それが違うものであったら、その後の私の人生は大きく変わっていたはずだ。


時は流れ、二〇二〇年（令和二年）二月二十二日。大阪松竹座。

そこには、トリの高座で『百年目』を演じる私がいた。

あの夏の朝、「俺は今、お前を辞めさすつもりはない」と言った師匠も、それを聞いていた私も、三十年後、そんな瞬間が訪れるとは微塵も考えてはいなかった。


だが、確実に、あの日からつながっている。

そして、その、ずっと前からも。

第一章　幼少期

匂いの記憶

幼稚園からの帰り道、小さな駄菓子屋の角を右に曲がると、三十メートルほど先の右側に、古びたアパートが見えてくる。

つないでいた母の手を振りほどくと、一目散に走り出す。アパートの二階に続くコンクリートの階段を駆け上がろうとするその時、上から、あの匂いがしてくる。

「ハンメがキムチ作っとぉ」

ありったけの力で階段を駆け上がる。匂いがどんどん強くなってくる。二階に到着し、左奥に顔を向けると、アパートの共同廊下、屋上に上がる鉄製の階段に腰掛けているハンメの姿を見つける。その足元には、アルミ製の大きな盥《たらい》がドーンとふんぞり返っている。

陽の光が降り注ぎ、しかしそれ以上に、そこだけがより一層キラキラして見えるのは、きっと、ハンメが満面の笑みを湛えて、私を待ってくれているからだろう。

「ハンメ！」

共同廊下の中央を小走りに近づいていく私に、ハンメはいつも同じ言葉で出迎えてくれる。

「しょういち～、帰ってきたか～」

「キムチ作っとん？」

「そうや」

盥の中には、真っ白な白菜と、赤く染まった白菜が混在している。今は白い白菜たちも、数分後にはハンメの手によって真っ赤なそれに変わってしまう。下準備が施され、しんなりとした白菜に、唐辛子やニンニク、千切りにした大根、青ネギ、ハチミツ、小さく刻んだリンゴなどを混ぜ合わせて作った「ヤンニョム」をすり込むのだ。

もちろん、このヤンニョムもハンメの手作りだ。

ヤンニョムとは、韓国料理ではお馴染みの合わせ調味料のことで、キムチ作り以外にも頻繁に使われる。赤くて、辛くて、匂いがキツイ、でも、それをハンメが白菜に塗り込めば、数日後には美味しいキムチができあがるという、魔法の赤いタレ。

「食べるか？」

キムチ作りの途中に私が帰って来ると、ハンメは必ずこう聞く。

「うん」

私も必ず、同じ答えを返す。

ヤンニョムがべったりと付き、白菜同様、真っ赤に染まった、しかし、優しい手で、白菜の柔らかい部分を小さくちぎるハンメ。その様子を見ながら、私は大きく口を開けて待っている。

ひと口サイズの白菜が私の口に近づいて来ると、ヤンニョムの匂いがさらに強烈になる。そこには、ハンメの手の香りも混じっている。ずっとずっと、働き続けてきた人の、手の香り。

「ほれ」

笑いながら、まだ熟成していない、ヤンニョムを塗ったばかりの「超浅漬けキムチ」をハンメが口に放り込んでくれる。私は目をつぶって、恐る恐る噛み、そして素早く飲み込むと、決まってこう言う。

「から〜っ!」

幼稚園児にとってのそれは、この世のモノとは思えないほどの辛さである。しかし、それでも食べたかった。今にして思えば、ハンメと私の、二人だけの儀式のようなものだったのかもしれない。

「辛いか。水飲め、水」

そう言いながら大笑いした後、ハンメはまた作業に戻る。そして私は、幼稚園の制服から着替えると、公園に遊びに行く。

説明が後になったが、ハンメとは、私の祖母のことである。正確には、父方の祖母。

韓国語で「おばあちゃん」のことを「ハルモニ」と言う。そして当然、日本語と同じように、韓国語にも方言がある。朝鮮半島南部、慶尚道（キョンサンド）では「ハルモニ」が「ハルメ」になり、さらにそれが転じて、在日コリアンの訛りで「ハンメ」になったと言われている。

朝鮮半島が日本の統治下にあった頃、多くの朝鮮人・韓国人が日本に渡って来た。その大半が、地理的にも日本に近い、慶尚道からやって来た人々である。それ故「ハンメ」という言葉が、今も在日コリアンの社会で生き続けているのである。

私のハンメは、韓国の慶尚道で生まれ、日本にやって来た、いわゆる、在日コリアン一世。

その次の世代である私の両親は、日本生まれの在日二世。

そして、二人の間に誕生した私は、在日コリアン三世。

私にとって、ハンメが作るキムチの匂いが、幼少期の記憶として強烈に、そして、鮮明に残っている。

その「匂いの記憶」こそが、私に自分自身のルーツを感じさせてくれる大切なものなのだと、今、これを書きながら、改めて思い返している。

私は、一九六七年（昭和四十二年）十月十五日に生まれた。

病院ではなく、兵庫県神戸市灘区大石南町の自宅アパートの一室で、産婆さんに取り上げてもらった。ハンメがキムチを作っていた、あのアパートである。

赤ん坊だった頃の写真は、今もアルバムに大切に収めている。真っ裸で畳の上をハイハイしている写真や、家の近くの路上で両親が並び、父に肩車をしてもらっている写真。恐らく、父が二十七〜八歳で、母は二十歳くらいだろうか。

まだあどけない少女のような面影が残る母の表情を見ていると、当時、どのような心境だったのだろうかと、生まれて初めてそんなことを想像した。

私が最も好きな写真は、ハンメに抱かれている写真である。

当時、四十七歳。年齢的には、随分と若いおばあちゃんだ。しかし、今の感覚で言うと、どう見ても六十歳を過ぎている。きっと、その四十七年の間に、年月を超越するくらい密度の濃い、ぎゅっと凝縮した、そんな人生を歩んできたのであろう。ただひたすらに仕事をして、二人の子どもを育て、さらにまた、働いて。

私が二歳くらいまでの写真は、どれも白黒で、家の中は家具が少なくスッキリとしている。その頃、両親とハンメは、どのような生活を送っていたのだろうか。裕福な暮らしではなかったということは、容易に想像がつく。中卒の父が、高い給料をもらえるような会社に就職できるわけでもないし、それに何より、あのアパートに住んでいたのだから、裕福かどうかと聞かれたら、「違います」と答えるしかない。

アパートの大家さんはハンメの妹のご主人。ハンメからすると義理の弟にあたる人で、アパートの近くで古紙を扱う会社を経営していた。

アパートの一階はその会社の倉庫兼副作業所になっていた。

外壁はコンクリートそのまま。華やかさの欠片も感じない。

共同廊下の北側と南側に三室ずつ、合わせて六室あり、間取りは、四畳半と六畳の二部屋。トイレは共同で、アパートの東端と西端に一ヶ所ずつあった。もちろん、和式トイレだ。

当時、ウチは二室借りていた。一番西端の北側にある一室と南側の一室。私が生まれた部屋は、南側の六畳間で、アパートの南西角にあたる。

私が幼稚園児の頃は、ハンメと両親、私、二歳下の弟の五人家族。その後、一九七四年（昭和四十九年）に妹が生まれて、六人家族になった。

私が十二歳になるまで、そこで暮らした。

アパートは、ウチも含めて、時に喧嘩をしたり、笑い声や泣き声が聞こえたり、随分と騒がしかった。当然、お金持ちなんて住んでいない。

それでも私は楽しかったし、お腹いっぱいご飯も食べた。高価な服ではなかったが、着る物に困った記憶もない。学校に持って行く鉛筆やノートもちゃんと揃っていた。

小学一年生の時、クリスマスの朝、枕元にエポック社の野球盤が置いてあるのを見て大喜びした私は、「サンタクロースは本当にいる」と信じていた。

第二章　小学生時代

ウチは違うの？

私の名前は、松本鐘一（まつもと　しょういち）。周囲からは「しょういち」「しょうちゃん」、あるいは「まっちゃん」と呼ばれていた。

低学年の頃、いつも不思議に思うことがあった。それは、病院に行くと必ず起きた。

自分の診察の番がくるまで、待合室で漫画を読んでいる。

受付の人が名前を呼ぶ。

「ちんさん、診察室へどうぞ」

ある時、それに気がついた。

「僕は松本やのに、今『ちんさん』って言うた」

「しょういち行くで」と言う母に、私は口を尖らせながら反論した。

「違うで。ちんさんやで。松本って、言うてへんで」

「エエから」

「なんで?」

「エエから、おいで」

母は私の手を取り、診察室に入って行った。

病院に行く度に、それが起きた。

「名前は松本やのに、なんで病院に行った時だけ『ちんさん』なんやろ?」

不思議で仕方がなかった。

二年生くらいの時だっただろうか、夕食の最中、父に聞いた。

「なんで病院に行ったら、『ちんさん』なん?」

「ちんが、ウチのホンマの名前なんや」

「えっ?……ほんなら、松本はホンマの名前と違うの?」

「いや、松本もホンマの名前やけどな、でも、元々の名前は、ちん、なんや」

「なんで?」

「……ウチはな、韓国人なんや」

「かんこくじん?」

「韓国いう国が、日本の隣にあるんや」

「僕は、日本人とちゃうの?」

「そうや」

「お父さんも、お母さんも?」

「そうや。ハンメもや。親戚もみんなそうや。ハンメいう言葉も韓国の言葉や」

その時、もっともっと幼い頃の記憶が蘇ってきた。

幼稚園に通っている頃か、その前か、とにかく、まだ小さい時、母が私に言った。

「しょういち、家では『ハンメ』でエエけど、よそに行ったら『おばあちゃん』って、言わなアカンで」

「なんで?」

「なんでも。分かった?」

「うん」

幼い頃の私は、親に言われたことに対して従順であった。

「ほんなら、僕は韓国っていう国で生まれたん?」

「いや、生まれたんは、日本や」

「そやけど、韓国人なん？」

「そうや」

「なんで？」

「今はまだ、しょういちには難しいから、もうちょっと大きなってから、また教えたる。そやけどな、『ちん』という名前がホンマの名前やいうことは覚えときや。漢字で書いたら『沈む』いう字や」

「沈没の『沈』や」

「そうや、その字や。今は、それだけ分かっとったらエエから」

物心がついた頃から、ハンメを「ハンメ」と呼び、ハンメが作るキムチが当たり前のように家にあり、それが普通だと思い、なんの疑問も抱かずに暮らしてきた自分が、生まれて初めて、こんなことを感じるようになった。

「ウチは、友達やよその家と、違うんか？」

やがて、少年の頃の私は、その「違い」に対して、避けるというか、ちょっとした嫌悪感に近いものを抱くというか、周りに隠すというか、そんな風になっていった。

両親と私の記憶

小学一年生の誕生日の前日、一九七四年（昭和四十九年）十月十四日、テレビで長嶋茂雄選手の引退セレモニーを見た。

「我が巨人軍は永久に不滅です！」

歴史に残るこの名台詞を聞いたことをきっかけに、友人のほとんどが阪神タイガースファンの中、私は読売ジャイアンツファンになった。二年生くらいから、公園や道端で友達と野球をして遊ぶようになった私は、野球にのめり込み、バットを持つと王貞治選手の真似をして、ピッチャーになると堀内恒夫投手や小林繁投手のフォームを真似た。

そんな孫にハンメは言った。

「阪神電車に乗っとるのに、なんで巨人を応援するんや？」

長嶋監督になって初めて優勝する一九七六年（昭和五十一年）、トレードで張本勲選手がジャイアンツに入団した。

同世代である張本選手のことを父はとても褒めていた。

「張本はエライ。努力の人や。張本も在日韓国人や。家が貧乏で苦労して、子どもの頃に手を大火傷して、それでも努力して、あれだけのプロ野球選手になった。人間は努力せなアカン。特に在日韓国人は、二倍も三倍も努力せな、この日本では生けていかれへん」

子どもの頃から、父の「努力せなアカン」という言葉を何度も耳にした。それはそうだと感じる一方で、こんなことも思った。

「日本人じゃないということは、ちょっと不利というか、損なのかな？」

低学年の頃、こんなことがあった。

家の前で近所の子たちと遊んでいると、そこへ親戚のおばあさんが一人、歩いてきた。韓国の服、チョゴリを着ていたように思う。そういう形の服であった。

そのおばあさんはハンメよりもずっと年上で、日本語がほとんど話せない。お正月など親戚が集まる際、たまに会っても、韓国語で話しかけてくる。

幼い頃の私には、それが韓国語であることすら分からない。とにかく、そのおばあさんが喋ることだけ理解できない。

おばあさんの姿に気づいた時、なぜか本能的に「みんなの前で、僕に話しかけてこないで」と思った。

しかし、私の意に反して、おばあさんは私に近づき、声をかけてきた。

「しょういち」

みんなの視線が私に注がれた。

そのあと、おばあさんが何かを話し出したのだが、何を言っているのか、さっぱり分からない。

すると、みんなが笑い出し、その中の一人が、おばあさんの言葉を真似て囃し立てた。

逃げ出したくなったのだが、それもできず、そのうち、とても悔しさがこみ上げてきて、囃し立てている子の背中を叩いた。


その後、四年生になるくらいまでには、父から次のようなことを教えてもらった。


ハンメは韓国で生まれ、朝鮮半島が日本の統治下にあった時代、太平洋戦争が始まる前の昭和初期、十二歳で韓国から日本に渡って来た在日一世。

その後、父が日本で生まれた。だから、在日二世。

私と弟と妹が生まれた。在日三世。

父方の名字は「沈（シム）」で、母方の名字は「孫（ソン）」。

創氏改名で日本の名字をつけることになり、父方の名前は「松本」になった。

私の日本名は、松本鐘一で、本来の、韓国の名前は、沈鍾一（シム・ジョンイル）。

そして、「本貫（ポングァン）」という言葉も教わった。

金（キム）、李（イ）、朴（パク）、姜（カン）、梁（ヤン）、鄭（チョン）、趙（チョウ）など、韓国（朝鮮）の名字はいろいろあるが、それぞれの姓には、当然のことながらルーツがある。

そのルーツを辿って行った源流のことを「本貫」と言う。

それぞれの姓には、基本的に複数の本貫がある。例えば、「金」という姓には「金海金氏」「慶州金氏」「全州金氏」など、他にもたくさん存在する。

私の姓「沈」の本貫は、韓国の慶尚北道（キョンサンプッド）にある青松（チョンソン）という地である。そこから「青松沈氏（チョンソンシムシ）」と呼ばれている。

さらに父はこう言った。

「沈の本貫は『青松沈氏』だけや。そやから、沈という名字の人は、源流を辿れば必ずどこかでつながる。遠い遠い親戚にあたる。鹿児島県に、沈壽官《ちんじゅかん》という薩摩焼の名人がいる。豊臣秀吉が朝鮮に出兵した時、日本に連れて来られた陶工の末裔で、代々『沈壽官』という名前を継いでいる。ウチと沈壽官さんは、辿って行けばつながる。遠い親戚や」

子ども心に、とても壮大な話だなと感じるとともに、頭の中に無限に広がる系図のようなものが浮かんだ。

父は時々、自分の子ども時代や若い頃の話を聞かせてくれたが、母は、ほとんど語らなかった。

私が覚えているのは、次の話だけだ。

母が中学二年生くらいの時に母親を亡くし、学校に通いながら、家事のほとんどをこなしていた。母の実家も裕福ではなく、いや、それどころか貧乏で、とても苦労したらしい。学校に持って行く弁当を自分で作るのだが、おかずがないので、仕方なく自家製のキムチを入れて行った。ご飯とキムチだけの弁当。食事の時間になると、心無い同級生から言われたそうだ。

「チョーセン、臭い。帰れ」

母は中学を卒業して、すぐに働きに出た。

父は、とても勉強が好きだったらしい。ところが、やはり貧乏なので、ノートや鉛筆にも不自由したと言う。

中学生時代、ノートがないので、公園の土の上に木の枝で英単語を書いて、ひたすら書いて、そうやって覚えたと聞いた。

成績が良くて、高校へ進学する学力が十分にあり、父も高校に行きたかった。担任の先生がハンメに「お母さん、この子は高校に行けますから」と話してくれたにも関わらず、家の経済的理由から、中卒で働かざるを得なかった。

ハンメも両親も、母の弁当の話を除いては、私に対して、「日本人から差別された」とか「日本人は酷い」というような話はしなかった。

「苦労をした」「あの頃はしんどかった」というエピソードは何度か聞いたが、具体的に「差別を受けた」「虐められた」という言葉は聞いていない。

もしかしたら、差別された経験があったのかもしれないが、「そういうことを子どもたちに言いたくない」という思いでいたのだろうと、これは私の推測である。

しかし、いつの頃からか、私の中でこんな風に思っていた。

「在日韓国人であること、本当の名前が『沈鍾一』であることを周りに知られたくない。悟られたくない」

両親から、そう指示されたわけではない。自然と、そんな考えが生じていた。

在日コリアンの家庭も様々で、金、李、朴など、本国の名字で生活している家もあれば、日本名を名乗っている家族も存在する。オープンにしている家庭や人。それとは逆に、隠している人々。

どちらが正しくて、どちらが間違っている、ということではない。様々な事情がある。

とにかく、病院に行くのが嫌だった。病院で、学校の友人や、知っている人に会いたくなかった。「ちんさん」と呼ばれているところを見られたくないからだ。

四年生の時、父に相談した。

「もし、病院で『ちんさん』って呼ばれた時に友達がいて、そいつから『なんで、松本やないの？』って聞かれたら、どないしよ？」

父は、少し思案した後、アドバイスをくれた。

「区役所が保険証に名前を書き間違えた、って言うとけ」

そんな答えで通用するのか、甚だ疑問だったが、それを頭にインプットした。

ある日、眼科でクラスメイトのFくんに会った。

受付から「ちんさん、どうぞ」という声が聞こえ、仕方なく診察室へ入った。

翌日学校へ行くと、案の定、Fくんが尋ねてきた。

「まっちゃん、昨日なんで、『ちんさん』って言われてたん？」

「ん〜、なんかなぁ、区役所がなぁ、保険証に名前、書き間違えたんやて」

「ふ〜ん」

Fくんは納得してくれた。


一九七〇年代後半、私が住む神戸市灘区の下町は、本当にのんびりとしていた。

そんな、のんびりした時代の、のんびりした街で、いい仲間と先生に恵まれ、私は勉強と野球に夢中になっていった。

父からの教え

一九七七年（昭和五十二年）四月、小学四年生になった。

その年から、家での勉強が急に増えた。それまでは、学校の先生が出す宿題だけしていれば良かったのだが、父からの宿題が生まれた。三年生までそれがなかったのには、父なりの考えがあってのことだろう。父が私に課したのは、次のことである。

①百字帳に漢字の書き取り。百マスを漢字で埋める。
②意味調べ帳。国語の教科書の中で意味が分からない言葉を辞書で調べ、ノートに清書して、覚える。一日に三つ。
③大学ノートに、算数のドリルを一日に一ページ解く。
④国語と社会の教科書を音読する。父が家にいる時は父の目の前で、いない時には、カセットテープに録音。

これを日曜日以外、毎日やるように命じられた。最初は嫌々だった。

父から「ノートを見せろ」と言われ、やっていないことがバレると、こっぴどく叱られ、平手打ちも食らった。

勉強しないと怒られる、叩かれる。それが嫌だから、父が怖いから机に向かっていた。きっと、こういう学習指導法は、今の教育界においては反対の嵐であろう。

父は常々こう言った。

「鉄は熱いうちに打て」

最初は嫌でやっていた勉強であるが、テストで良い点が取れ、学期末に通知表を見ると、「よし、もっと頑張ろう」と思うようになり、毎日、毎日、繰り返しているうちに、習慣というものは面白いもので、そのうち、嫌ではなくなってきた。

五年生になると、父から「ノートを見せろ」と言われることもなくなった。言われなくても、自分で勝手にやる人間になっていたのだ。

父は私に「勉強のやり方」を教えてくれた。それは、父自身の苦い経験があってのことだろう。

父は、可能ならば、高校にも大学にも行きたかったはずだ。

そしてそこには、やはり「在日韓国人である」ということも関係していたと思う。

「日本で生きていくからには、周りの人間よりも勉強ができた方がいい」

「勉強ができないよりも、できた方が、チャンスが生まれる」

きっと、そんな考えがあったはずだ。

とにかく、私にはそれぐらいの厳しさが合っていたようで、どんどんと勉強が好きになっていった。

しかし、私は決して、いわゆる「ガリ勉」ではない。

学校では、友達とアホなことばかりして、先生に怒られ、友人が笑うのを見るのが好きだった。

少年野球チームにも入り、ボールを追いかけて、大声を張り上げていた。


一九七八年（昭和五十三年）四月、小学五年生に。

ちょうどこの頃、ラジオの深夜放送を聴く友達が数人現れ、休み時間にそんな話をしていた。

私はまだ聴いていなかったのであるが、橋野くんがこう言ったのを覚えている。

「『ヤンタン』いうラジオがオモロいねん。そこに、『つるべ』いうのが出とぉねんけど、『つるべ』は、うるさいねん」

語尾に、「とぉ」がつくのが、神戸弁の特徴である。「出てる」は「出とぉ」、「行ってる」は「行っとぉ」、「知ってる」は「知っとぉ」という具合に。

橋野くんが教えてくれた「ヤンタン」が、MBSラジオの人気番組『ヤングタウン』であることを知るのは、中学生になってからのことであった。

そして、彼が「うるさい」と評した「つるべ」なる人物が、笑福亭鶴瓶という人であることを知るのも、ほぼ同じ頃だった。

初めて、笑福亭鶴瓶という人をテレビで見た時、モジャモジャ頭で、メガネをかけて、オーバーオールを着た人、そんな印象しかなかった。

MBSテレビの『ヤングおー!おー!』が好きで、よく見ていたので、明石家さんまさんのことは知っていた。

中学生になり、テレビで鶴瓶さんのことをしっかりと覚えた。

中学三年生の時、ハンメとのこんな会話を記憶している。一九八二年（昭和五十七年）のことである。当時、ハンメは神戸市内の少しだけ離れた場所に一人で住んでいた。

試験休みか何かだったのだろうか、とにかく、昼間にハンメの家へ行った。

テレビでは『徹子の部屋』が流れていて、その日のゲストが鶴瓶さんだった。

ハンメは知らなかった。

「これ誰や？」

「笑福亭鶴瓶っていう人」

「なにする人や？」

「落語家や思うけど、テレビによう出とぉで。人気あるで」

「ふ～ん」

まさか、その六年後に、その人の弟子になっているとは。


一九七九年（昭和五十四年）四月、小学六年生になった。

その年の夏、今でも鮮明に覚えている出来事がある。

八月十六日、夏の甲子園、箕島高校と星稜高校の試合を自宅のテレビで最初の方だけ観ていた。

夜になって、親戚が経営する焼肉屋さんに家族と行った。店のテレビでは、高校野球が流れていた。

「この試合、まだやっとぉで。スゴイなぁ」

言いながら、焼肉を食べていた。

高校野球史に残る名勝負「箕島VS星稜　延長十八回の死闘」である。

何かの話の流れで、誰が言ったのか、「選手のみんな、お腹、空いとぉやろなぁ」となった。

すると、父が古い話を始めた。

「俺が中学の時、弁当を持って行くことがでけん時があってなぁ。それで、クラスのみんなが弁当食べとぉのに、自分だけ何も食べんとおったら、弁当がないのがバレるから、それがカッコ悪いから、友達には『家で食べてくるわ』言うてウソついて、家に帰ったんや。そやけど、家にも食べるもんはないねん。五時間目になったら、また学校に戻るんやけど、国語や数学の授業やったら何とか受けられたけど、五時間目が体育の時は、腹が減って、腹が減って、辛かったわ～」

父は昔を懐かしんで、笑いながら、その話をした。

私は、腹を空かせたまま校庭を走る父の姿を想像して、かわいそうで、悲しくなって、ポロポロポロポロ、泣いてしまった。

でも、泣いているのは私だけで、隣で二歳下の弟が肉を頬張りながら言った。

「お兄ちゃん、なに泣いとん？」

ウチは確かに裕福ではなかったが、常に腹いっぱいに食べることができたし、ノートや鉛筆に不自由をしたこともない。

一九八〇年（昭和五十五年）三月、神戸市立西郷《にしごう》小学校を卒業。

思えば、なかなか充実した小学生時代であった。

この学び舎で過ごした六年間が、その後の自分自身を作る礎となっていることは間違いない。

第三章　中学生時代

秋山芳子先生

一九八〇年（昭和五十五年）四月、神戸市立烏帽子中学校に入学。

初めて袖を通した詰襟の学生服は、ダボッとしていて、お世辞にも似合っているとは言えなかった。

担任は、社会科の秋山芳子先生。ベテラン教師の秋山先生は、小柄で華奢な身体つきだが、男勝りなイメージが滲み出ていて、スカートではなく、いつもパンツルックだった。

初めての授業での衝撃を今でも覚えている。

「私は皆さんに歴史を教えます。歴史とは、こういうことです」

言った後、秋山先生は黒板に白のチョークで大きくこう書かれた。

「ＳＥＸ」

一気にざわつく教室。中学一年生ともなれば、全員がその言葉の意味を知っている。

しかし、先生は動ずることなく、こう続けた。

「歴史、世の中を作るのは、全て、人間です」

私は直感的に、「この先生は信用できる」と思った。


同じクラスに、Ｋさんという幼馴染の女の子がいた。彼女の家も在日で、ウチから歩いてすぐのところに住んでいたので、家族同士もよく知っていた。

二学期のある日、休み時間が終わり、自分の席に着こうと教室を歩いていると、ふと、ある女の子の机の上に置いてあるノートの端が目に入った。そこに書かれている文字を読んでしまった。

「Ｋ、チョーセンのくせに」

ドキッとした。

その席の女の子は、Ｋさんが在日だということを知っている。

もしかすると、そのことで、Ｋさんが嫌な目に遭っているのかもしれない。

Ｋさんのことを知っているのだとしたら、ひょっとすると、自分のことも知られているのかもしれない。

しかし、私にはどうすることもできなかった。

Kさんに「大丈夫か？　何かあったか？」と聞くこともできず、ノートの持ち主に「ここに書いているコレは、どういうこと？」と尋ねることもできない。

偶然ノートを見たことによって、胸の中に、何とも説明のできない、モヤモヤしたものが残った。

それからしばらくして、秋山先生に呼ばれた。


「松本くん、実は、Kさんが、ちょっと悩んでるの」

「なんでですか？」

「Kさんが在日やいうことで、ちょっと、あってね」

「……もしかして、虐められてるんですか？」

「そこまではハッキリしてないけど、Kさんは、嫌な思いをしているらしい」

「……先生、僕、少し前に、○○さんの机の上にあるノートを見てしまったんです。そこに、Kさんのことを『チョーセンのくせに』と書いてたんです」

「そうやったの……。松本くん、お願いがある」

「なんですか？」

「クラスのみんなの前で、自分が在日韓国人やということを言ってほしい」

「えっ？」

「今回のことで、みんなに問題提起をしたい。これはとても大事なこと。松本くんの口から、みんなに言ってもらって、みんなで考える機会にしたい」

「いや、でも……」

「先生がちゃんとするから。松本くんやったら大丈夫。……どう？」

「……すみません。それは、できないです」

私は、怖かった。

秋山先生のおっしゃること、先生が考えておられることは理解できた。

しかし、それでもやはり、怖かった。

自分の本当のことを明かした結果、どうなるのかということを想像すると、何も行動できなかった。

その後、この件について、それ以上の混乱は生じていないはずだ。

Kさんが酷いイジメを受けているという話も聞いていない。

先生が、お一人で解決されたのだろうか。

秋山先生の依頼に応えることができなかったのは、誠に申し訳なかった。

だが、私のことを信頼してくれたのが嬉しかった。

先生とは、卒業後、しばらくの間、年賀状のやり取りをしていたのだが、随分前にお亡くなりになられた。

もう一度、きちんと話をしたかった。

明石高専に行け

中学の三年間というもの、日々やることに何ら変わりはなかった。

学校の授業が終わり、野球部の練習に参加して帰宅すると、宿題があろうがなかろうが、毎日、家で約三時間の勉強。自分に課したこと。これを何の苦も無くできるようになったのは、全て父のお蔭である。

私には夢があった。それは、教師になることである。

中村雅俊さんや水谷豊さん主演の、学校を舞台にしたドラマが大好きだった。

そして現実に、これまで、いい先生ばかりに出会った。

「自分も教師になりたい。学校の先生になって、自分が感じたようなことを伝えたい」

そう思うようになり、目標が少しずつ固まっていった。

「教師になるには、大学の教育学部に行かなければならない。自分が住んでいるところは兵庫県神戸市だから、神戸大学に行こう。神戸大学に入るには、神戸高校に進学しなければ」

そのためには勉強するしかない。

漢字の書き取り、数学の問題を解く、英単語を覚える、英文を書く、社会や理科の問題を解く。

あっという間に三時間経つ。毎日こうしているので、試験前に慌てて試験勉強をする必要もなかった。

主要五教科（国語、数学、社会、理科、英語）の点数が、八十点台だととても不満だった。九十一～二点でも満足できず、九十五点を超えたら何とか納得できた。

「あれだけやっているのだから、点が取れて当たり前」

そんな感覚であった。

中三の夏には、進路相談で担任の石原先生に「神戸高校へ行きます」と言い、「まっちゃんやったら大丈夫や」という返事をもらっていた。

神戸高校に入ることは、私の中では決まっていた。

ところがそこへ、思いも寄らない学校の名前を聞かされた。それは、父との会話だった。

「神戸高校、やめとけ」

「なんで？」

「お前、学校の先生になりたいんか？」

「うん」

「やめとけ」

「……なんで？」

「在日韓国人が、日本の学校の先生になるのは難しい。日本人でも難しいんや。在日でも、そら、なれんことはないやろけど、なかなかハードルが高い。それに、正直言うて、ウチの経済力で、お前を大学に行かすのはしんどい」

「……」

「高専に行け」

「……こうせん？」

「工業高等専門学校や。エンジニアになる学校や。この近くやったら、神戸高専と明石高専がある。中学を出て、五年通うんや。五年間で、大学の工学部と同じくらいの勉強をするとこや。ここを出てたら、就職の心配はない。国籍が違っても、在日でも、エエ会社に就職できる」

「……」

「なれるか、なられへんか分からへん教師の道を選ぶより、確実な世界を選んだほうがエエ」

在日コリアンで、しかも、中卒であるが故、就職に苦労した父の、経験に基づく言葉である。

安定した企業に勤めたい。それはきっと、父が若い頃から求めていたことなのかもしれない。そして、父も辛かっただろう。

「金がないから、お前が行きたい大学に行かせられない」

こんなことを息子に言わなければならないのだ。

父の気持ち、言いたいことは、とても理解できた。

しかし、すぐには納得できなかった。

高専。工業高等専門学校。聞いたこともない学校。エンジニア。技術者。何をするのかピンとこない。モノを作る仕事。小さい頃からプラモデル一つ完成させたことのない自分が、モノを作れるのか？　モノよりも人を相手に仕事をしたい。教師が、まさにそうである。

どれくらい経ってから、決断したのであろう。

いや、決断ではない。諦め。恭順。服従。そんな感じだった。当時の私に、父に逆らうことなどできるはずもなかった。

高専に進むことを選んだ。神戸市立工業高等専門学校か、国立明石工業高等専門学校。どうせ行くのなら国立の方がいいだろうと、明石高専に決めた。

当時の明石高専の偏差値は六十八。直近の学力テストで、私の偏差値も六十八。油断はできないが、しっかりと勉強すれば、十分に合格できると判断した。

入試は年が明けた二月。十一月くらいになると、明石高専の入試問題集を購入した。過去五年間の入試問題が全て掲載されている。これをひたすら解いた。分厚い問題集を解くよりも、薄い問題集を何度も解く方が、力がつく。一度解いたものでも、何回も繰り返して解くことに意味がある。

そうやって、万全の準備を整えて、いよいよ、試験当日を迎えた。

明石高専入試

一九八三年（昭和五十八年）二月某日。とても寒い、日曜日の朝。

中学の制服に身を包み、国鉄（現・ＪＲ）魚住駅に降り立った。同じような服装の中学三年生たちが列をなして、駅の南側にある学校に向かっている。みんな賢そうだ。

当時、明石高専には、機械工学科、電気工学科、土木工学科、建築学科の四学科があった。私はその中から、電気工学科を選んだ。何となくのイメージというか、フィーリングみたいなもので決めた。「何が何でも、電気工学科に行きたい」とか、そういうのではなかった。

中学の理科の授業で「オームの法則」を習い、電流や電圧の値を求める問題が得意だったので、「電気にしよか」みたいな感じだった。

試験開始。

一問目に取り掛かろうとした時、ある考えが頭に浮かんだ。

「全部、白紙で出せば、希望の神戸高校に行ける」

父と相談した結果、第一志望は明石高専で、第二志望を神戸高校に決めた。もし万が一、二校とも落ちた場合には、私立の滝川高校の再試験を受ける予定をしていた。しかし、それは絶対に許されない。学力はクリアできても、経済力がクリアできない。

今から受ける明石高専の入試問題、五教科全てを白紙で提出すれば、必然的に落ちる。そうすると、自分が本当に行きたいと願っていた、そのために勉強を続けていた、神戸高校に入ることができる。そこから神戸大学に行けば、夢だった教師になれるかもしれない。

しかし、すぐにその考えを消し去った。

そんなことをすれば、きっと、違う後悔の念に駆られることになるはずだ。

真剣に取り組み、全力で試験問題を解いた。

合格を確信した。

三月初旬、合格発表の日。快晴でポカポカ陽気だった。明石高専のキャンパスに、合格者の受験番号が記された掲示板があり、その前に立つ私。

「番号がなければ、いいのに」

正直、そう思った。

しかし、あった。

嬉しいような、残念なような、ちょっと今、その時の感情をハッキリと思い出せない。だが、「ヤッター！　合格した！」という、受験シーズンによく見るような、そんなものではなかったことだけは断言できる。

家に帰ると、父も母も喜んでくれた。神戸市内の少し離れたところに一人で暮らしているハンメも、電話で祝福してくれた。

告白

烏帽子中学校を卒業する日まで残り数日というある日、担任の石原先生から呼ばれた。

「卒業式でな、卒業証書を渡す時、先生が順番に名前を読み上げるんやけど、その時、『まつもと　しょういち』と言うけど、卒業証書には、韓国の名前の『沈鍾一』と書いとこか？」

「……ありがとうございます。お願いします」

ビックリした。そんな気遣いをしてくださることに本当に驚いた。そもそも、卒業証書に書く名前のことなど、私の頭になかった。

卒業式当日、スッキリと晴れ渡り、青空までが祝福してくれていた。

石原先生の声が響く。

「松本鐘一」

「はい」

体育館の壇上で校長先生から卒業証書を受け取る。

一礼して、まず右手を出し、次に左手を添える。チラッと見ると、そこには書いてあった。

沈　鐘一

中学の三年間、いろいろなことがあったが、その中で一番を決めるのなら、間違いなく、石原基司先生がしてくださった、この卒業証書のことである。


中学を卒業したが、やらなければいけないことが、一つ、残っていた。

それは、仲間たちに「自分の本当のことを言う」儀式である。

ずっと「松本鐘一」で生きてきて、自分が在日韓国人であること、本当の名前が「沈鐘一」であることを隠してきた。

別にそのままでもいいのであるが、これからそれぞれの道を歩む大切な仲間たちに、本当のことを言わないままでいるというのは、なんか、ズルいような気がしていた。

明かされた方は困るかもしれないが、その時の私は、どうしても言いたかった。

そこで、特に仲のいいクラスメイト、十人くらいに声をかけた。

「オレの家に来てほしいねん」

平日の昼間、狭い私の家に、友達が集まってくれた。両親は仕事でいないし、弟や妹もどこかに行っていた。

みんなで、ジュースを飲んだり、お菓子を食べたり、トランプをしたりして遊んだ。

いつもの休み時間のように、ゲラゲラ笑って過ごした。

いつ切り出そうかと迷っていたが、「ヨシッ」と踏ん切りをつけ、声を出した。

「今日は、みんなに、ちょっと聞いてほしい、言うときたい、話があんねん」

「なに？」

私の緊張が、みんなに伝わったみたいで、ピーンと張り詰めた空気になった。

「オレ、ホンマは、日本人ちゃうねん。在日韓国人やねん。隠してたけど、みんなにだけは、ちゃんと言うときたくてな」

「知っとぉで」

「……えっ？」

「そんなん、小学校行っとぉ時から知っとぉで。なぁ？」

「うん。知っとぉ、知っとぉ」

「オレも知っとぉ」

「ワタシも」

「……そやったん？……知っとったん？」


知らない子はほんの数人で、ほとんどが知っていたのだ。

私は、本当のことをやっと言えて、何やら肩の荷が下りたような気持ちと、みんなが知ってくれていて、それでも、何も嫌なことを言われたりされたりせず、ずっと仲良くしてくれたことへの感謝の気持ちのような、あるいは、安心感みたいなものが混ざり合った、それまでに経験したことのない感情になり、ポロポロと泣いた。

この時の、この時間は、私の人生の中でも大切な時間の一つである。

第四章　高専時代

サマーキャンプ

一九八三年（昭和五十八年）四月、国立明石工業高等専門学校・電気工学科に入学した。

この年の八月、私と同い年の二人、ＰＬ学園高校の桑田真澄、清原和博、いわゆる「ＫＫコンビ」が甲子園で大活躍するのであるが、この時点では、その二人もまだ無名であった。

明石高専に入るにあたって、奨学金を二つ受けた。

一つは「日本育英会」の奨学金。もう一つは「朝鮮奨学会」からの奨学金。

この二つの奨学金のお蔭で、とても助かった。

朝鮮奨学会のことは父から聞いて、初めて知った。

在日コリアンの先輩たちが、日本の学校で学ぶ若い世代たちのために作った組織で、東京の新宿にあるビルから得られる収益で奨学金を賄っている。

そして、日本政府はもちろんのこと、南北の政府からも財政的援助を受けていない。つまり、在日コリアンによる、在日コリアンのための奨学金制度である。

「希望に胸を膨らませ、溌剌《はつらつ》とした新生活」と書きたいところであるが、現実は全く違っていた。それまで大好きだった勉強が、全く嫌になってしまったのだ。

中学時代から得意だった数学には何とか力を注いでいたが、それ以外の教科にはヤル気が起きなかった。特に、電気工学科の専門科目の授業には全く身が入らず、いたずらに時を過ごしていた。

「やはり、ここは、自分が来るべきところではない」

こんな気持ちを抱えたまま、しかし、辞めることもできず、ただ通っているだけだった。

当然、成績は悪かった。一年生の前期試験、後期試験は、四十人中、三十番台後半だった。

クラスメイトと楽しく過ごしていたのが、唯一の救いであった。

友人から教えてもらった、佐野元春、浜田省吾の曲に興味を持ち、二年生になると、数人でバンドを組み、私がボーカルで歌った。まるで、日頃の鬱憤《うっぷん》を歌声に込めるかのように。

何の目標もないまま過ごしていた二年生の夏（一九八四年）、転機が訪れた。

「お前、これ行ってこい」

夏休み前、朝鮮奨学会から届いた書類を見せながら、父が言った。

それは、八月に行われる「第十六回　高校奨学生サマーキャンプ」参加の募集であった。

日本全国から集まる在日コリアン高校生による、三泊四日のキャンプ。

私は人見知りをするような性格ではなかったが、面識のない人ばかりが大勢集まるキャンプだと知り、どうも乗り気がしなかった。それに、親戚や近所の人以外で在日コリアンと接した経験もない。

「そんなん、エエわ。行きたないわ」

「行ってこい。エエ経験になるかもしれん」

父に逆らえない私は、仕方なく、朝鮮奨学会に申込書を送った。

三十七年前の出来事。その年の十月に発行された朝鮮奨学会の季刊誌「青雲」とともに、あの夏の、あの四日間を振り返る。


八月三日、金曜日、朝八時前、国鉄・大阪駅中央コンコース内、人工池の前。

関西から六十一名、広島県から十三名、愛媛県と鳥取県から一名ずつ、計七十六名の高校生が集合。同じ学校の友達同士か、以前からの知り合いなのか、仲良く会話するグループも見える。私は誰も知らないので、黙って立っている。

バス移動の途中で東海地区から五名が合流し、東京からも十名の参加があるため、総勢九十一名の若者が集うサマーキャンプ。みんな、在日コリアンだ。

八時過ぎ、二台のバスが大阪駅前を出発。行く先は、山梨県の「富士　緑の休暇村」。

私の隣の席も、前も後ろも、さっき初めて会ったばかりの高校生。ところが、大阪を出て京都にかかるまでに、みんなすっかり打ち解けている。あちこちから笑い声が聞こえ、まるで、幼い頃からの友人みたいだ。

「同じような境遇で育った」という共通項が、そうさせるのだろう。

全員、胸に名札をつけている。私の名札には「沈鍾一（シム・ジョンイル）」と明記してある。病院に行く時以外で、この名前で生活するのは、これが生まれて初めてだ。

でも、みんなが「ジョンイル」と呼んでくれるので、すぐに「ジョンイル」に慣れた。「そうか、俺は、ジョンイルなんだ」と、そんな心持ちだった。

夕方五時、「富士　緑の休暇村」に到着。富士山はもちろんのこと、全てを包み込んでくれそうな大自然の色と香りに、目と心を奪われる。

集まった九十一名の内、男子が四十一名、女子は五十名。見るからにヤンチャそうな奴もいれば、大人しそうな人がいたり、三年生の女の子で飛び切り美人が数人いて、キョロキョロしてしまう。

結団式の後、屋外でバーベキュー。焼肉、キムチがたくさんあって、至るところから煙がモウモウと上がる中、すでにこの時には、今日初めて会ったというのが信じられないほど、和気藹々としていた。

サマーキャンプでは、昼間は班対抗のバレーボール大会をやったり、美味しい空気を吸いながらハイキングをしたり、祖国の言葉や歌、そして歴史を習ったり、外国人登録法に基づく指紋押捺問題など、在日コリアンを取り巻く諸問題について講義を聴いたりした。難しい内容もあったが、初めて耳にする話が多く、いろいろと考えさせられた。

夜は、豊臣秀吉軍と戦った李舜臣（イ・スンシン）将軍の映画を観たり、班ごとにストーリーを考えて作った寸劇を披露したりと、本当に密度の濃いスケジュールである。

八月五日、最後の夜は、キャンプファイヤーを囲んでのフォークダンス。ちょっと気になる女の子が近づいてくると、ドキドキした。

同世代の仲間たちとたくさん話をした。その中で感じたこと、発見したことは、「我々はルーツに対して、決して劣等感を抱く必要はない」ということである。

言葉も文字も歴史も文化も、素晴らしいものを持っている。ただ、それを知らなかっただけだ。

日本が良い、悪いとか、日本が優れている、韓国・朝鮮が劣っている、とかではなく、どちらにも、良いもの、美しいもの、称賛すべきものがある。

幼い頃から、知らず知らずのうちに、「在日韓国人であることが周りに知られたらどうしよう。

悟られないようにしよう」という防衛本能みたいなものが根付き、それによって、ルーツに対する劣等感が芽生えていたように思う。それを払拭する、大きなきっかけとなった。

その一番の柱となるものは、名前である。

仲間との会話で、私が最も驚いたのは、参加者の内、三分の二くらいの高校生が、金、李、梁、高、呉、趙、鄭、など、韓国・朝鮮の名前で通学していることである。

それも、朝鮮学校ではなく、日本の学校に。対する私は、「松本鐘一」で生きている。

彼らに聞いた。

「その名前で学校に行って、虐められたり、何か言われたり、嫌なことないか？」

「時々、何か言ってくる奴がおるけど、そんなん、相手にせんかったらエエねん。自分のホンマの名前を名乗って、何が悪い？」

脳天をハンマーで打ちのめされたような気がした。

「俺は今まで、何てちっぽけなことを気にしていたんだろう。そうや、俺のホンマの名前は、沈鍾一、シム・ジョンイルなんや」

キャンプから帰り、すぐに、父に相談した。

「松本鐘一ではなく、沈鍾一で生きていきたい」

沈鍾一になる

「松本鐘一ではなく、沈鍾一で生きていきたい」

「その覚悟はあるのか？」

「はい」

父との会話は短かった。夏休みが終わり学校が始まると、担任の先生に話をした。

「名前を変えたいんです」

「名前を？　松本くん、どういうこと？」

驚いている先生に、一ヶ月前、サマーキャンプで経験したこと、感じたこと、自分の名前への想い、そして、「沈鍾一で生きていく」ことが、これからの自分にとって大変重要なことなのであるということを、自分なりの言葉で説明した。

先生は気持ち良く理解してくださった。しかし、こうもおっしゃった。

「こういうケースは、学校創立以来、初めてのことだと思う。事務的なこともあるだろうし、少し待ってくれないか？」

「先生、僕は、そんな事務的なことは、どうでもいいんです。それより、同じクラスのみんなに、自分の名前のことを伝えたいだけなんです」

「分かる、分かるよ。でもね、学校側のことも考えてほしい。初めてのことだから。名前を変えるなら、混乱のないよう、いい形でやってあげたいと思う」


こういうところが、私の「せっかちでダメな部分」である。

「名前を変えたい。沈鍾一で生きたい」という気持ちばかりが先走り、先生にも迷惑をかけた。

「明日にでも変えられる」と思い込んでいたのだから。

家に帰って父に話すと、先生と同じようなことを言われた。

「お前一人の考えで、周りを同じペースにしようとしたらアカン。先生や学校を信じて時期を待て」

父の言う通りである。

その後、先生方や学校の職員さんと話し合った結果、十一月からにしようということになった。


ちょうどその頃、たまたま読んだ本の中で「人間が生まれる確率は三億分の一」という記述を目にした。

約三億個の中の、たった一つの精子だけが、卵子と受精することができる。

「僕になるべき精子」が生存競争を勝ち抜いて受精したからこそ、ここに、僕がいる。

しかも、その天文学的な確率で生まれた結果、僕は「在日韓国人」として、この世に生を受けた。


日本人として生まれるのか、アメリカ人に生まれるのか、ドイツ人として誕生するのか、そんなことは、「生まれてみなければ」分からない。

そうであるからこそ、僕が在日韓国人としてこの世に誕生して、今ここに存在していること、それ自体が、とてもとても、尊重すべきことなのである。

自分の存在を自分自身で否定するということは、自分の両親やハンメ、そのまだ先の先祖を否定することになる。

それはとても、悲しいことである。

初めて、「在日韓国人に生まれたこと」を肯定的に捉えることができた。


そしていよいよ、明石高専・電気工学科の仲間たちに伝える日がきた。

十一月のある日、放課後。

担任の先生が、「松本くんから、みんなに話があります」と言ってくださった。

教室の一番前に立ち、みんなの方を向く。約四十人の視線が一斉に自分に注がれる。

どの顔も、「ん？　なんや？　何が始まるんや？」みたいな表情をしている。

私は不思議と、落ち着いていた。

「僕には名前が二つあります。なぜかと言うと、僕は在日韓国人だからです。今までは、松本鐘一という名前で学校に通っていましたが、これからは、沈鍾一（シム・ジョンイル）という名前で生きていきます。よろしくお願いします」

文字で書いた以上に刺々しいというか、ちょっと、攻撃的な雰囲気があったかもしれない。内心どこかに「ナメられたらアカン」みたいな気持ちがあったのだと思う。

もっと素直になれば良かったなぁと、今頃になって反省している。

教室はシーンとしていた。きっと、みんな、どうリアクションすればいいのか困っていたはずだ。クラスメイトが発する、戸惑いの空気を感じた。

でも最後は、みんなの拍手で終わった。

その日の帰り道、いつものメンバーで歩きながら話していると、誰かが「松本」と言い、すぐ後に「あっ、ゴメン」と謝ったから、「エエよ、エエよ」と答えた。

一年半以上も「松本」と呼んでいて、急に「シム」という名前に対応できるわけがない。間違えても仕方がない。

しばらくすると、それまでの習慣で「松本」と呼んでしまった人がいると、他の仲間が、ちょっと囃し立てるような時があった。

間違えられることは何ともなかったのであるが、なんだか自分の名前で遊ばれているような気がして、少し嫌だった。

それで、サマーキャンプで知り合った一歳上の先輩、咸泰秀（ハム・テス）さんに、そのことを愚痴った。すると、泰秀さんが少し鋭い目になって、こう言った。

「それはなぁ、逆にみんなが気を使ってくれてるんと違うか？　言い間違えた奴がおった時に、なんかこう、笑いに変えて、その場を明るく和やかにする。そういう風に考えてくれてるんと違うか？　お前がまず、そう思わなアカンのと違うか？」

卒業して、かなり年月が経ってから、数人の同級生と酒を飲んでいる時、秋山光彦くんが教えてくれた。

「あの時、俺らもビックリしてなぁ。みんなで話したんや。『あいつが、あれだけ決心して、みんなの前で言うたんや。あいつのプレッシャーにならんよう、ちゃんとやろう』言うてな」

恥ずかしながら、その時の私は、仲間たちのそういう心遣いに、気がついていなかった。

咸泰秀さんが言ってくださった通りだった。

私が本当のことを話したその日から、みんな少しずつ、「シム」とか「シムちゃん」と呼んでくれた。

急に変えるのは、難しかっただろうな。やりにくかっただろうな。

今は、「銀ちゃん」「銀瓶ちゃん」「銀瓶」と呼んでくれている。

感謝しかない。

一九八四年（昭和五十九年）、十七歳でのこの経験で、私は「ありのままに生きる」ことができるようになった。それは、みんなのお蔭である。

そのことを、三十七年経って、今やっと実感している。

二度目のサマーキャンプ

一九八五年（昭和六十年）四月、明石高専三年生になった。

この年、プロ野球では、阪神タイガースが「バース・掛布・岡田」の超強力クリーンアップトリオを中心に爆発的に打ちまくり、リーグ優勝と日本シリーズ制覇を成し遂げる。

しかし、私の学校生活は、野球に例えると凡打の山、いや、見逃し三振といった感じだった。勉強に対する熱意が、どんどんと薄れていった。

「明石高専を辞めて、もう一度、神戸高校を受け直そうかな」

そう思ったこともある。一年生からやり直し、子どもの頃からの夢だった、教師の道にトライするのだ。

しかし、そんな考えは、すぐに消えた。コツコツと勉強をするのが、億劫になっていた。

小学四年生くらいから中学三年生まで、ほぼ毎日欠かさず、家で自主勉強をしていたのが嘘のようである。あんなに大好きな勉強だったのに。

朝の通学電車の中から晴れ渡った空や、須磨の海が眩しく光っている様子を見ても、心の中はいつもどんよりと曇っていた。

そうやって無気力な状態で過ごしていたが、夏に楽しい出来事、出会いがあった。

この年も朝鮮奨学会のサマーキャンプに参加したのである。前年のサマーキャンプが終わった時点で、「来年も行こう」と決めていた。

自分自身が変わることができた四日間。変わるきっかけを、その時の仲間が与えてくれた。だから今度は、そのきっかけを誰かに渡す側に回りたかったのだ。

キャンプの少し前、とても暑い日、大阪にある朝鮮奨学会関西支部に行った。

八月六日から始まる「第十七回　高校奨学生サマーキャンプ」で、班長と副班長を任命されたメンバーが集まり、打ち合わせをするためだ。十人ほどが集まっていた。

私と同じように二年続けて参加する仲間の顔があり、「久しぶりやな〜」と再会を喜んだ。その一人が、兵庫県立尼崎高校に通う、嚴将守（オン・チャンス）くんだ。

順番に自己紹介をした。その中で、ひときわ目立つ、とても美人の女の子がいた。

「大阪府立三島高校、三年、李明代（リ・ミョンデ）です」

その瞬間から、彼女のことしか見ていなかった。そして、いろいろ話をするうちに、好意とともに尊敬の念も湧いてきた。なんと彼女は、外国人登録法に基づく指紋押捺を拒否していたのである。当時、指紋押捺拒否のことは度々ニュースでも取り上げられていた。私はそんなことをする勇気もなく、区役所ですんなりと押捺をした。確かに、気持ちの良いものではない。しかし、「まぁいいか。押せばいいんでしょ、押せば」みたいな感じで従った。指紋押捺拒否をする人が、こんなに近くにいて、しかも、自分と同い年の女の子がそのような行動に出ていることに驚いた。

大人びた話し方も重なり、「ホンマにこの子、高三か?」と、ちょっと疑ったほどである。

八月六日、火曜日、朝八時。

昨年同様、国鉄・大阪駅に集合。前回と違い、今年は気持ちに余裕がある。顔見知りの高校生や、職員さんたちが大勢いるからだ。

バスに乗り込む前、数人の仲間と談笑しながら、李明代さんの姿を探した。

朝鮮奨学会関西支部で彼女と初めて会ったその日から、サマーキャンプの目的に一つ項目が増えた。

「李明代さんと仲良くなる」

目的地は、昨年と同じ山梨県「富士　緑の休暇村」。

約八時間かけて、キャンプ地に到着。八つの班に分かれた。

私は五班の班長を任され、嚴将守くんは一班の班長。そして、李明代さんは七班の班長。毎日、就寝前、班長会議をする。だから、話す機会は十分にある。

三泊四日の内容は、前年とほぼ同じだった。

毎日の班別討論で、お互いの悩みを打ち明けたり、それに対して、アドバイスをしたり、慰め合ったり、自分の経験談を話したりした。

そして、本名を名乗って生きていくことの大切さを伝えたりした。

その結果、私の班からも、「秋から本名で学校に通う」と決心した仲間が生まれた。

一年前、自分が先輩たちから影響を受けたように、今度は私が、他の人たちに少しは与えることができたかなと、二度目のサマーキャンプに参加した意味があったと感じた。

一口に、「在日コリアン」と言っても、それぞれが住む場所や育った環境によって、考え方や感じ方に差があることも分かった。

大阪のように、在日コリアンが多く住んでいる街だと、本名を名乗って生きていくことも容易かもしれないが、人口が三千人ほどの島に住んでいて、その家だけが在日コリアン家族というケースや、学校で自分一人だけが在日コリアンだという場合、とても勇気が必要で、なかなか難しい。

しかし、そんな環境の人でも、サマーキャンプで同世代の仲間を作ることができれば、普段は離れていても、何かの時に、きっと支えになってくれるはずだ。

名前、差別、就職、恋愛、結婚など、必ず直面する問題がある。

それをどう乗り越えていくかは、その人それぞれである。

そういったことを同じような悩みを持つ、同世代と話し合える場として、このサマーキャンプは、とても意義深い。

一九六九年（昭和四十四年）から始まった、歴史あるサマーキャンプ。

時代の流れとともに、在日コリアンを取り巻く状況や環境、あるいは、個々の価値観に大きな変化が生まれているが、十六～十八歳という、これからの人生を歩んでいく上において、とても大切な時期だからこそ、少しでも多くの若者たちが参加して、何かを感じてほしい。

かつて、私がそうであったように。


八月九日、金曜日。

あっという間の四日間。みんなとお別れである。お互いの連絡先を教え合った。紙に家の電話番号と住所を書いて渡した。

もちろん、李明代さんとも。

それから、何度も手紙のやり取りをしたり、同窓会と称して、関西に住んでいる仲間数人と集まってご飯を食べたりした。

手紙に「好きです」と書いたかもしれない。

李明代さんは、大阪府高槻市に住んでいて、差別撤廃運動などをする「高槻むくげの会」で、いろいろな勉強会に参加していた。

「来たらいいやん」と誘われたので、神戸から高槻まで阪急電車に乗って、ほぼ毎週のように通っていた時期がある。彼女に会いたかったからだ。

一度だけデートをしたことがあった。しかし、上手く話せず、それ以上進展しなかった。

李明代さんは、その相手は、大学を卒業して、航空会社でキャビンアテンダントとして勤務した後、結婚された。そのお相手は、あの夏のサマーキャンプで、一班の班長をしていた、嚴将守くんである。二人は子宝にも恵まれ、幸せに暮らしている。

私の恋は実らなかったのであるが、李明代さん、嚴将守くんとの友情は、三十六年経った今も、ずっと続いている。

竜馬がゆく

この年、もう一つ貴重な出会いがあった。

年上の知人から、ある本を勧められた。

その人は言った。

「坂本龍馬って知ってるか？　男やったら、一度は読むべきや」

司馬遼太郎さんの『竜馬がゆく』である。文庫本で全八巻。

半信半疑で読み始めると、冒頭からその世界に入り込み、一週間で読破した。

元々、歴史が好きだった私であるが、幕末というドラマチックな時代が、さらに興奮を掻き立たせ、そして、その動乱のさなか、一つの目的のために前へ進む、坂本龍馬という人物の姿に心を動かされた。

その中に出てくる龍馬の言葉に、何度も目を留めた。

「世の人は我を何とも言わば言え　我なす事は我のみぞ知る」

「世に生を得るは事を成すにあり」

目標を持たず、いたずらに時を過ごしている自分自身に対して、まるで、刃を突きつけられているような、そんな気がしてきた。

「俺は、何をして、生きていこう」

「お前は、何になりたいんだ？」

自問自答する時が生まれた。

毎年、秋になると、学校行事で「芸術鑑賞会」というものが開かれる。

明石市民会館の大ホールに、明石高専の一年生から五年生、全ての学生が集まり、その年ごとの芸術を生で楽しむのである。

三年生の秋、なんとこれが、落語会であった。

鑑賞会の数日前、主な出演者を知って、皆で盛り上がった。

林家染二（現・林家染丸）、桂春蝶（現・桂春蝶の父）、桂小文枝（後の五代目・桂文枝）という豪華ラインナップ。

この当時、落語ファンではなくても、我々世代には名の通った落語家である。

友人たちと話した記憶がある。

「染二って、三味線とか弾く人やんなぁ」

「そやそや、テレビで見たことある」

「春蝶は、阪神ファンや」

「そやそや、ガリガリでな」

「小文枝は、素人名人会の審査員や」

「そやそや、敢闘賞やっとくなはれ〜」

失礼な話、呼び捨てである。まあ、学生や素人の会話では、どんな有名人でも、こんな扱いである。

さて、当日、午前中から楽しみにして、明石市民会館へと向かった。

トップバッターがどなただったのか覚えていないのであるが、一席目か二席目に、誰かが『時うどん』をやったように記憶している。

この噺は有名なので、皆でゲラゲラ笑った。

「引っぱりな、引っぱりな」

今の私からすると、大変難しい噺である。

いよいよ、桂春蝶師匠が登場。

ちょうど、タイガースが日本一になったばかりなので、春蝶師匠が出てくると、客席から誰かが叫んだ。

「阪神、優勝、おめでとう！」

すると、春蝶師匠が、笑いながら手を振ってくれた。それだけで大爆笑である。

失礼ながら、染二師匠と春蝶師匠の演目は覚えていない。

ただ、トリの小文枝師匠のネタはハッキリと記憶している。

『くっしゃみ講釈』であった。

「ハ〜ックション！　ハ〜ックション！」

本当にくしゃみをしているように思えた。

そして、流れるような講釈の語り。さらにまた、その後に、くしゃみ。

大ホールは学生たちの笑い声に包まれた。

この日、初めて本格的な生の高座を存分に楽しんだ。

しかし、この時点ではまだ、自分自身が「舞台側の人間になる」などということは、露ほども知らなかったのである。

少しずつ冬の気配を感じ始めた頃、同級生の大きなニュースが飛び込んできた。

小中学生時代からの友人、「こっぱん」こと小浜裕一《こはまゆういち》くんが、阪急ブレーブスの入団テストに合格し、プロ野球選手になるというのだ。

神戸市立葺合《ふきあい》高校でも野球を続け、二年生からエースになった。

甲子園を目指す兵庫県大会の試合、明石球場のスタンドから、小浜くんのお父さんと一緒に声をからして応援した。残念ながら途中敗退したが、こっぱんのピッチングは素晴らしかった。

私は、葺合高校の生徒でもないのに、スタンドで泣いた。

高校を卒業しても野球を続けていてほしいと思っていた。しかしそれは、大学か社会人で。プロに行くとは思っていなかった。いや、失礼ながら、プロ野球選手になれるとは、思っていなかった。しかし、彼は、なった。それも、テストを受けて。

「こっぱんは、動いてる」

焦りを感じた。

第五章　悩み〜入門

入門を決意するまで

一九八六年（昭和六十一年）四月、明石高専の四年生になった。

相変わらず、勉強には身が入らず、何のために学校に通っているのか分からない、そんな日々を過ごしていた。

「アルバイトでも始めようかな？」

小遣いもほしいし、何もしないで家と学校の往復だけという生活も苦痛である。

そこで、学校帰りに行ける阪神・御影駅の近くにある「なだ番」という居酒屋でバイトを始めた。週に三日か、多い時は五日くらい働いた。揃いの法被を着て、ねじり鉢巻き。気合いが入る。

「いらっしゃいませ〜！」

「はい、生中《なまちゅう》一丁！」

「奥の十番さん、焼き鳥盛り合わせ、五丁入りました〜！」

とにかく忙しい店で、平日だろうが週末だろうが、開店してしばらくすると、すぐに満席になる。二階には三十人くらいの宴会ができる座敷もあり、いつも、上と下を行ったり来たり。しんどいこともあったが、でも楽しかった。何より、賄いが美味しかったのである。食べ盛りの十八歳にとって、これが最高の楽しみだった。店のご主人と女将さんが作ってくれる料理をおかずに、ご飯を何杯食べたか分からない。働いて、そして、腹いっぱいに食う。


神戸・御影の居酒屋「なだ番」。

ご主人は、山下三郎さん。女将さんは、玲子さん。

時々、高校生の息子さんも手伝いに来て、厨房に入っては、時間があると自分で考えた創作料理を作っていた。そしてそれをアルバイトたちに試食させてくれた。この高校生が、のちに、とんでもない店をオープンさせるとは想像だにしなかった。

今や日本を代表するレストランと言っても過言ではない。「ＨＡＬ　ＹＡＭＡＳＨＩＴＡ　東京」オーナーシェフ、山下春幸さんである。

この「なだ番」での経験が、噺家になってから役に立っていると思う。

ご主人の三郎さんや常連のお客さんとの会話では、忙しいから、早いテンポで言葉を返したり、ツッコミを入れないといけない。随分と鍛えられた。

この店には、高専時代だけではなく、弟子入りしてからも数年間、お世話になった。初めのうちは仕事がないので、アルバイトを辞めるわけにはいかなかったのである。

現在、居酒屋「なだ番」は代替わりをして、他の方が経営をされている。

三十八年もの間、店を繁盛させた山下三郎・玲子ご夫妻は、七十歳を過ぎた今、のんびりと余生を楽しんでおられる。

そして、ご夫妻との交流は、今もなお続いている。私を育ててくださったお二人なのだから。


話を戻して、一九八六年（昭和六十一年）。

「俺は、何をして、生きていこう」

常にこの言葉が浮かんでいた。

四年生の夏になると、そろそろ卒業後のことを考える時期に差し掛かる。

同級生の中には、早くも明確にその目標を掲げている奴も現れる。

多くが、技術者になることを夢見て、この学校に入ってきたのだ。

ところが自分には何もない。

「お前は、何になりたいんだ？」

自分で自分に問うてみても、答えが出てこない。

夏休みが終わろうとしていたある夜、バイトあとの十一時過ぎ。阪神・御影駅、改札の手前で、なぜか足が止まった。駅前のベンチに腰掛けた。蒸し暑い、肌に纏わりつくような空気。酔ったおじさんたちの声がぼんやりと聞こえてくる。

「俺は、何をして、生きていこう」

「お前は、何になりたいんだ？」

頭の中に、また、この言葉が現れた。もう、何度目だろう。その度に、答えを見いだせないまま。答えを出したくても出せなかったのか、それとも、出すことから逃げていたのか。

それがこの日は違った。

阪急ブレーブスに入団した、こっぱんのことを想った。

プロテストを受けた。だから、彼の今がある。

『竜馬がゆく』を想った。

坂本龍馬の言葉が出てきた。

「世の人は我を何とも言わば言え　我なす事は我のみぞ知る」

「世に生を得るは事を成すにあり」

何かをしよう。何かになろう。エンジニアになりたいか？　なりたくない。この時代、俺みたいな出来の悪い奴でも、どこかの会社に就職することはできるだろう。だけど、それは楽しいことなのか？　嫌々勉強したことの延長だから、きっと嫌々会社に通うだろう。嫌々でも給料をもらえる。それは嫌だ。……失敗してもいいから、自分が打ち込めることをやろう。自分は何が好きだ？　人を楽しませること？　子どもの頃から、友達や先生や親や親戚が笑ってくれると嬉しかった。笑いの世界？　ダメで元々。十年やって食えなければ諦めればいい。十年後は三十歳。いくらでもやり直しは利く。何をする？　漫才？　いや、二人でやるのは俺には向いていない。やるんやったら一人や。吉本興業に芸人養成学校があるって聞いたことあるな？　いや、誰かに弟子入り？　そうや、弟子入りや。……誰の弟子になる？

次の瞬間、この人の名前が浮かんだ。

「鶴瓶さん」

優しそうやし、鶴瓶さんやったら弟子にしてくれるんちゃうかなぁ？　うん、弟子にしてくれるかどうか分からへんけど、今の俺の、俺の話を聞いてくれるんちゃうかな？　ちゃんと話を聞いてくれた上で、弟子にするかどうか答えてくれそうや。鶴瓶さんの弟子になれたら売れるかも。そんな甘い世界やないわ。……そやけど、なんか、うまいこといくかも。行ってみよか。……いや、ちょっと待てよ。明日になったら気が変わってるかも。……よし、半年、待とう。半年経っても気持ちが変わってなかったら、鶴瓶さんに、弟子にしてくださいって、お願いしに行こう。

おぼろげではあるが、目の前に、何か扉のようなものが見えた。

それを開けるのは、自分しかいない。そして、開けなければ、何も変わらない。

ベンチから立ち上がると、うんと力強く、勢いよく、駅の改札に向かった。

ぬかるみの世界

「鶴瓶さんの弟子になりたい」

当然、私は子どもの頃から、笑福亭鶴瓶という人物を知っていた。もちろん、それは落語家としてではなく、タレントとして。主にテレビで見ることが多かった。

一番好きだったのは、ＭＢＳテレビの『突然ガバチョ！』。

鶴瓶さんのラジオをあまり聴いていなかった私に、一九八五年（昭和六十年）の秋頃、友達があるラジオ番組を教えてくれた。

それが、『鶴瓶・新野のぬかるみの世界』だった。

毎週日曜日の深夜に生放送されている、ラジオ大阪の人気番組。

大人の男二人がボソボソと、どうでもいいようなことを喋っている。細かいことにこだわって、時々、二人が言い合いになる。

不思議な番組だった。でも、面白い。

そして、この番組の鶴瓶さんは、今まで見てきた鶴瓶さんとは、少し違うなと感じた。他の番組よりも、その存在を近くに感じた。だからこそ、次のように思えたのである。

「今の俺の、俺の話を聞いてくれるんちゃうかな？　ちゃんと話を聞いてくれた上で、弟子にするかどうか答えてくれそうや」

正直、大ファンというわけではなかった。でも、「この人の弟子になりたい」と思った。

「売れるかも。うまいことといくかも」という甘い考えを持ったのも事実であるが、鶴瓶さんの名前が浮かんだのは、「直感」としか言いようがない。

「弟子になりたい」という気持ちが芽生えると、それまでは単なるリスナーだったのが、「もしかしたら、この人の弟子になれるかも」、「もし弟子になれたら、笑瓶さんの次の二番弟子になるんやな」というような気持ちをどこかに持ちながら聴いていたと思う。

「半年経っても気持ちが変わっていなければ、鶴瓶さんに弟子入りをお願いしよう」

この想いが生まれただけで、それまで抱えていた不安みたいなものが、不思議と薄らいだ。

夏休みが終わり、また明石高専に通い出した、九月六日、土曜日、ある人物の訃報を耳にした。

「笑福亭松鶴《しょうふくていしょかく》　死去」

笑福亭松鶴。

鶴瓶さんの師匠である。亡くなられたのは、前日、九月五日。

正直、その名前を聞いても、あまりピンとこなかった。

その前年、一九八五年（昭和六十年）九月末まで放送されていた、MBSの人気テレビ番組『突然ガバチョ！』に、メイン司会の鶴瓶さんと一緒に出ているのを何度か見たことはあった。

「へえ〜、このおっちゃん、鶴瓶さんの師匠なんや」

当時の私にとって、その程度の認識でしかなかった。

笑福亭松鶴という人が、戦後、滅びかけた上方落語の復興に尽力し、その後、「上方落語四天王」の一人となり、当時の噺家の中で文句を言えるような人は誰もいないという、まさに「首領（ドン）」みたいな存在であることなど、知る由もなかった。

「師匠を亡くしたばかりの鶴瓶さんが、『ぬかるみの世界』で、何を話すのだろう？」

とても気になった私は、九月七日、日曜日、『ぬかるみの世界』を聴いた。

しかし、鶴瓶さんは出演しなかった。

年が明けて一九八七年（昭和六十二年）、鶴瓶さんが何かの会話の流れでこんなことを言った。

「僕は、いつも、十一時くらいに入ります」

番組は、深夜0時に始まる。

その一時間前にラジオ大阪に入るのだ。

「それより前から待っていたら、鶴瓶さんに会えるんや」

そして、三月になった。

「半年経っても気持ちが変わっていなければ、鶴瓶さんに弟子入りをお願いしよう」

あれから半年が過ぎた。

気持ちは変わっていない。

むしろ、もっと強くなっている。

決めた。

「春休みになったら、行こう」

入門志願

ついに、決行の日がやってきた。

ところが、どういうわけか、明確な日付を覚えていない。候補は二つある。

一九八七年（昭和六十二年）三月二十二日か二十九日の日曜日だ。学校が春休みに入っていたから、この二つしか考えられない。

その日の昼間は何をしていたんだろう。親に何と言って、家を出たのか。「鶴瓶さんに、弟子にしてくださいとお願いしてくる」と、正直に話したのか。

いくら記憶を辿っても、その日のことは、夜十時三十分、大阪・西梅田にあるラジオ大阪の前からしか始まらない。

その代わり、それから後のことは、頭の中に映像として出てくる。

十時三十分、阪神・梅田駅（現・大阪梅田駅）から歩いて、ラジオ大阪の前に到着。ちょうど、今のブリーゼブリーゼ（西梅田にある商業施設）の近くである。

初めて見るラジオ大阪のビル。すぐ南側を通っている国道二号線は、日曜日の夜遅くということもあってか、それほど車は走っていなかった。

一階には入り口や受付らしきものはなく、背の高い植え込みがあって、その向こうに、二階へ上がる階段が見えた。照明が光っている。見上げると、二階から上は部屋の電気がついていて、仕事をしている気配がある。

ここで、心配性な私が出てきた。

「ホンマにここが、ラジオ大阪なんやろか？」

確認しないと気が済まない性質《たち》なので、思い切って階段を上がった。上がってすぐのところに受付らしきテーブルがあり、守衛のおじさんといった感じの男性が椅子に座っていた。関係者でもない若い男が突然に、それも夜遅くにやって来たので、怪しまれるかなと思ったが、構わず尋ねた。

「あの、すみません」

「なんでしょう」

「こちらは、ラジオ大阪ですよね？」

「そうです、ラジオ大阪です」

「あの、笑福亭鶴瓶さんは、もう到着されてますか？」

「いや、鶴瓶さんは、まだ来てはらへんねぇ」

「そうですか。ありがとうございます」

今では考えられないほどのセキュリティーの甘さである。例外はあるだろうが、昨今はどこの放送局も入り口が厳重に施錠され、放送局から渡された入館証を持っている人か、事前に登録された人しか入ることができない。ましてや、出演者が局に到着しているかどうかなど、部外者には絶対に教えてくれない。一九八七年（昭和六十二年）の日本は、まだまだ平和だったのである。

「とりあえず、ここで待つしかない」

一階へ降り、階段に向かって右側、植え込みのすぐ傍で、歩道に向かって立った。だが、鶴瓶さんが、どっちから来るのか分からない。西から来るのか、東から来るのか。もしかしたら、タクシーで真ん前に横付けかもしれない。見逃してはいけないと、左右をキョロキョロ、キョロキョロ。

そして、ポケットからウォークマン（当時流行っていた、ソニーのポータブル音楽プレーヤー）を取り出した。どのくらいの時間待つのか分からないし、ただ立って待っているのも退屈だろうと考え、家から持参したのである。

中に入っているカセットテープは、大好きな佐野元春のアルバム『No Damage』。なぜ、そのアルバムにしたのだろう。A面とB面、合わせて十四曲も入っているから、時間がもつと考えたのかもしれない。もしくは、このアルバムを聴いていれば、まだ一度も会ったことのない、自分の想いを伝えるべき、その人が目の前に現れるまでの、とてつもない緊張感から、少しは逃れられるのではと思ったのかもしれない。

ウォークマンの再生ボタンを押し、ジーンズのお尻のポケットにねじ込んだ。佐野元春の歌声が聴こえてくる。音楽が勇気を与えてくれるというのは嘘じゃないと思う。

十一時にかなり近づいてきた頃、またまた、心配性の性格が顔を出した。

「裏に別の入り口があったらどないしよ」

放送局なのだから、入り口が複数あっても不思議ではない。ましてや、有名な鶴瓶さんである。裏口から入ることだって十分に考えられる。

イヤホンを耳から外すと、再び、階段を上がった。先ほどと同じおじさんがいる。私を見て、「また来た」みたいな顔をしていた。丁寧に頭を下げて、もう一度、聞いた。

「すみません。入り口は、ここだけですか？」

「そうです。ここだけです」

なんて親切なおじさんなんだ。「ありがとうございます」とお礼を言い、また、元の場所へ戻った。

「ここにいれば、必ず会える」

そう確信した私は、幾分、不安が消えた。

三月下旬、夜十一時ともなると、随分と気温が下がっていたと思う。しかし、不思議と寒さを感じなかった。むしろ、ドキドキして、身体が熱くなっていたような感じがする。

耳の中では、佐野元春の曲が続いている。A面の2曲目『ガラスのジェネレーション』が終わり、3曲目『SOMEDAY』のイントロが始まった。ドラムから入り、ピアノが、あの素晴らしいメロディーを奏で始める。ほぼ同時に重厚なベース音が響き、そのバックで、車のエンジン音やブレーキ音など、この曲を象徴する街の雑踏音が効果的に加わる。そして、曲が始まって十九秒後、まるで用意した楽器のように、クラクションの音がアクセントをつける。目の前では、国道二号線を自動車が行き来している。名曲『SOMEDAY』が、今の自分のBGMのように聴こえてきた。

足でリズムを刻みながら、歌詞を追った。そして、ついにその時がきた。

私の左側、約六十〜七十メートル先、四つ橋筋の角を西へ曲がって、鶴瓶さんが歩いて来る。テレビで見るのと同じシルエット。子どもの頃から知っている、メガネをかけた、あの顔。

イヤホンを外し、ウォークマンの電源を切り、またポケットにしまい、その場で待った。

「これを逃してなるものか」というくらいの前のめりな感情。植え込みの傍で、近くまで来るのを待った。

知らない人が見ると、もしかすると、殺気立っていたように感じたかもしれない。そしてやはり、私の緊張度は増していた。それ故、自分が立っている場所だと植え込みが死角となり、鶴瓶さんからは見えにくいということを想像する余裕すらなかった。

私は、パッと飛び出した。

「すみません！」

「オッ！」

少し驚かれたということは、やはり、見えにくかったのだ。

「すみません」

「どないしたん？」

「お忙しいところ大変申し訳ございません。ぜひとも、聞いて頂きたいことがございまして」

「あぁ、そう。ほな、おいで」

何とも拍子抜けした。

「忙しいから無理やわ」と言われることも覚悟していたのに、初対面の見ず知らずの若造をすんなりと放送局の中に入れてくれるとは、思いもしなかった。

鶴瓶さんの後について、三度《みたび》、階段を上がる。

「おはようございます」

受付のおじさんに鶴瓶さんが挨拶すると、おじさんも挨拶を返した後、私を見て、「おっ、さっきの子や」みたいな顔をしていた。軽く会釈して、鶴瓶さんについて行った。

「座り」

鶴瓶さんが言った。

ロビーのソファー、テーブルを挟んで南側に鶴瓶さんが腰を掛け、私は向かいに座った。

「どないしたん？」

「すみません。僕は、こういう者です」

学生証と外国人登録証をテーブルの上に置いた。まず、「自分が何者であるか」ということをきちんと伝えるのが、最初にやるべきことだと思ったからである。

「僕は、沈鍾一（シム・ジョンイル）と申します。在日韓国人です」

「ほう、キミ、在日か」

「はい」

私が出した学生証と外国人登録証を手に取り、鶴瓶さんがそれを見ながら言った。

「僕も在日の知り合いがおんねん」

「そうなんですか？」

「うん。で、どないしたん？」

「あの、弟子にして頂きたいんです」

「弟子に？」

「はい」

「……そやったんかぁ。いやぁ、キミが在日や言うから、ひょっとして、周りから虐められたり、差別受けたりして困ってる、そういう相談かと思たんや。前にも、そんな相談、受けたことあったから」

「そうですか」

「うん。……キミ、明石高専、行ってるんか？」

「はい。春から五年生で、来年卒業なんです。卒業したら、弟子にして頂きたいんです」

「……やめとき。こんな世界、食われへんで。キミ、明石高専みたいなエエ学校行ってるんやったら、普通に就職した方がエエよ」

「……」

「それに、僕には今、弟子が五人おんねん」

「五人？」

「うん。そやから、もう、弟子を取る気はないねん」

「そうですか」

鶴瓶さんは、優しかった。それにしても驚いた。弟子が五人もいたなんて。てっきり、テレビで見ていた笑瓶さんだけだと思い込んでいた。

「もう、弟子を取る気はない」と言われても、「そこを何とかお願いします！」とか言いながら、土下座するのがホンマなのかな？　それぐらいやらないとアカンのかな？

こんなことをふと思ったが、「そうしよう」という気には至らなかった。そこまですると、演技をしているみたいで、かえって嘘っぽいのではという思いがあった。そういう考え方は子どもの頃からあり、五十三歳になった今も、私の中に根付いている。

鶴瓶さんは、なおも私に話しかけてくれた。

「キミ、家はどこ?」

「神戸です」

「そうか。ほな、ラジオ、最後まで見学していき。僕の家は西宮やから、帰りはタクシーで送ってあげるわ」

私は、スタジオへとついて行った。

もういっぺん会いたいなぁ

時刻は午前0時。ラジオ大阪の人気番組『鶴瓶・新野のぬかるみの世界』の生放送が始まった。

ガラスの向こうには、鶴瓶さんと放送作家・新野新《しんのしん》さんの姿が見える。私は、スタッフの皆さんがお仕事をされている副調整室の隅で立っていた。スピーカーからは、お二人の声が聴こえてくる。いつも自分の部屋のラジカセで聴いているトークを、喋っているご本人をガラス越しに見ながら聴いているこの現実が、何とも不思議でならなかった。

「僕は今、鶴瓶さんに会ってるんや」

番組が進行するにしたがって、そのことを強く実感した。

その日のトーク内容が、どういうものだったのか、お二人が何を話されていたのか、全く覚えていない。ただ、私は勝手にこんな妄想をした。

「番組の中で、『今日、弟子にしてくれ言うて、男の子が来てますねん』と、鶴瓶さんが話してくれたりなんかして」

今思うと馬鹿である。当然、私の話題など出るわけがない。

午前二時三十分、生放送が終了。

鶴瓶さんは、新野新さんやスタッフの皆さんと談笑し始めた。私はその様子を見ながら、同じ場所にずっと立っていた。

三十分ほど経過して、鶴瓶さんは椅子から立ち上がると、私にこう言った。

「ほな帰ろか」

「はい」と返事し、後をついて行く。

ラジオ大阪の真ん前、国道二号線からタクシーに乗った。鶴瓶さんが先に乗り込み、私が続いた。

「僕は先に西宮で降ります。その後、彼を神戸まで送ってあげてください」

鶴瓶さんがタクシーのドライバーさんにこう告げると、車はゆっくりと動き出した。

「キミ、芸人の世界って、特殊な世界やと思うか？」

「……はい。特殊な世界だと思います」

「うん。確かに特殊や。そやけど、特殊な世界やからこそ、普通の感覚を持っとかなアカンねんで」

「そうなんですか？」

「うん。普通の感覚が分からへん奴は、この世界では絶対に通用しない」

「……」

「キミ、本は読むか？」

「はい。そんなにたくさんではないですが」

「何が好きや？」

「司馬遼太郎さんの『竜馬がゆく』です」

「あぁ、司馬遼太郎さんかぁ。エエよねぇ。僕は『故郷忘じがたく候』っていう作品が好きや。豊臣秀吉が朝鮮に出兵した時、向こうの焼き物の職人が、ぎょうさん日本に連れて来られて、その人らが日本で焼き物を作って、それが代々続いて、薩摩焼の、その末裔の人の話や」

「あっ、ひょっとして、沈壽官さんですか？」

「そうそう、沈壽官さん。なんで知ってんの？」

「僕も韓国名の名字が沈なんで。沈壽官さんのことは父から教えてもらいました。子どもの頃から父が、『韓国の名字で沈は、遡ると必ずつながる。そやから、沈壽官さんは親戚や』と言ってました」

「へえ〜。『故郷忘じがたく候』は読んだことあるん?」

「ないです」

「あぁそう。スゴイ話やで。昔、日本に連れて来られた先祖が、焼き物を作るために、薩摩のある場所を選んで、そこで作り始めたんやけど、そこは、それまで自分たちが朝鮮で焼き物を作っていた場所とそっくりなとこやった、ていう話や」

「へえ〜」

「それで、今の沈壽官さん、確か、十四代目やったかなぁ、その人が、韓国のソウルの大学で講演した時、日本が韓国を支配していた頃の話になって、沈壽官さんが韓国の学生らに『あなた方が三十六年間のことを言うのなら、私は三百七十年間のことを言わなければならない』って話したと、そんなことが書いてあったわ」

「……」

「キミもいっぺん、読んでみ」

「はい」

どんな会話が最後だったのかは分からないが、とにかく、タクシーは西宮市の鶴瓶さんのご自宅前で停まった。

私は車を降りる直前、こう思った。

「弟子にはしてもらえないけど、ちゃんと自分の想いを伝えて、鶴瓶さんと話ができた。もう、これでエエやないか。この先どうするかは、また考えよう」

私は一旦タクシーから降りて、鶴瓶さんが下車するのを待った。鶴瓶さんが降りて、家の方へ二～三歩進み、こちらを向いた。西宮市甲陽園の山の中。辺りは真っ暗で、タクシーのエンジン音以外、何も聞こえない。鶴瓶さんの背後には、ご自宅に続く、急な坂道が薄っすらと見える。

「今日は本当にありがとうございました」

頭を下げて、顔を上げると、鶴瓶さんが言った。

「キミと、もういっぺん会いたいなぁ」

それだけ言い残すと、鶴瓶さんは、クルッと振り返り、坂道を歩き始めた。

しばらくすると、その姿が、闇の中に消えた。

卒業したら、弟子にしてあげるわ

一九八七年（昭和六十二年）四月、明石高専の新学期がスタートした。最終学年の五年生。一年後の卒業を控え、ここから、就職活動、あるいは、大学編入の準備が本格化する。休み時間や放課後になると、同級生たちの、こんな声が聞こえてくる。

私は、希望と不安、そして、そこに喜びに似た感情も混じった、複雑な想いを胸に抱いていた。

みんな、希望に満ちた、いい顔をしている。

「○○大学に行きたい」

「僕は、コンピューター関係の会社が希望やな」

「俺は、○○を狙うわ」

あの日、確かに鶴瓶さんはこう言った。

「キミと、もういっぺん会いたいなぁ」

西宮市から神戸の実家へ向かうタクシーの中で、何度もその言葉を反芻した。

「もう、弟子を取る気はないねん」と言ったのも本当のことだし、「キミと、もういっぺん会いたいなぁ」という言葉を聞いたのも、紛れもない事実である。

「揶揄《からか》われているのかなぁ」

一瞬、そう思った時もある。

「いや、そんなはずはない。鶴瓶さんが、そんなことするはずない」

「キミと、もういっぺん会いたいなぁ」って、どういう意味なんだろう。

「弟子にしてくれるんかなぁ」

少しでもそう思っただけで、頭の中を漂っている靄《もや》みたいなモノがゆっくりと消えていく感じがして、心が満たされるような気がしてきた。何の目標もなかった、ただ無気力に学校に通っていた、数ヶ月前までの自分自身が嘘であるかのように。

「弟子にしてくれはる」

私は、そう確信した。

しばらく経った四月のある日、担任の竜子雅俊《りょうこまさとし》先生と進路について話をした。

「笑福亭鶴瓶さんの弟子になります。改めてもう一度、鶴瓶さんにお願いに行きます」

こんなことを言ったはずだ。

この話を書くにあたって、三十四年も前のことなので少し不安になり、失礼ながら、先生にメールで質問と確認をした。

先生は、明石高専での長い教授人生を終えた後、今は東京に住んでいらっしゃる。

すると、私自身がすっかり忘れていた貴重な会話を教えてくださった。

「もし、弟子にしてもらえなかったら、どうするんや?」

「どこかに就職します。営業をやりたいです。弟子にしてもらえなかった時のことを考えて、企業の面接を受けていた方がいいでしょうか?」

「いや、それは会社に迷惑をかけるからやめておきなさい。ダメだった時には、ちゃんと就職の世話をしてやる」

私は、素晴らしい恩師の下で学んでいたのだ。

先生から送られてきたメールを読んだ時、身体に電流が走ったような感覚にみまわれた。

時を同じくして、私が絶対に伝えなければならない両親にも、自分がやろうとしていることを初めて伝えた。弟子にしてもらえるかどうか、まだ決まってもいないのに。

「鶴瓶さんの弟子になる。決めた。もう一回、お願いに行く」

不安げな表情を見せる母の横で、父はきっぱりと言った。

「お前の人生や。選んだ道を進みなさい」

それだけで会話は終わった。父は、私に反対しづらかったのかもしれない。

「中学を卒業したら、神戸高校へ行き、神戸大学教育学部へ進学して、学校の先生になる」

こう言い続け、そのために必要なことを日々、継続していた私に（継続できるような人間に導いてくれたのは父であるが）、明石高専への進学を勧め、教師になる夢を諦めて、エンジニアになることを強く求めた父。

中学三年生、十五歳の私にとって、父からの勧めは、半ば強制であった。

明石高専に進学した途端、それまで大好きだった勉強に何の魅力も感じなくなり、それどころか、夢や目標すら失くしてしまい、死んだ魚のような目をしていた時期もあった。

「僕は、行きたくもない学校に行ってるんや」

父に、吐き捨てるようにこんな言葉を投げつけたこともあった。その時、父は黙っていた。

「これから先は、自分がやりたいように生きていく」

とにかく、あとは再び、あの人のもとを訪ねるだけとなった。


約三ヶ月後、夏休みに入ってすぐ、私は読売テレビに向かった。現在、大阪市中央区城見に巨大なビルを構える同局は、当時、大阪市北区東天満にあった。

のちに、超人気番組となる『鶴瓶・上岡パペポＴＶ』の収録日。この番組は一九八七年（昭和六十二年）四月から始まっていた。

梅雨が明けたか、明けないか、とても蒸し暑い日だったことを覚えている。そして、太陽が西の空から強く照らしていたので、午後四時ごろだったかと思う。

読売テレビの前には、公開収録を観覧するために並んでいるファンの列があった。

その行列を整理している若い男性スタッフに声をかけた。

「パペポＴＶの収録は今日ですか？」

「そうです。観覧ご希望でしたら、列の一番後ろにお並びください」

「いや、観覧じゃないんです。ちょっと、笑福亭鶴瓶さんにお話があって。どちらへ行けばいいですか？」

「ちょっとお待ちくださいね」

親切なスタッフさんが建物の中に消えた。

しばらくすると、その男性が戻って来られた。「中に入ってもいい」とのこと。ひと昔前の放送局は、前述したラジオ大阪同様、のんびりとしていた。

初めて行くそこは、白い壁の、そんなに広くない楽屋。

目の前に、鶴瓶さんが椅子に座っている。

「三月に弟子入りをお願いした、沈（シム）です」

すると、鶴瓶さんは短くこう言った。

「覚えてるよ」

ちょっとビックリした。いや、自分のことを覚えてくださっていることにも驚いたが、それ以上に、鶴瓶さんの口から「覚えてるよ」というフレーズが出てきたことに対してだ。

当時、MBSラジオ『ヤングタウン』で、明石家さんまさんと鶴瓶さんとの間で、次のようなやり取りがあり、度々、ネタになっていた。

「鶴瓶兄さんは、昔から全然覚えてない人にでも、会《お》うたら、覚えてるよ言うて。ホンマに、エエ加減な人やで」

「いや、違うて、さんま。ホンマに覚えてるんやて」

その「覚えてるよ」を目の前で聞くことができた。笑いそうになったが笑うことはできなかった。

私は、伝えるべき大事な言葉をハッキリと口にした。

「気持ちは変わっていません。弟子にしてください」

間髪を容れず、答えが返ってきた。

「分かった。卒業したら、弟子にしてあげるわ」

入門が決まって

「卒業したら、弟子にしてあげるわ」

鶴瓶さんからこの言葉を頂いた、その日のうちに私は両親に報告した。

翌日、夏休み中の明石高専へ行った。

担任の竜子先生に、自分の進む道が決まったことを伝えるためである。

照りつける真夏の陽射しのもと、クラブ活動をしている学生たちの声が聞こえる以外、しんと静まり返った校舎の中。

竜子先生を訪ねると、教官室の向かいにある「進路資料室」にその姿を見つけた。そこは、先生が、ご自身の研究用実験室の一部を仕切って作られたスペースで、在学生はもちろんのこと、これまで先生が世に送り出した多くの卒業生の進路に関する様々なデータが保管されている。自分の教え子を大切にしようと常々考えていらっしゃる先生の想いが詰まった部屋。

中には、たくさんのファイルが積まれ、壁には先生がEXCELで作られた一覧表が掲示してある。それは、自分たちのクラスのもので、内定が決まった順に学生の名前と会社名が明記されている。

「〇〇〇〇（学生の名前）　□□□□株式会社　内定」

「●●●●　株式会社◇◇◇◇　内定」

どの会社も、誰もが知っている大企業。そして、そこに記されている名前は成績優秀なクラスメイトばかり。

「おぉ、あいつ、流石やなぁ」

感嘆の声を心の中で呟き、先生の前に座る。約三ヶ月前にも、こんな風に先生と向き合った。あの時の会話の続きを、まさかこんなに早くできるとは思いもしなかった。

「先生、鶴瓶さんから弟子入りの許可を頂きました。卒業したら弟子にしてくださると」

「そうかぁ。良かったなぁ。エエやないか。キミは人前で喋ったり何かするのが好きみたいやし。まあ、厳しい世界やろうけど、頑張りなさい」

次の日、昼過ぎあたりから、自宅の電話が何度か鳴った。今なら携帯電話なんだろうが。どれも同級生からで、そして、どれも同じ質問、同じ驚きだった。

昨日、私が先生の元を辞した後、先生はあの一覧表に、この一文を追加されたのである。

「沈鍾一　笑福亭鶴瓶　弟子入り」

「弟子になりたい」という私の考えをすでに伝えていた友人は、「良かったなぁ。スゴイなぁ。頑張れよ！」と、とても喜んでくれた。

一方、何も知らない友達は、電話口で興奮気味に話した。

「おい、シム！　今、学校に来たら、『笑福亭鶴瓶　弟子入り』って、あれ、マジか？」

「うん。マジ、マジ」

電気工学科の同級生は、毎年、だいたい、四十人くらいで（留年する学生がいるので、その年によって微妙に人数が変わる）、私の成績は、三年生以降、前期試験も後期試験も、確か、三十八番か三十九番あたりをウロウロしていた。

ところが、竜子先生が一覧表に私のことを書かれたのは、クラスで五番目だった。

翌年、明石高専を卒業する際、先生は私にこうおっしゃった。

「石の上にも三年と言うから、最低三年は頑張ってみなさい。どうしてもアカン時には、いつでも来なさい。三十歳くらいまでなら、就職は世話してやるから」

先生は大の落語好きで、昔から落語を聴いておられたそうだ。

今も時々、東京で寄席通いをされ、私が東京で独演会を催す際には、必ず客席で聴いてくださる。

執筆中に頂いた先生からのメールには、こうも記されてあった。

「卒業後、そうですね、三～四年くらいは、私のところへ来るかなと、内心は心配でした。でも、その後はそんな心配はしなくなりました。初めて落語を聴いた時には凄く安心しました。こいつも一本筋が入って、半端芸人では終わらないな、という安心感です」

もうすぐ弟子入り

「高専を卒業したら、鶴瓶さんの弟子になる」

このことが決まってはいたが、日々の生活スタイルにそれほど変化はなかった。最後の夏休みも、居酒屋「なだ番」で相変わらずのバイト暮らし。

八月のある日、女将さんがビックリしたような顔で、こう言った。

「シムくん、笑福亭鶴瓶さんから電話やで」

なんと、鶴瓶さんが店に電話をかけてくれたのである。

七月、読売テレビで弟子入りの許可を頂いた際、連絡先を聞かれ、自宅とバイト先の電話番号を伝えていた。レジの横で受話器を取った。

「もしもし、シムです」

「おぉ、バイト中、ごめん、ごめん。夏休みの間に、いっぺんウチへ来といたほうがエエと思てな。春から正式入門やけど、その前に、まあ見学、言うたらオカシイけど、来れる日ィ、あるか？」

鶴瓶さんが、自分のことを気にかけてくださっていると感じ、嬉しかった。

可能な日を伝えると、その場で日が決まった。

八月後半、平日のある日、午前十時くらいだっただろうか、私は、阪急・甲陽園駅の前にいた。すでに入門されて修業中の笑福亭恭瓶《しょうふくていきょうへい》さんが、迎えに来てくれるのだ。この七ヶ月後、私とは兄弟弟子の関係になる。

晴れてはいたが、うだるような暑さではなかったように思う。

ほぼ時刻通り、車に乗って恭瓶さんが駅前に来られた。西宮市甲陽園は閑静な住宅街。当時、鶴瓶さんの家があった目神山町《めがみやまちょう》は、地名の通り、山であった。急な坂道をどんどん上がっていく。だから、車がないととても不便だ。坂道を上がり、高さが増すにつれて、周囲の家も大きくなっていくのが分かる。家なんてものではなく、豪邸、屋敷。

五〜六分で鶴瓶さんの家の前に到着した。五ヶ月前、この場所で、あの言葉を聴いたのだ。

「キミと、もういっぺん会いたいなぁ」

駐車場に、フォルクスワーゲン・ビートルが停めてある。色鮮やかな黄色の車体に目を奪われた。

「師匠は、ワーゲンが好きなんよ。免許は持ってはらへんけど」

恭瓶さんが教えてくれた。

五ヶ月前のあの時は真夜中だったので、どんな家なのか全く分からなかったのだが、今はハッキリと見える。

高さ一五〇センチくらいの門扉をくぐると、右側に芝生の庭がある。広さは、十五メートル×二十メートルくらいだろうか。庭の周囲には、青々とした葉が生い茂った木が並んでいる。庭の隅には、全てを見守っているかのように、小さなお社が建っている。

その庭と見事に調和の取れた二階建ての家が目の前にある。白い壁と、屋根と窓枠の緑色が、鮮やかなコントラストをなしている。洋風の中に和を感じる、何とも、優しい家。

恭瓶さんの後から家の中に入る。玄関スペースは吹き抜けで、見上げるとステンドグラスの飾りがあって、それがとても存在感を放っている。

恭瓶さんが「ただ今、戻りました」と言い、脱いだ靴を左端に揃えて置いたので、私も同じようにして、「失礼します」と言ってから、家に上がった。

一階のリビングルームで、鶴瓶さんと奥さんに挨拶をした。

「嫁の玲子や」

奥さんを紹介された。

「シム。お前のことを、こんな子が来てんねんて嫁はんに言うたら、それやったら取ってあげたらて、嫁はんが言うてくれたから弟子になれるんや。嫁はんに感謝せなアカンぞ」

鶴瓶さんにこんな風に言われた。

「よろしくお願いします」

奥さんは当時まだ三十五歳。有名芸能人の奥さんというような雰囲気はあまり感じない、どこにでもいる普通の主婦といった感じ。

私は、もうすぐ二十歳になる若造。

この後、この人との間に、埋めるのにかなり時間のかかる溝が生じるとは、この時点では全く想像できなかった。

その日は、恭瓶さんが鶴瓶さんの家の掃除をするのを少し手伝った。

この日から、鶴瓶さんのことを「師匠」と呼んだ。自然とそうなった。恭瓶さんのことも、同じように「恭瓶兄さん」と呼ぶようになった。

奥さんは「奥さん」。恭瓶兄さんが「奥さん」と呼んでいるから、「奥さん」と呼ばないといけないのだなと認識したままでのことである。


その年の十二月か、翌年一月に、梅田の結婚式場「玉姫殿」（現・グランアーモTAMAHIME）で、鶴瓶一門の落語会があり、師匠から「一門みんなが集まるから来なさい」と言われ、お手伝いに行った。

その落語会は、「まだ、ひよこにもなれていない」という意味から、『たまご会』というタイトルをつけ、年に一度のペースで行われていると聞いた。

今はもうやっていない。

開演は夕方で、女性客を中心に多くのお客様が来られていたのを覚えている。

私はそこで不思議に思った。

「鶴瓶一門も落語をするんや」

私は、テレビやラジオでしか、笑福亭鶴瓶を知らない。

私にとって、笑福亭鶴瓶は落語家ではなく、タレントであった。

そして私自身、師匠のように、タレントとしてテレビやラジオに出演したいという夢を抱いていた。そこに、落語は全く存在していなかった。

その日は、筆頭弟子の笑瓶《しょうへい》兄さんから順に、晃瓶《こうへい》兄さん、純瓶《じゅんぺい》兄さん、達瓶《たっぺい》兄さん、そして、夏に会った、恭瓶兄さんと、五人の弟子全員が集まった。

この五人も、私と同じように、タレントになりたくて師匠の弟子になっているはずだと思った。それがなぜ、落語会をするのか？

その理由は、入門後、時間が経ってから少しずつ理解できるようになるのだが。

落語会の終演後、居酒屋の大広間で行われた、師匠の仕事関係の方々を含め、三十～四十人くらい集まった打ち上げで、ビールや料理を運んだり、皿を片付けたりした。

すでに二十歳になっていたので、私もビールを頂いた。

「シムくん、頑張ってな。この世界、兄弟弟子でありながら、一方では、ライバルや」

晃瓶兄さんは、こんな言葉をかけてくださった。

これは、正式入門して一年か二年経った頃の話であるが、師匠の家から帰宅した後、一緒に修業している兄弟子と二人で銭湯やお好み焼き屋さんに行っていることを師匠に楽しそうに話したら、師匠が怖い顔をして、こう言った。

「お前らなぁ、兄弟弟子、仲良うするのも大事やけど、友達やないねんぞ。傷の舐め合いするな！」

その時、私たちが弛んでいたということもあって、気を引き締めさせるために師匠はおっしゃったのだろうが、今の私も全く同じ考えである。

仲良くすることと、切磋琢磨して成長することと、分けて考えないといけない。そしてこれは、同じ一門だけの話ではなく、噺家仲間全てに当てはまる。

ところが、ここまで書いて、こんなことを思った。

「同じ師匠を持つ、同じ一門の兄弟弟子は、特別なものだな」

皆それぞれ、全く知らない者同士で、「同じ人の弟子になった」という縁、ただそれだけで、この世界を辞めない限り「兄弟」の関係が続く。

仕事に対する考え方や価値観など、それぞれ全く異なることも多々あるのだが、「師匠に対する想い」とか「師匠への感謝の気持ち」というものは、当然、重なり合っている。

だからこそ、兄弟の付き合いができるのだ。その重なり合いがなければ、関係性も薄れる。

若い頃、数人の兄弟弟子と喧嘩をしたり、いがみ合ったりして、つい感情的になり、心無い言葉を浴びせたこともあったのだが、この自叙伝を書くにあたって、懐かしいことや古い話の確認を兄弟弟子と電話やＬＩＮＥを通じてやっていると、「こんな話ができるのも、この世にたった、十二人しかいないのだ」と、私も歳を取ったせいなのか、弟子になって初めて、そう思った。

笑福亭鶴瓶一門の落語会『たまご会』が終わり、家路につく。

自分がその一員になる日が、刻々と近づいている。

年が明け、一九八八年（昭和六十三年）正月。

残り少ない学生生活を終えると、いよいよ笑福亭鶴瓶の弟子となる。

だからと言って、ピリピリした感じではなく、例年通り、のんびりとしたお正月を過ごしていた。

夜遅くに落語番組が放送されていた。

高座に座っているのは、桂米朝師匠。この八年後、一九九六年（平成八年）、上方落語界では初の重要無形文化財保持者、いわゆる「人間国宝」に認定される、「上方落語の神様」みたいな方だ。

もちろん、桂米朝という人物のことは知っていた。しかし、恥ずかしながら、生の高座は聴いたことがなく、テレビやラジオでも、米朝師匠の落語に触れたことはなかった。

初めて聴く、米朝師匠の落語。

「春になれば、鶴瓶の弟子になる」ということもあってか、それまでテレビで見ていたのとは違う感覚で、米朝師匠を見ていた。弟子になっても、落語をするつもりなど毛頭なかったのに。

演目は『天狗さし』。

見ていると、知らず知らずのうちに惹き込まれていった。

新しい商売を思いついた男。カラス天狗を捕まえて、「天狗のすき焼き屋をやろう」という計画。知人に相談すると、「鞍馬天狗というくらいだから、京都の鞍馬山へ行けば、カラス天狗がいるのでは?」と教えられ、鞍馬山へ。暗闇の中、やっとのことで捕獲したのは、カラス天狗ではなく、お坊さんだった。

『天狗さし』というタイトルが、私の頭にインプットされた。


三月十九日。明石高専の卒業式。

五年間ほとんど嫌々通学して、テスト前だけ適当に勉強して、毎年、留年スレスレで進級した学校を卒業する。実に感慨深いものだった。

「自分が来るべき場所ではない」と感じた時期が長かったが、結果的には、それで良かった。この学校に入ったから、今がある。

第六章　修業スタート

今日からお前は、芸人や

一九八八年（昭和六十三年）三月二十八日、月曜日。

もし私が、自分の年表を書くとするならば、生まれた日と同様、絶対に記さなければならない日である。

この日、師匠・笑福亭鶴瓶に正式入門と相成り、修業生活が始まった。

落語家の弟子修業には（この時点では、私は落語家ではなく、タレント志望で入門しているが）、師匠の家に住み込みで修業する「内弟子《うちでし》」と、実家、もしくは、師匠の家の近くに部屋を借り、そこから毎日、師匠の家へ通いながら修業する「通い弟子」とがある。

昔は当たり前だった内弟子制度であるが、時代の流れとともに、通い弟子制度にする師匠が増え、当時、内弟子制度を採用していたのは、桂米朝師匠のところだけだったと聞いている。

鶴瓶一門も皆、三年間の修業生活を通い弟子で過ごした。

実家がある神戸市東灘区から西宮市の師匠のご自宅まで、原付バイクで通えないこともなかったのだが、入門するにあたって事前に師匠から、このように言われていた。

「西宮に部屋を借りて、一人暮らしをしなさい」

師匠自身、この世界に入られる前、京都産業大学に入学された時から親許を離れていた。

私より上の兄弟子も全員、入門すると同時に一人暮らしをしている。

きっと、自立性を求めてのことであろう。

親に頼らず、自分の力で食べていかなければならない。

正式入門までに安いアパートを探した。

阪神・香櫨園《こうろえん》駅から北西すぐの辺りで、家賃二万五千円くらいの古いアパートを見つけた。ここからなら、師匠のご自宅まで、原付バイクで真っ直ぐ北へ約十五分で行ける。恭瓶兄さんが住んでいるアパートのすぐ近くだった。

お世辞にも綺麗と言えるようなアパートではなかった。二階建ての一階、南端の部屋。入って右側に小さな台所があり、左がトイレ。四畳半と六畳の部屋。

引っ越しの日、両親が手伝ってくれた。荷物を運び入れると、母が塩とお酒でトイレのお清めをしてくれた。父の元へ嫁いだずっと昔、ハンメから教わった韓国式のお清めらしい。トイレには神様がいるからだ。

師匠の家まで行く移動手段は原付バイクである。入門前のある日、「そろそろ、原付バイクを買わないといけないなぁ。中古でイイのを探そうか」と考えていたら、父が、「安い原付を買ってきたぞ」と見せてくれた。

なんでも、散歩をしている最中、知らない人の家の前にバイクが停めてあり、そこに「このバイク売ります」と書いた紙が貼ってあったとのこと。値段は三千円。父は即座に呼び鈴を押し、購入手続きを済ませたというわけだ。

「ヤマハ・ベルーガ」というそのスクーターは、なかなか使い込んでいる様子。試乗してみると恐ろしく重い車体で、おまけに、以前の所有者がかなり乗っていたのか、パワーが感じられない。フルスロットルにしても、時速三十キロしか出ない。父に言うと、「原付の法定速度が時速三十キロだから、それでエエやないか」と、あっさり片付けられた。


いよいよ、記念すべき、修業生活スタートの朝を迎えた。天気は快晴。バイクを走らせていると、ヘルメットの隙間から心地よい風が入ってくる。住宅街に見える桜は、そろそろ満開を迎えようとしている。

最初は順調に走っていたが、甲陽園に入ると、バイクのスピードが徐々に落ちてきた。上り坂が続くのである。目神山町に二番坂というとても急な坂があるのだが、ここは、スロットルを全開にしても、時速十キロも出ていなかったように思う。やっとのことで到着。

師匠の家に行くのは、基本的に朝七時三十分。日によっては、もっと早くに行く日もある。しかし、実のところ七時三十分に行ってはダメで、七時十五分が理想である。

このことは、事前に恭瓶兄さんからも言われていたし、私も少年野球チームや中学の野球部に在籍していた頃から、「言われた時間の十五分前に集合」という習慣は身についていた。しかし、最近はこれがちゃんとできていない。

高台にある師匠の家の前まで来ると、気温がグッと下がっていた。

当時はまだ、住宅が建っていない土地が多かったため、周辺はとても見晴らしが良く、眼下には、南東方向に広がる阪神地区から大阪市内までの景色が綺麗に一望できた。

インターホンを押すと、師匠の奥さんが鍵を開けてくださった。兄弟子の後から足を一歩踏み入れた。

昨年八月に来た時はまだ見学と言うか、下見のような立場であったが、今日からは違う。笑福亭鶴瓶の弟子として、この家に、当たり前のように通う。いや、通わせて頂けるんだ。

起床された師匠が、リビングで私の目を見ながら、こうおっしゃった。

「今日からお前は、在日韓国人でも、韓国人でも、日本人でもない。今日からお前は、芸人や」

「この人の弟子になったのだ」と、強く認識した。

修業がスタートして

三年間の修業期間中、良い弟子だったか、悪い弟子だったかと聞かれたら、自信を持って「悪い弟子でした」と答える。

時々、師匠から「お前、今日ついてこい」と弟子が一人だけ指名され、車を運転して師匠の仕事先であるテレビ局やラジオ局に鞄持ちでついて行くことがあったが、そんなことは本当に稀なことで、朝から夜の九時か十時まで、ずっと師匠の家で過ごすことがほとんどであった。

修業中の弟子がやるべきことと言えば、毎日の掃除とスーパーへの買い物がメインで、あとは「ムク」という名前の犬を散歩に連れて行ったり、たまに、奥さんの車や弟子が運転する車を洗ったり、ムクを洗ったりするくらい。しかも当時は、私を入れて同時期に三人の弟子が修業をしていたので、目が回るほど忙しかったというような感じではなかった。

二階建ての師匠のご自宅は、弟子たちからすると、当然、大きくて広いのだが、三人で掃除をすれば、さほど時間はかからない。おまけに、適度に手を抜いていた。師匠や奥さんが外出されている時などは、チャチャッとやって、三人で顔を見合わせて「こんなもんか」てな感じで。

奥さんにはバレていたはずだ。

弟子入りして間もない頃、掃除が全て終わり、しかも、師匠は仕事で、奥さんも用事があって外出され、しばらく帰って来ないと分かっている昼間、手持ち無沙汰で仕方なくソファーに座って新聞を読んでいると、恭瓶兄さんがソファーの上に置いてあるクッションを一つ持ち、ニコニコ顔でこう言った。

「さあ、ほな、昼寝しよか」

恭瓶兄さんは、ソファーの裏へ回った。広いリビングルームの東南角、ソファーと庭へ出る大きな窓の間には、人間が一人横たわるのにちょうどいいスペースが空いている。窓を通して、柔らかい春の陽光がたっぷりと注がれ、フローリングの床がまるで床暖房のそれのようにポカポカしていた。

恭瓶兄さんは、ソファーと窓の隙間にクッションを置くと、仰向けに寝転んだ。まるで、お兄さんのために用意されたかのように、横幅といい、長さといい、ピッタリのサイズだった。私は新聞を読み、テレビを見たりして、一時間ほど経過した。ソファーの裏を覗くと、恭瓶兄さんは、うつ伏せになっていた。また一時間後、ソファーの裏に目をやると、今度は仰向けに戻っていた。「修業中なのに、こんなことでいいのか?」と不安になった。

が、翌日、私も同じことをしていた。

当時、中学一年生だったお嬢さんと小学四年生の息子さん(現在、俳優として活躍されている駿河太郎さん）、この二人が、ソファーの上でゴロゴロしていることはあっても、師匠や奥さんがそんな風にされているのを見たことがなかった。

なのに、弟子は隙あらば昼寝をしていた。いつしか、クッションには所々、涎《よだれ》の跡がついていた。全て、弟子の仕業である。

そして、時々、遅刻をした。若い時というのは、どうして、あんなに眠いのであろう。さらには、三人揃って、奥さんから言われたことをその通りにできなかったり、皿を割ったり、とにかく、スカタン（関西の方言。失敗、間抜けなこと）ばかり。

おまけに私は、師匠の子どもさんと、些細なことで何度か喧嘩をした。二十歳を過ぎた男が、小中学生を相手に口喧嘩。とんでもない奴である。

二番弟子の晃瓶兄さん、三番弟子の純瓶兄さん、四番弟子の達瓶兄さんは、一九八四年（昭和五十九年）入門の同期で、ほぼ同時期に修業生活を送っていた。

奥さんによると、この三人の時は比較的優秀で、常々、奥さんは我々の前で嘆いていた。

「ウチはどんどん、アカン子が入ってくる」

それでも、こんな風に言われている時はまだいい。

心底怒らせたり、不快な気持ちにさせると、そんなことも言ってくれなくなる。

奥さんには本当に、不快な思いをさせたり、気分を害するようなことをしてきた。

特に私は。

それは、態度であったり、モノの言い方であったり、目であったり、もっと言うと、私が全身から醸し出す空気であったり。

そのことについては、後に、改めて記すこととする。

なぜなら、私自身を語る上で、絶対に避けて通ることができない項目だからである。

塩鮭の皮

修業中の三年間、一日三度の食事は、ほとんどを師匠の家で食べさせて頂いた。

合算すると、どれくらいの量になっていたのであろうか。

毎朝、奥さんと弟子は、食パンとコーヒーである。

これが、ハワイのコーヒーで、とても美味しい。毎年、お正月とお盆に師匠ご夫妻がハワイへ行かれると、必ず、このコーヒーを買ってこられる。

実家でインスタントコーヒーしか飲んだことがなかった二十歳の若造が、入門して初めてこのコーヒーを飲んだ時、あまりの美味しさに驚いた。後味がサラッとしていて、飽きがこないので、いくらでも飲める。

師匠は、ご飯とみそ汁、納豆に焼き魚。塩鮭が多かった。

もし連想ゲームで、司会者から「鶴瓶師匠の朝ごはん」と言われたら、「塩鮭」と即答するくらい、朝は塩鮭を食べていた。

私も本当はご飯を食べたかった。しかし、弟子が「僕はパンよりもご飯がいいです」などと言えるわけがない。

師匠は、ほぼ間違いなく、塩鮭の皮を残す。ちょっと焦げて、カリカリして、脂がついている部分はトロッとしていて、とても美味しいのに。師匠が塩鮭の皮を皿に残したまま席を立つと、私は腹の中で「ラッキー」と小さく叫んだ。

その後、師匠が奥さんの運転する車で仕事に出るか、奥さんと一緒にゴルフに出かけたりすると、食卓を片付ける前に、まず、塩鮭の皮を食べる。子どもの頃から、焼き魚の少し焦げた皮が大好きだった。

おまけに、ご飯も少し貰う。勝手に茶碗によそうのだ。塩鮭の少し焦げた皮が目の前にあるのに、それを無視するなんてことはできない。熱々のご飯と一緒に、一気に頬張る。行儀の悪いことだと分かっていても、塩鮭の焦げた皮を捨てるなんてことは無理だ。

昨夏、師匠ご夫妻からお誘いを頂き、私の家族も一緒に食事をご馳走になった。

話題が修業時代のことになり、この「塩鮭の皮」について話すと、成人した私の長男が、子どもの頃の話を始めた。

「小学生の頃、師匠に中華料理屋さんに連れて行ってもらった時、そこの手羽先の唐揚げがメチャ美味しかったんです。そしたら師匠が、手羽先の軟骨の部分を残してはって。僕は『もったいないなぁ、まだ食べられるのになぁ』と思って、師匠が残した手羽先の軟骨を全部食べました」

親子で同じようなことをしているのだ。

それを聞きながら、師匠は嬉しそうにワインを飲まれていた。

今でも、師匠が塩鮭の皮を残されたら、私は喜んで食べる。

弟子入りの動機

大事なことを書き忘れていた。

私がなぜ、笑福亭鶴瓶を師匠に選んだのか。

弟子入りする二年前、一九八六年（昭和六十一年）八月、バイトを終えた夜、阪神・御影駅前で、私の脳裏に次のような思いが去来したことは、すでに書いた。

「今の俺の、俺の話を聞いてくれるんちゃうかな？　ちゃんと話を聞いてくれた上で、弟子にするかどうか答えてくれそうや。鶴瓶さんの弟子になれたら売れるかも。そんな甘い世界やないわ。……そやけど、なんか、うまいこといくかも」

ラジオ『ぬかるみの世界』を聴いて、その存在を近くに感じたのも事実であるが、一番の理由は、この中の「売れるかも」「うまいこといくかも」である。

しかしこれは、今だから、ここに書くことができるのであって、ずっと以前、弟子入りをお願いに行った時にも、修業生活が始まった時でも、師匠のみならず他の誰にも明かせない、自分だけの秘密であった。

どこかに、後ろめたい気持ちがあった。

師匠を選んだ「一番の理由」が、「鶴瓶さんのことが大好き！」ではなかったからだ。好きか嫌いかと問われたら、それは当然「好き」である。

しかし、子どもの頃から、「鶴瓶さんが出る番組は必ず見る、聴く」という意識はなかった。だから、入門当初の私は、実はそんなに「笑福亭鶴瓶のことを知らなかった」のである。特に、兄弟子と比較した場合。

修業生活がスタートして数ヶ月くらい経ったある日、ほとんどの兄弟子が師匠の家に集まる日があった。

師匠を交えて談笑中、テレビ朝日系列で放送されていた時代劇『必殺仕事人』の話になった際、師匠がこうおっしゃった。

「長崎のポッペン突き刺して殺すて、俺の殺し方、無茶苦茶やったわ〜」

横で聞いている兄弟子全員が声を上げて笑っている。一人、キョトンとしているのは私だった。

「師匠、必殺仕事人、出てはったんですか?」

黙っていればいいのに、私の性格がそれを許さなかった。一瞬、その場にシラけた空気が漂った。

「お前、俺のこと、よう知らんのとちゃうか?」

師匠のツッコミで、また笑いが起こった。

そのドラマは、一九八五年(昭和六十年)から八六年(同六十一年)にかけて放送されていたものなのだが、私は見ていなかった。

翌日、師匠の書斎を掃除していると、机の上に師匠のネタ帳が置いてあった。手のひらサイズの小さなノート。身の回りで何か面白いことがあると、どんな些細なことでもこのノートに書いている。若い頃からずっと継続されていることで、これが「鶴瓶の笑い」「鶴瓶噺」の源だと言っても過言ではない。

誰もいなかったので、こっそり覗いてみた。横書きの丁寧な文字で、そのエピソードのタイトル的なことが一行ずつ書いてある。

ページをめくっていくと、最後にこう書いてあった。

「俺のことを知らん弟子」

自分のことをネタにしてくれるのだという嬉しさの一方、「もしかすると、師匠には全てバレているのかも？」という、恐怖にも似たような感情が湧き上がってきた。

「兄さんたちは、みんな、師匠のことが好きなんや。スゴイ、好きなんや。だから、弟子になってるんや」

それに比べると自分は兄弟子たちのように、「師匠のことが好きで入門しました」などと胸を張って言えるものでは、決してない。自分は、「売れるかも」「うまいこといくかも」と思って、鶴瓶を選んだのである。

そんなことは、弟子入りをお願いした時にも入門が叶った時にも、自分自身で分かりきっていたことである。そして、そのことを「誰にも悟られてはいけない」という気持ちも常に持っていた。日が経てば経つほど、自分の「弟子入りの動機」が不純に思えてきて、その「不純な動機」をずっと隠したままこの世界で生きていけるのだろうか、そんな奴がここにいてもいいのであろうかという、言いようのない不安が募ってきた。

そうやって、毎日、師匠の家に通っていた。

韓国語できるんか？

「お前、韓国語できるんか？」

弟子入り後、一ヶ月ほど経ったある日、突然、師匠から聞かれて驚いた。

入門初日、「今日からお前は、在日韓国人でも、韓国人でも、日本人でもない。今日からお前は、芸人や」とおっしゃった師匠。

それなのになぜ、「お前、韓国語できるんか？」と私に質問するのだろう。

不思議に思ったが、正直に答えた。

「できません」

「お前なぁ、ルーツの国の言葉なんやから、勉強しといたらどないや」

それだけで会話は終わった。

師匠からそう言われて、すぐさま韓国語のテキストを買い、コツコツ勉強をスタートさせる、わけがない。その時の私には、韓国語の学習をする必要もなければ、韓国語に対して興味すらなかった。

いや、興味がないどころか、嫌悪感を抱いていた。

幼い頃、お正月や法事の日になると、ハンメの兄弟姉妹、親戚のみんなが集まる場所に両親に連れられ、度々顔を出した。

みんな可愛がってくれる。私は長男だから、特に大事にされる。今はどうだか知らないが、昔の在日社会は、いや、日本人のコミュニティーもそうだったかもしれないが、その家の長男というのは、みんなの期待が集まるというか、注目されるというか、とにかく大切に扱われた。

「しょういち、勉強ガンバレよ」「しょういちは賢いなぁ」「しょういち、小遣いやるわ」

そんな居心地のいい親戚たちとの場であるが、一つだけ嫌なことがあった。

それは、親戚たちの会話の中に出てくる韓国語である。

在日コリアンは、なぜか皆、声が大きい。そこへ持ってきて、大勢が集まり、お酒が入ってくると、さらに声が大きくなり、そのうち、親戚同士で意見がぶつかり口論が始まると、どう表現したらいいのか分からないレベルの声量になる。

噺家の酒席も声が大きい。特に笑福亭は。以前、米朝一門の誰かが、笑福亭の宴席に合流した際、「笑福亭は、やかましいてかなわん!」とボヤいていたが、そんな生易しいものではない。

そして、その会話の中に韓国語が混じるのである。特にハンメの兄弟姉妹は年配者ばかりだから韓国語を話せる人も多い。日本語と韓国語をミックスさせて激論を交わす。

そういう時、日本語の言葉よりも韓国語の言葉の方がより強く、当時の私の耳に飛び込んできた。無理やり入り込んできた。意味の分からない、耳に引っかかる、ハッキリ言って心地の悪い響き、聞こえ方。

もし私が、子どもの時から朝鮮学校に通っていたとしたら、状況は違っていたと思うが、私は幼稚園からずっと日本の公立学校に通っていた。

確認したことはないが、恐らく父の方針であろう。

「日本で暮らしていくのだから、日本の学校の教育を受けた方がいい」

そう考えたに違いない。私もそれで良かったと思っている。

私にとって韓国語とは、ずっとずっと、「やかましいもの」であった。

それを師匠が「勉強しといたらどないや」と言う。

勉強はしなかった。

しかし、師匠のその言葉だけが、知らないうちに私の身体の中に残り、そして、その十三年後、再び私の耳に聞こえてくることとなる。

落語と私

「この本、読んでみ」

師匠の書斎で、一冊の本を見せられた。

タイトルは『落語と私』。著者は、桂米朝。

「これ読んだら、落語がどういうもんなんかが、ちょっとは分かるはずや。これをあげてもエエねんけど、俺も今、これしか持ってないから、本屋で探してみ」

米朝師匠が書かれた、それも落語に関する本を、なぜ私に「読んでみろ」と言うのか、不思議でならなかった。

「落語をしたい」と言ったことなど、一度もない。

そもそも、もし私が、学生時代から落語が好きで、落語会に足繁く通い、「落語家になろう。噺家になりたい」という夢を抱いていたとしたら、笑福亭鶴瓶を師匠に選ぶなんてことは、なかったはずだ。なぜなら、あの当時、笑福亭鶴瓶を高座で見ることなど珍しかったからである。もっとたくさん落語会に出ている、つまり普段から落語をメインで活動している噺家のところへ、「弟子にしてください」とお願いに行くはずである。

今なら分からない。今の師匠は、私が弟子入りをお願いした当時とは違い、寄席や落語会に出ることも多く、それこそ、『笑福亭鶴瓶　落語会』と銘打ち、全国各地で大きな会を催している。

それ故、最近の弟子入り志願者の中には、落語をやりたくてお願いに来る若者もいる。

私は、笑福亭鶴瓶をタレントとして見ていたし、自分自身も師匠と同じように、テレビやラジオで仕事をしたくて弟子になった。

そして、当然そのことを師匠も分かっているはずである。

なのに、その本を読めと言う。

「嫌です」なんて言えるわけもなく、何かの用事で大阪の梅田へ出た際、確か、紀伊國屋書店で購入した。文庫本である。

家に帰って読んでみると、これがとても興味深い。

元々、米朝師匠が中高生向けに書かれた本なので、分かりやすい内容となっている。

その本の中で、私が「へえ〜っ」と思ったのは、「落語は演者が消える芸」という記述であった。桂米朝が喋っていても、桂米朝が消えないといけない。こんな風に書いてあった。

なるほど、確かにそうだ。落語って、面白いな。

師匠に報告した。

「師匠、米朝師匠の『落語と私』って、面白くて勉強になりますね」

「そやろ。落語ってオモロイで」

『落語と私』は、今も私の本棚に大切に置いてある。そして、今読んでも為になる。

それからしばらくすると、もっともっと、落語に触れるようになるのである。

そのきっかけも、師匠の一言からだった。

「ここにある落語のレコードやテープ、勝手に聴いてエエねんぞ」

師匠の家で落語を聴く

師匠のご自宅、二階へ上がってすぐ右側に師匠の書斎がある。八畳くらいの洋間で床がカーペット。これが、柔らかすぎず堅すぎずで、素足で踏むと足の裏がとても気持ちいい。でも、弟子が師匠の家で裸足で過ごすなんてできないから、ご夫妻が留守にされている時だけ、こっそりと靴下を脱いでいた。もう一度、あの感触を味わってみたい。

奥には机が置いてある。師匠は几帳面な方で、机の上に乱雑に物を置いたりしない。だから、常にスッキリとしていて、ネタ帳を整理されたり、原稿の執筆をされる時でも、すぐに始められる。

書斎の右の棚には落語のレコードやカセットテープが、ずらっと並んでいる。

「上方落語四天王」と呼ばれる、六代目・笑福亭松鶴師匠、三代目・桂米朝師匠、三代目・桂春團治師匠、三代目・桂小文枝師匠（後の五代目・桂文枝）を中心に、笑福亭仁鶴師匠のものもあれば、江戸落語のテープもある。

棚の一番下には、一枚のジャケットが他のレコードより分厚くて、丈夫な透明のビニール袋に入った豪華なLPレコードが、第一集から第二十三集まで全て揃っている。手に取って見ると、『桂米朝　上方落語大全集』と書いてある。

掃除の途中、初めてそれに気づいた時、正直、不思議に思った。

「師匠は落語をしないのに、なぜ、落語に関するものが、こんなにたくさんあるのだろう？」

まあしかし、京都産業大学時代に落語研究会に所属し、現に、笑福亭松鶴師匠に弟子入りして、そして、それによって、笑福亭鶴瓶という名前になっているのだから、落語と無縁なわけではない。

それは理解できる。でもそれでも、落語のレコードやテープがこれだけ揃っているということに、ちょっと違和感を覚えた。

米朝師匠の『落語と私』を勧めてくださったことも合わせて、笑福亭鶴瓶と落語が「線でつながる」というのが、その時の私には、想像がつかなかった。

そしてある日突然、書斎でこう言われた。

「ここにある落語のレコードやテープ、勝手に聴いてエエねんぞ」

入りたての弟子が、掃除の最中にこれを見て、不思議に思ったり、疑問を感じるということを予測しているのだろうか。

「いいんですか？」

「あぁ。用事が終わって時間があったら、聴いたらエエねん」

「ありがとうございます」

たぶん、次の日くらいから聴いたはずだ。兄弟子と一緒に聴いたり、時には一人で聴いたり。

レコードは書斎で聴くしかないが、カセットテープなら、ラジカセがあれば書斎以外でも聴くことができる。ご夫妻が居ない時には、師匠の部屋からラジカセを持ち出して和室で聴いたり、ソファーで聴いたり、台所に置いて皿を洗いながら聴いたりした。

アパートにテープを持ち帰って聴くこともあった。

いろいろ聴いた。レコードでは主に米朝師匠の音源を聴き、アパートに持ち帰って枕元のラジカセで聴くのは、松鶴師匠のテープが多かった。中でも、松鶴師匠の『高津の富』が大好きになった。

何度も同じ噺を聴いていると、流れや台詞を覚えだす。

「そろそろ、あの台詞やな」と分かっている。分かっていても面白い。

そうやって、徐々に落語に近づいていった。落語を好きになっていった。

しかし、それでもまだその時点では、「自分が落語をする」という次元ではなかった。

あくまでも、それは「聴くもの」であった。

少し話を飛ばすことになるが、二〇〇五年（平成十七年）五月十四日、西宮市にあるプレラホールで催した『鶴瓶、銀瓶をしごく会』のことを書く。

この落語会は、私が初めて師匠に挑んだ場であった。師匠が中トリで一席され、その前後二席を私がつとめる。つまり、師匠より後に出て、トリを取るのである。

この時のパンフレットの挨拶文は次の通りである。

本日は、『鶴瓶、銀瓶をしごく会』にご来場頂きまして、誠にありがとうございます。

一九八八年三月二十八日、私は、師匠・笑福亭鶴瓶に入門いたしました。その時、私が目指していたものは「タレント」でした。そして、私から見た師匠は「タレント」でした。

修業生活がスタートしてしばらくした頃、「師匠ってタレント？　いや、落語家やで」という想いが、私の中でフツフツと湧いてきました。そして、私はいつの間にか「タレント」ではなく「落語家」になりたいと思うようになりました。

私に初めて落語の稽古をつけてくれたのは、師匠です。私に着物の着方を教えてくれたのは、師匠です。私に「落語」を与えてくれたのは、師匠です。私は、落語家・笑福亭鶴瓶の弟子、落語家・笑福亭銀瓶です。

私にとって、この会は「登山」です。笑福亭鶴瓶という「山」に登るのです。ムチャクチャ高い山です。今はまだ、頂上は雲に隠れて見えません。でも、「登山許可証」は持っている。ひたすら登って、登って………。いつか、辿り着きたい。

笑福亭　銀瓶

入門十七年の銀瓶。入門三十四年の鶴瓶。ちょうど半分。

だからと言って、倍の芸ができるかって言ったら、そうじゃない………。

でも僕は、三十四年、色んな自分を見せてきた自信がある。

それを彼がどうとらえるかが、この会のおもしろいところだ。

さぁ銀瓶、かかってこい！

笑福亭　鶴瓶

天狗さし&天狗裁き

修業中、時間があれば、師匠の書斎で落語のレコードやカセットテープを聴くことは、最早《もはや》、日課になっていた。「今日は何を聴こうかなぁ」と、あれこれ探す。何しろたくさんあるので迷う。

どの落語を聴くのか、これはもう手当たり次第と言うか、とりあえず演目の名前を見てフィーリングで決めた。

師匠の書斎で聴く時は、やはりレコードが多かった。そして、米朝師匠の『桂米朝　上方落語大全集』が一番豪華だったので、そこに目を引かれ、最もよく聴いた。

順番は忘れたが、早い段階で『道具屋』を聴いた。これは、子どもの頃、テレビで笑福亭仁鶴師匠の高座を見て、タイトルだけは知っていたからだ。

『どうらんの幸助』は、そのタイトルに興味がそそられ、浄瑠璃は全く知らなかったのだが、「この噺は面白い！」と大好きになった。

そうやって、どんどん聴いていくと、『桂米朝　上方落語大全集』の中でも、すでに封を切っている、つまり、師匠が聴いているレコードと、全く封を切っていないサラの状態（サラとは新品のこと。寄席などで初めて落語を聴くお客のことを楽屋では、サラの客と呼ぶ）のレコードが混在していることが分かった。

兄弟子に「これ、僕らが開けてもイイですかね？」と言うと、「勝手に聴いてエエねんぞって、言うてはったんやから、かまへんやろ」となり、遠慮なく、どんどん開けていった。

落語のタイトル、演目は面白い。

今の私には当たり前になっていることであるが、二十歳そこそこの落語を全く知らない、それこそ、サラの若者からすると、「なんやろ？　どんな噺やろ？」と思って、聴いて、「なるほどなぁ〜。それで『貧乏花見』かぁ」と納得したり、『足上がり』『肝つぶし』『馬の田楽』などを聴いた時には、「はぁ〜、タイトルがオチと関係している噺と、そうじゃないのとあるんやなぁ」と理解したり。

その中で、最も関心を持ったのが、『天狗さし』と『天狗裁き』だった。どちらも「天狗」という言葉で始まっている。しかも、『天狗さし』は、数ヶ月前、正月に実家で聴いた、あの噺だ。

「おっ！　アレや！」と、ちょっと嬉しかった。

先に、『天狗さし』から聴いた。テレビで見たのと同じ流れ。面白い。

「十円札を九円で仕入れて、十一円で売ったら儲かるやろ？」という、この発想。

「それをアンタに相談に来た」という呑気さ。

落語に出てくる登場人物が愛らしい。

次に、『天狗裁き』を聴いた。テーマは夢。

夢を見ていないのに、周りの人から「どんな夢やったか話せ」と次から次へと詰問され、困り果てる男。そして最後に、なるほど、こうなるか。

どっちも面白い。でも、どちらかと言うと、私は『天狗さし』の方が強く印象に残った。正月に実家のテレビで見たというのも大きいのかもしれない。

それからしばらくして、リビングルームで師匠と話せる機会があったので、思い切って、話しかけてみた。

「師匠」

「なんや?」

「落語のレコード、聴かせて頂いてるんですが、あの『天狗さし』って落語、面白いですね」

「おぉ、アレなぁ、オモロいやろ。俺なぁ、若い時、アレをモチーフにして、新作落語を作ったことあるんや」

「へぇ〜、そうなんですか？　どんな噺ですか?」

「夢の噺や」

「えっ?……ひょっとして、それは『天狗裁き』と違いますか?」

「えっ?……『天狗裁き』?」

「はい。夢が出てくるのは『天狗裁き』です」

「……お前が言うてる『天狗さし』って、どんな噺や」

「金儲けをしたい男が、天狗のすき焼き屋を始めようと、京都の鞍馬山にカラス天狗を捕まえに行くっていう噺です」

「……フーン。それ、オモロそうやな」

師匠と目が合った。すると師匠は気まずかったのか、あの笑福亭鶴瓶の笑い顔と声で、大声で笑った。

弟子になって初めて、自分の目の前で師匠が大笑いされるのを見て、なんか、嬉しかった。

これがお前の名前や

「兄さんは、どれくらいしてから名前をもらったんですか？」

ある日、恭瓶兄さんに聞いた。

「そやなぁ、二ヶ月くらいしてからやったかなぁ」

噺家の芸名は、師匠からつけて頂く。それまでは、本名で呼ばれる。師匠も奥さんも兄弟子たちも、「シム」「シムくん」と呼んでくださっていた。

基本的に師匠の名前から一字もらう。

例えば、米朝師匠のお弟子さんの名前には、「米」か「朝」がついている。春團治一門は「春」、文枝一門なら「文」「枝」という具合に。

松鶴一門は「松」「鶴」が多い。

私の師匠は「鶴」を頂き、そこに「瓶」がついて「鶴瓶」である。

だから、鶴瓶の弟子の名前には必ず「瓶」がつく。つまり、「瓶」に「どんな漢字がくっつくのか？」ということである。

そして、面白い特徴として、兄弟子の名前はみんな、「音だけで聞くと、普通の名前」なのである。

「しょうへい」「こうへい」「じゅんぺい」「たっぺい」「きょうへい」。

その法則でいくと、私の名前はどうなるのであろう？

入門して一ヶ月が過ぎ、五月に入ると、そんなことを考える時間が生まれた。

いろいろと予想もしたように思う。

「いっぺい」「さんぺい」「しんぺい」「てっぺい」「こんぺい」などなど。

「瓶」に、どの漢字がつくのだろう？

まあとにかく、師匠から名前をつけて頂ける、その日を待つしかない。

それは突然やってきた。

いつものように台所で朝食の準備をしていると、二階から師匠の声が聞こえてきた。

「おい、シム！」

「はい！」と、階段を五〜六段上がったところで、上から下りてこられた師匠と鉢合わせになった。上半身は裸で、トランクスのパンツ一枚。ついさっき、起きられたばかりなのであろう。

「これがお前の名前や」

Ｂ５サイズのトレース紙のような薄い紙を渡された。

「お前は今日から、ぎんぺいや」

「ありがとうございます！」という私の声を背中で聞きながら、師匠はまた、二階に上がった。

兄弟子にその紙を見せながら、「名前を頂きました。ぎんぺいです」と報告すると、「良かったなぁ。ぎんぺい」と、すぐにその名前で呼んでくださった。

奥さんも「ぎんぺいくん」と呼んでくださる。

紙には、縦書きの文字が並んでいる。師匠が筆ペンで丁寧に書いてくださったことがわかる。

右から、こう書いてある。

命名
昭和六十八年五月二十五日
笑福亭　銀瓶

一瞬、頭の中に疑問符が並んだ。
「六十八年?」
今年は、一九八八年、昭和六十三年である。
師匠は、西暦と昭和の年数がごちゃごちゃになってしまったのだ。
そこにまた愛着が湧いた。
もちろん、その紙は今も大事に保管している。
また一つ、生涯忘れてはいけない、大切な日が増えた。
一九八八年(昭和六十三年)五月二十五日、水曜日。
私が「笑福亭銀瓶」になった日。
以来、三十三年間、この名前で生き続けている。
この先、何年、名乗り続けることができるであろうか。
この先、何年、この名前で高座に上がり続けることができるであろうか。
死ぬまで、そうありたい。

奥さんとの溝

修業中、いや、師匠の弟子になってからずっと、「最も苦手だったことは何ですか?」と聞かれたら、こう答えるしかない。

「師匠の奥さんと良好な関係を築くことです」

これまで近しい人に話したことはあるのだが、こうやって公にするのはこれが初めてである。

奥さんは有名芸能人の妻で、いわゆる一般家庭の主婦とは違うのであるが、それでも、感覚としては普通の人である。湯水のようにお金を使うとか、そんな人ではない。また、物事を決める判断基準も、「それは筋が通っているのかどうか」というところに重きを置いていた。それは今でもそうである。ずっと変わらない。

入門前、母がこう言った。

「師匠はもちろんやし、師匠の奥さんにも可愛がってもらわなアカンよ」

大丈夫だと思っていた。バイト先の居酒屋で、私よりずっと年上のおじさん、おばさんを相手に楽しくやり取りをしていたので、年上の人とコミュニケーションを取るのは容易《たやす》いと高を括っていた。

ところが、実際は違った。もちろん、師匠の奥さんをバイト先のお客さんと同じような感覚で捉えていたわけではない。

母から言われるまでもなく、「嫌われてはいけない」「嫌われないようにしよう」という気持ちでいた。しかし、この気持ちが強すぎたためなのか、奥さんの前では萎縮していたように思う。奥さんがそうさせたのではない。今思うと、自分で勝手に萎縮していたのだ。それ故、奥さんとの距離感をうまく掴めていなかった。

「近づきすぎると、嫌われるのではないか？」

そんな気持ちが芽生え、奥さんの前では、よそよそしい態度になっていた。

奥さんが、こんなことをおっしゃったことがある。

「ウチのお弟子さんの中でも、怒りやすい子と怒りにくい子がいる」

弟子に落ち度があったり、奥さんが「それは違うな」と感じることがあれば、当然、奥さんは注意をしたり、時には怒る、叱る。

そんな時、「すみません」と謝った後、怒られたことを引きずらない弟子だと、奥さんも怒りやすいと思う。

ところが、私は違った。怒られると、それを気にして、そのあと、気まずい空気になっていた。それどころか、時には、「えっ？　なんで、これで怒られるの？」という気持ちでいた。

私は、「修業をさせてもらっている」という、根本的なことを分かっていなかった。

師匠の家には、ご夫妻のルール、奥さんの価値観がある。自分では「良い」と思ってやったことでも、奥さんから見て違っていれば、当然、注意されたり怒られたりする。

そういう時に、口では「すみません」と謝ってはいるが、「俺、間違えてるか？」という気でいた。さらには、それが態度や目に出ていたはずだ。「目は口ほどに物を言う」の見本みたいな人間である。今にして思えば、とんでもない弟子だったと感じている。

当然それは、奥さんにも伝わる。

こんなことを言われたことがある。

「銀瓶くん、あなた、『俺は鶴瓶の弟子やのに、なんでこんなオバハンに言われなアカンねん』って、思ってるでしょ」

図星だった。

素直ではない、自分の我を通そうとする、そういう弟子である。当時、二十歳という、自分の若さがそうさせたのか、本来、そういう性格なのか。

兄弟子を見ていると、自分との違いを感じた。「すみません」と謝っている様子が、自分のそれとは大違いである。

修業を終え、年季が明けた兄弟子たちは、奥さんとの会話も、当然、気遣いがありながらも自然体である。そして、私から見ると「可愛い弟子」に見えた。

自分にはできない。奥さんと話す際、ちゃんと目を見ていなかった。どうすればいいのか分からなかった。

「鶴瓶さんのことが好きで好きでたまらなくて、好きな人の弟子になりたい」

これが理由で師匠を選んだわけではなく、「売れるかも」「うまくいくかも」という不純な動機で弟子になったから、奥さんにも素直になれず、ギクシャクした空気にさせてしまうのかもしれない。こんな風に考えることが多々あった。

今、これを思い出した。

ある夏の朝、師匠の家に原付バイクで向かっている途中、突然、天候が悪化し、大雨が降ってきた。レインコートを着ていないため、ずぶ濡れである。インターホンを押すと、奥さんがドアを開けてくれた。手にバスタオルを二枚持って。

「風邪ひくから、すぐに拭き」

「ありがとうございます」

「これ、主人のTシャツと短パン。これに着替えなさい」

師匠の服を貸してくださり、濡れた私の服は乾燥機に入れてくださった。

しばらくすると、師匠が起きてきて、私を見るなり「それ、俺の服か」と言い、ニヤッと笑った。

奥さんは優しい人なのである。

それなのに、「良好ではない関係」は、入門してから、ずっと続いていた。

すっこんどれ！

修業中の三年間というものは、住み込みではないにしろ、基本的には師匠の家で過ごす。突然、師匠から「お前、今日、俺につけ」と言われることがある。車を運転して、テレビ局やラジオ局など、師匠の仕事場について行く、いわゆる「鞄持ち」というやつである。

私の師匠は、そう頻繁に弟子を仕事先に連れて行くわけではなかった。師匠なりに、「今日の現場は見せておいた方が勉強になるやろな」とか、考えておられたのだと思う。連れて行くにしても、弟子入りして数日後というような早い時期ではなかった。ある程度、家の用事ができるようになって、師匠から見て、「こいつ、そろそろ外に出してもエエかな」という判断に至ってからのことだと思う。

私が初めて車を運転して師匠について行ったのは、名前を頂いてしばらく経った、一九八八年（昭和六十三年）の夏くらいだった。

朝、急に「お前、俺について来い」と言われ、ビックリした。

でも、師匠の家の用事をせずに、外の世界を見ることができるので、内心、喜んだのも事実である。

そして、時々、兄弟子が話していた、夜ご飯にもありつけるかなと期待した。

芸人の体験談に、こういう話がある。

師匠が仕事仲間やお客様と食事をしている間、弟子は車の中でじっと待っている。

いつ戻ってくるのか分からない師匠。

弟子はお腹が空いてきて、涙が出そう。しかし、何か買おうにも、お金がない。

路上に長時間停車していると、運悪く、そこへ、噺家と同じような縦社会の怖い人たちのグループの真っ黒なベンツが現れて、「どかんかい！」と凄まれ、本当に涙を流したという話。

弟子を車の中で待たせるかどうか、これも、師匠それぞれの考え方で、様々である。

私の師匠は、修業中の弟子でも宴席に連れて行くか、そうでない場合は先に帰らせた。

きっと、師匠自身が若い頃、松鶴師匠に連れて行ってもらったからであろう。

そして、食事の場に同席させることで、また、若い弟子の役目もあるからだ。

全員の飲み物を聞いたり、皿を片付けたり、そういうことをしながら、邪魔にならないように、かつ、陽気過ぎず、陰気過ぎずに、その場に馴染む。

これがなかなか難しい。

しかし、それも訓練というか、経験というか、勉強である。

前置きが長くなったが、以前から、兄弟子の話を聞いて、何度も羨ましいなと思っていた。

「昨日、師匠にお寿司屋さんに連れて行ってもろてなぁ。もう、最高に美味かったわ」

「エエなぁ。俺も行きたいなぁ」と思うのは当然である。

そして、弟子になって初めて、師匠の仕事場に同行させて頂く日が来た。

師匠は、後部座席ではなく助手席に座る。

ハンドルを握る私は、緊張して何も話せない。師匠の問いかけに答えるのが精一杯である。

行く先はＮＨＫ大阪放送局。現在は、大阪市中央区大手前にあるが、当時は、大阪市東区馬場町にあった。

カーナビなどなかった時代、道を知らない私のために、師匠が「そこを右や。次を左」と指示してくださり、何とか到着。

中へ入ると、貴重品が入った師匠のバッグを肌身離さず持ち、師匠に近すぎず、遠すぎず、「ここやったら、邪魔にならへんかなぁ」というような場所を見つけて、師匠を見ながら立っていた。

呼ばれたら、すぐに反応しなければならない。

そして、とにかく「挨拶をしよう」と思っていた。思っていた、を超えて、念じていたと言っても過言ではない。

あとで師匠から、「お前なんで、あの時、あそこにおった人らに挨拶せなんだんや」と怒られるのが嫌だし、他の人から、「あの子、鶴瓶さんの弟子らしいけど、挨拶なかったなぁ」と思われるのも嫌である。

とにかく、誰でも彼でも、「挨拶をせなアカン」と思い込んでいた。

そこへ、別の番組収録で来られていた、女優の桃井かおりさんが現れた。

驚いた師匠がサッと立ち上がり、近づいて話し始めた。

私は、お二人の会話を聞きながら、桃井かおりさんに挨拶するタイミングを窺っていた。

そして、会話が途切れた瞬間、「ここだ!」と思い、足を一歩踏み出し、声を出した。

「弟子の銀瓶と申します」

間髪を容れず師匠が言った。

「すっこんどれ!」

師匠がギャグっぽく言ってくださったので、周りの方たちの笑い声が起き、その場は済んだ。

その後、師匠から叱られるかとビクビクしていたのだが、確か、師匠は感情的に怒るのではなく、こんな風に諭してくださった。

「あのな、俺が話をしてるんやから、お前、何も入ってこんでエエねん。そら、挨拶も大事やけど、他に誰もおらんようになってから挨拶したらエエし。そういう空気を見なイカンねん」

現在は、師匠が舞台で私のことをネタにされる際、「銀瓶て、アホやで~」と言いながら、このエピソードを楽しそうに喋ってくださっている。

私は今、入門したての若い子が、大先輩に挨拶しようと楽屋の隅で焦っているのを見たら、「もうちょっと待っときなさい」と言うようにしている。

初めて師匠の仕事先につかせて頂いたその日の夕食は、お寿司屋さんでも焼肉屋さんでもなく、師匠の家に戻り、奥さんが作ってくださった料理をお腹いっぱいに、美味しく平らげた。

笑福亭の洗礼

入門して五ヶ月が過ぎた九月初旬、師匠から言われた。

「明日、北御堂で、オヤッサンの三回忌の落語会があるから手伝いに行け。本家が集まるから、直系の人らに挨拶してこい」

本家?……直系?

何やら物騒な響きであるが、そうではない。

仁鶴師匠、鶴光師匠、そして、私の師匠など、六代目・笑福亭松鶴師匠の直接の弟子は「本家」であり、または「直系」である。これが、笑福亭松鶴一門である。

私は、笑福亭鶴瓶一門であるから、傍系になる。

師匠から「行け」と命じられた落語会は、『六代目・笑福亭松鶴　三回忌追善落語会』だった。

一九八六年（昭和六十一年）九月五日に亡くなられてから、ちょうど二年。

会場は、本町の北御堂津村別院。

当日、昼間の公演だったので、朝から師匠の家で用事を済ませてから行った。

何しろ、鶴瓶一門以外の噺家に会うのは、これが初めてである。

仁鶴師匠と鶴光師匠のことは子どもの頃から知っているが、他の方々は、師匠の部屋に貼ってある「上方落語家系図」で名前を見たくらいで、中には、どう読めばいいのか分からない人もいた。

筆頭の仁鶴師匠から順に、楽屋へ行き挨拶をした。

最後は、若手の先輩たちがいらっしゃる大部屋へ。若手と言っても、噺家の世界は、十年やっていてもまだ若手と呼ばれる。私から見て十年も上なら大先輩である。

大部屋のドアは開け放たれていた。そこから、大勢の男たちの笑い声が聞こえてくる。

ドアの手前で「失礼します」と言い、一歩前へ足を踏み入れてから跪《ひざまづ》いた。

大部屋は和室で、そこに十人くらいの男たちが車座になって、煙草を吸いながら談笑している。

煙草の煙で、部屋は霞がかかったような感じがして、東映の任侠映画のワンシーンのようにも見えた。

私の存在に皆が気づき、一斉にこちらを見た。私は睨まれたような気がした。

「初めまして。鶴瓶の弟子の銀瓶と申します。どうぞよろしくお願いいたします」

こう言って頭を下げ、また頭を上げた次の瞬間、野太い声が聞こえてきた。

「おぉ、鶴瓶兄貴とこの若い衆かぁ」

若い衆？……映画やドラマ、本や漫画でしか聞いたことのない言葉だった。

「本家」「直系」「若い衆」。やはり、あちらと同じような世界なのだ。

声の主は、笑福亭鶴志《しょうふくていかくし》お兄さんだった。

私の師匠より二年後輩で、この時、まだ三十三歳、芸歴十四年の若手であった。

しかし、すでに三十年以上のキャリアがあるような、そんな貫禄を感じた。

「はい」と答える私を睨みつける鶴志お兄さん。

目が合った瞬間、弟子入りして初めて恐怖を感じた。

さっきまで騒がしかった大部屋が、シーンと静まり返っている。

「おい、俺にな、出身地はどこですかて聞け」

「……はい？」

「出身地はどこか聞け！」

「はい……ご、ご出身は、どちらですか？」

私は訳が分からないまま、鶴志お兄さんの指示通りに質問した。

すると、鶴志お兄さんは、無言でシャツをズボンから捲り上げた。大きなお腹が露わになった。

思わず目をやると、お腹の左側に、小指の先くらいの大きさのイボを見つけた。

そのイボを指差しながら、お兄さんは答えた。

「兵庫県、揖保郡《いぼぐん》」

それまで黙っていた他の先輩噺家たちが、「ガハハ〜!」と、大声で笑い出した。

「イボ」と「揖保郡」の洒落であることを即座に理解できた私であるが、なぜかキョトンとしてしまった。

黙っている私を、お兄さんはそのままにしてくれない。

「おい、なんか言えや」

「……兵庫県揖保郡ですか。僕も、兵庫県なんです。神戸です」

「そんな話ちゃうやろ!」

「ガハハ〜!」

またもや、楽屋が笑い声に包まれた。

今ならいくらでも言葉を返せるのであるが、その時の私には、そんな余裕は全くなかった。

「こんなことを言わなアカン世界なんかぁ。エライとこに来たなぁ。どないしよ。『出身地はどこですかて聞け』て、俺、お腹にイボないしなぁ」

私にとって衝撃の体験で、笑福亭の洗礼を受けた瞬間である。

そんなこんなで、笑福亭の本家の先輩方に挨拶をすることができた。

ほんの少しだけだが、「笑福亭の一員」になれたような気がした。

それ以来、鶴志お兄さんには、時に怒られ、注意され、アドバイスされ、時々、褒められた。

その鶴志お兄さんが、二〇二〇年（令和二年）五月八日、まだ六十四歳の若さで、お亡くなりになられた。

その高座は、いつも大爆笑だった。

噺の中にオリジナルのギャグを入れるが、しかし、本筋、噺の芯は外さない。

生前、こんなことを教えてくださった。

「銀瓶、噺家は少ない言葉数で、ぎょうさん（たくさん）の笑いを取らなアカン。ぎょうさん喋って笑かしてるうちは、まだまだや。そやから、どんだけ無駄な言葉を省くかや」

パッと見たら怖いが、あんなに優しい、また、「噺家の矜持」を持たれた人はなかなかいない。

トリで出られる際、どれだけ前の出演者がスベっていようが、悠然と構えておられた。

「俺が笑かしたる」

そんな空気が、匂いが、身体全体から滲み出ていた。

もう、あのお声を聞くことができないのは、残念でならない。

「銀瓶、お前もちょっとは分かってきたなぁ」と、空から言われる日がくるだろうか。

初のレギュラー

入門した年の秋、一九八八年（昭和六十三年）九月、いきなり仕事が決まった。

「銀瓶、十月からラジオ大阪で始まる番組のリポーターや。打ち合わせに行ってこい」

朝、師匠から言われて驚いた。弟子になって僅か半年で仕事をもらえるなんて、思いも寄らなかった。

次の日、すぐにラジオ大阪に向かった。

入り口に立った時、弟子入り志願の日のことを思い出した。ここに来るのは、一年前の三月の、あの時以来である。

あの日、ここに立っていた自分はまだ学生で、ドキドキしながら初めて会う笑福亭鶴瓶さんを待っていた。それが、一年半後には、弟子として同じ場所に立っている。

番組のプロデューサーと会い、詳細を聞いた。

プロ野球のナイターオフの期間、夜七時から九時まで生放送する『これが最先端（まっさき）ベストヒット１００』という音楽番組で、その中のコーナーでリポーターを担当する。

葉書で応募したリスナーの中から抽選で当たった人の家へ、エースコックから発売されているカップ麺「スーパーカップ」一箱を届けて、その家からインタビューするという内容。

十月に入り、番組がスタートすると、月曜から木曜まで、兄弟子に少し遠慮しながら、午後四時くらいに師匠の家を出た。

師匠の家の用事をせずに、最も下の弟子が仕事で外へ出るというのは、どこか気まずいものがある。

メインリポーターは、今も大阪のラジオ番組で活躍されている高野あさおさん。私はサブリポーター。

毎回、移動の車の中で、あさおさんと楽しく話したり、修業中の愚痴を聞いてもらったり、時には帰りの車内で「銀瓶ちゃん、今日のあの一言はアカンよ」と注意されたり、あさおさんには本当にお世話になった。

今でもたまに連絡を取り合い、時には私の高座を聴いてくださり、時間が合えば、一緒に食事に行ったりしている。

「あの頃は、お互い若かったし、楽しかったねぇ。銀瓶ちゃんが、あの頃より大きくなって、嬉しいわぁ」

こんな風に言葉をかけてくださる高野あさおさんは、私の先輩であり、優しいお姉さんである。

十月から始まった番組の最初のギャラが、確か、十一月か十二月に入った。

振り込みではなく現金払いで、五万円か、もう少しあったと思う。

初めてもらった出演料。

笑福亭銀瓶として、生まれて初めて稼いだお金。

その夜、神戸の実家に行き、両親に渡した。

「良かったな。その気持ちだけでいいよ。これはお前が使いなさい」

両親は受け取ってくれなかった。

初めての稽古

年が明け、一九八九年（平成元年）。

昭和天皇の崩御により、一月八日から元号が、昭和から平成に変わった。

弟子入りして一年ほど経ったある日、また師匠が突然言った。

「明日、稽古つけるぞ」

何のことか分からなかった。馬鹿な私は、すぐに尋ねた。

「なんの稽古ですか？」

「落語や！」

頭の中に疑問符が浮かんだ。タレントになりたくて弟子になったのに、なぜ落語の稽古をするのだろう。

実はそれまでに師匠から稽古というか、指導して頂くことは何度かあった。

しかしそれは、落語ではなく、平たく説明するならトークというか、師匠がされていることに例えるなら「鶴瓶噺」みたいなものである。

「お前、最近あった、何かオモロい話、やってみぃ」

掃除をしたり、用事をしていると、急にこう言われる。まるで抜き打ちテストのようである。ソファーに座った師匠の前に、弟子が順番に立ち、身の回りで起きた面白い話、と言っても、あくまでも自分自身が面白いと感じている話をする。落語のマクラみたいなものである。

弟子の話を聴いた師匠は、面白いと感じてくだされば、ゲラゲラと声を上げて笑ってくださる。

「俺の話で師匠が笑ってはる」

これは、とても嬉しいことである。

そして、必ず、アドバイスをしてくださる。

「さっきの話は、順番を入れ替えたほうが、もっと効いてくるんちゃうか？」

こういう具合に、師匠が感じたことをダイレクトに伝えてくださる。

「最近あったこと」と言われたにも関わらず、何も思いつかなかった私が、仕方なく、学生時代のエピソードを話した時には、苦い顔を見せながら、こうおっしゃった。

「銀瓶、『今』の話が大事なんや。そら、前にあったオモロい話もやることはあるよ。俺もする。そやけど、できるだけ最近あった話、それこそ、ついさっき起きた話をすることが大事なんや」

普段から準備をしていない私に対する戒めの言葉であった。

師匠のトーク、喋り、マクラを思い返すと、まさにそうである。

「いや、さっきね、楽屋に入る時、おばちゃんに声かけられてね。ほんなら、そのおばちゃんが、……」

たった今あった話を、どれだけ自分の言葉で、そして即座に面白く組み立てることができるか。

こういう稽古を何度かさせて頂いた。それは、弟子になって三十三年経った今現在も続いている。

ただ、一つ違うのは、師匠から「やってみろ」と言われるのではなく、自分の方から師匠に話をぶつけるのである。だから稽古というよりも、師弟での自然な会話である。

一緒に食事をしている時や楽屋でいる時に、タイミングを見て話しかける。

修業中に師匠の前で話す際はとても緊張して、口の中が渇き、思うように喋れなかった。しかし今は、フラットな状態で話すことができる。三十三年も師弟関係が続いているのであるから、当たり前と言えば当たり前なのだが。

落語の稽古に話を戻す。

師匠から、落語に関する本を読むことや、レコードやカセットテープを聴くことを許されたり、勧められたりして、実際にそれを目にして耳に入れているのであるが、それはあくまでも、知識というか、勉強というか、「タレントの仕事をするにしても、落語を全く知らないよりかは、知っている方がいい」というような次元、レベルだと思っていた。

『師匠は普段、それほど高座に上がることはないのだが、師匠の芸の根底には落語がある』

そうは思っていたのだが、自分自身が落語をするというのは微塵も想像できなかった。

翌日、和室で兄弟子とともに師匠の前に並んで正座した。

「ホンマは浴衣で稽古するんやけど、もう、このままやるわ」

落語の稽古は、師弟揃って浴衣に着替えてする。そんなことも師匠の言葉で初めて知った。

それに何よりその時、私は浴衣を持っていなかった。

何が始まるのかと、不安と緊張を感じた。

「今から『大安売り』という落語を教える。これは俺が若い時からやってる噺や。今から俺が、おんなじとこを三回やるから、それを聴いて覚えろ」

「はい」

稽古が始まった。師匠が目の前で落語をしている。

「おい、お前、向こうから来る奴、誰や知ってるか？」

「どこに？」

「いや、向こうから来る奴やがな」

「おぉ、あら、どこの丁稚や」

「丁稚やあらへん。あら相撲取りや」

「えっ？　相撲取り？　こらまた小さい相撲取りやなぁ。ああいう奴が相撲取りになるさかい、この頃、丁稚の数が不足してんねん」

「そんなえげつない言い方したりな。あら確かに相撲取りや」


もちろん、この後もまだまだ続く。

弟子の目の前で、師匠が同じ箇所を三回繰り返してやってくださった。

「ほな、お前やってみぃ」

師匠がされたのと同じところをやるように、まず、恭瓶兄さんが指名された。

恭瓶兄さんは、すでに他のネタで初舞台を踏んでいて、高座の経験がある。

私は、兄さんの台詞を聴きながら、また、覚え直した。

「次、銀瓶やってみぃ」

「はい」

生まれて初めて落語をした。

さっき見たまま、聴いたまま。

「師匠は、この台詞の時には左を向いて、相撲取りが喋る時には、右を向いていたよなぁ」

そんなことを思いながら、何とか覚えた台詞を口から出した。

左を向いたり、右を向いたり。

感情も込めたつもりである。

ちょっと詰まったが、覚えた部分は最後まで言えた。

「お前、落語やったことあるんか？」

「……いえ、ないです」

「あぁそう。やったことあるんかなと思た。……ほな、今日はここまでや。また、続きは今度やるから、それまで自分で稽古しとけ」

次の稽古日までに、きちんと稽古して覚えないと、きっと怒られるだろうなということは、容易に想像ができた。

「師匠、僕はタレント志望で入ったので、落語の稽古は嫌です」

こんなことを言ったら、もっと怒られるだろうということも分かっていた。

しかし、嫌ではなかった。

むしろ、楽しかった。

師匠がされているのを見て、聴いて、それを覚えて、すぐに同じことをやる。楽しさを感じた。

それから毎日、掃除をしながら、兄弟子と「次の台詞、なんやった?」と確認しながら、あるいは、銭湯でお湯に浸かりながら、バイクで師匠の家に迎いながら、『大安売り』の台詞をブツブツ、ブツブツ、稽古した。

週に一回くらいのペースで、師匠にお稽古をつけて頂いた。『大安売り』は、十五分くらいの短い噺なので、四回か五回の稽古で全て上がったはずである。後に、この『大安売り』で初舞台を踏むこととなる。

笑福亭の草野球

弟子入りした年の九月、笑福亭の先輩噺家の皆さんに挨拶をしたことによって、「鶴瓶のところに、銀瓶という新しい弟子が入った」と、その存在を知って頂くことができた。

ある日、師匠が電話で笑福亭の誰かと話をされていた。電話を切るなり、私を呼んだ。

「お前、笑福亭の草野球の試合に行け。お前が野球できるって知って、出てほしいらしい」

「修業中ですのに、いいんですか?」

「かまへん。行って、みんなに覚えてもらえ」

恐らく、こんなことは異例のことだと思う。

基本的に修業中の弟子は、師匠の仕事について行く以外、オフィシャルな場に出ることはない。

師匠のお許しがないと、どこへも行けない、何もできないのである。

グローブとスパイクは学生時代から使っているものがまだあるのだが、笑福亭のユニフォームがない。

ありがたいことに、師匠がその費用を出してくださった。

往年のタイガースのビジター用ユニフォームに似た、グレーの縦縞で、胸に漢字で「笑福亭」と入っている。

初めて参加する試合の日、師匠の家の用事を早々に切り上げ、兄弟子には申し訳ないが、朝から師匠の家を出た。

試合会場は、確か、JR環状線・桜ノ宮駅から歩いてすぐのグラウンドだった。

あの頃はまだ、関西には落語の定席などなく、落語会も少なかったため、ほとんどの落語家が暇だった。

みんな、どうやって食べていたのであろう。

師匠の家の掃除やスーパーへの買い物から解放され、青空の下、大好きな野球ができる。

嬉しくて、ウキウキしていた。

その日の試合相手は、恐らく、新聞販売店のチームか、理髪店のチームだったと思う。マウンドに上がった。投球練習の段階で、その場の空気が変わった。

私の投げるボールの質が、他と明らかに違うのである。まあ、草野球のレベルの話であるが。試合が始まると、打球がほとんど前に飛ばなかった。

「銀瓶、やるなぁ」

笑福亭の先輩噺家たちに、まずは野球で認知されたのだ。

その後も、修業中にも関わらず、草野球の試合に出場した。

ある日、トリプルヘッダー、つまり、一日に三試合したことがあった。

それほど、当時の噺家、特に笑福亭は、暇だったのである。

午前中の試合を完投し、昼のゲームは抑えで投げ、ナイトゲームでまた完投。行けば、先輩方が食事をご馳走してくださる。私が使うのは、往復の電車賃くらいだった。

だから、その時の私は、ある意味、野球で飯を食べていた。

噂話、伝言ゲームというのは恐ろしいもので、「今度、鶴瓶のとこに入った、銀瓶ちゅう奴は、メチャクチャ野球が上手いらしい」というのが、私の知らないところで変化していったらしい。

「今度、鶴瓶のとこに入った、銀瓶ちゅう奴は、メチャクチャ野球が上手いらしい」

「今度、鶴瓶のとこに入った、銀瓶ちゅう奴は、メチャクチャ上手いらしい」

「今度、鶴瓶のとこに入った、銀瓶ちゅう奴は、メチャクチャ落語が上手いらしい」

いい迷惑である。

そうやって、草野球の試合に出ていたある日、笑福亭猿笑《しょうふくていえんしょう》（現・笑福亭円笑）お兄さんから、ベンチで声をかけられた。お兄さんは東京ご出身で、上方の噺家でありながら、江戸落語をされている。だから、普段から標準語で喋る。

「銀瓶くんは、何かネタはつけてもらったの？」

「はい。こないだ、ウチの師匠から『大安売り』をお稽古して頂きました」

「もう覚えたの？」

「はい」

「もうどこかに出たのかい？」

「いえ、まだです」

「あっ、そう。じゃあ今度、僕の落語会に前座で出してあげるよ。鶴瓶兄貴には、僕から頼んであげるから」

「ありがとうございます」

猿笑お兄さんが、師匠に電話をかけてくださり、師匠も「おおきに。ほな、猿笑、頼むわ」と、話がトントン拍子にまとまり、ついに、私の初舞台が決まった。

これも全て、草野球のお蔭である。

初舞台

記念すべき初舞台は、約二ヶ月先、笑福亭猿笑お兄さんの落語会に決まった。

ところが、大事なものがない。それは着物である。まさか、普段着で出るわけにはいかない。師匠や兄弟子の着物を借りるという方法もあるのだが、身長一八〇センチの私には、どの着物も小さすぎる。

三年の修業期間を終え年季明けする際には、師匠がお祝いに着物を作ってくださるのであるが、それはまだ二年近く先のことである。

そこで急きょ特別に、私の初舞台のために着物を注文してくださった。しばらくすると、師匠の家に、奥さんが選んでくださった青色ベースの小紋の着物が届いた。

生まれて初めて着物を着る。しかし、着物のたたみ方は恭瓶お兄さんから習ったが、着方まで教わっていないので、どうやって着たらいいのか分からない。

「俺が教えたる」

なんと、師匠直々に、和室で着付け教室が始まった。

師匠がご自身の着物一式を持ってきてくださり、マンツーマンの指導である。

届いたばかりの真っ新な着物に袖を通し、師匠と向かい合わせに立つ。

「両方の襟のとこを持って、身体の前で合わせて……、そうや、……ほんで、右手で持った方を先に中に入れて、ほんで、左手で持った方を上から重ねて……、そうや……」

手間取ったのは、帯の締め方である。

男の帯、噺家の帯は、「貝の口」という締め方が一般的であるのだが、これを身体の前ではなく、後ろで締めなくてはならない。つまり、自分では見えないのである。

「俺がやるのを見てみぃ」と、師匠が実演してくださった。自分ではその通りにやっているつもりなのだが、なぜか、うまく締めることができない。すると、小学五年生の息子さん、太郎くんがやって来て、師匠の帯を持って締め始めた。

「見てみぃ。太郎はすぐにできるやないかい。お前、何やっててんねん」

ゲラゲラ笑う師匠。

私には、そんな余裕はない。

「毎日、練習せえ」

そう言われて、それから毎日、掃除や用事が済むと、師匠の家の和室で着物を着る稽古をした。

いよいよ、初舞台の日。

いつも通り、朝から師匠の家へ行き、いつも通りのことをして、確か、午後四時前に師匠のご自宅を出た。

落語会の会場は、大阪市の都島区民センターだった。

ＪＲ環状線・京橋駅から歩いたのだが、会場に到着してから高座に上がるまでのこと、そして、高座が終わってからのことなど、ほとんど覚えていない。

ただ明確に記憶していることは、前座で出て喋った、お客様の前で初めてやった、師匠にお稽古をつけて頂いた『大安売り』が、全くウケなかったということである。

クスリとも笑わなかった。

ところが不思議と、その時の私は全く落ち込んだりしなかった。

まず、覚えた噺を最後まで、途中で忘れたり止まったりすることなく、喋り終えることができただけで満足していたように思う。

「初舞台からウケるわけがない」

こんな風に開き直っていたのかもしれない。

とにかく、「前座らしく、元気よく、大きな声を出して、一席やり終えよう」と、そのことに集中していたはずだ。

三十三年も噺家を続けていると、当たり前ではあるが前座で出ることはなく、たまに、企画モノによってトップバッターで出演することがあるのだが、これがなかなか難しい。

中トリ（休憩前のトリ）やトリで出る方が、楽だったりする。

まだ客席の空気が整っていない状況で高座に上がる、前座、トップは大変なのである。

私は今、前座で出る若い噺家たちに、極力、このように声をかける。

「元気よく、しっかり声を出して、ノビノビと」

もちろん、トップバッターからウケてもらい、最初から客席が盛り上がるに越したことはないのであるが、前座がスベっていようが、どうなろうが、最終的にお客様を楽しませる、落語会を盛り上げる責任は我々にある。

だからこそ、中トリやトリをつとめるのである。

私に初舞台のチャンスを与えてくださった笑福亭円笑お兄さんは、当時の手帳に私の印象をメモされていた。

「鶴瓶一門にまた弟子が来た。何か一心に求め、学ぼうとする姿勢には好感がある。打ち上げでは先輩に動ずることなく、よく飲む。これからの打ち上げは、彼だけ割り勘だ」

驚いたことに、その日、私は打ち上げに参加して、酒を飲んでいたのである。通常、まだ修業中の噺家は打ち上げには参加せず、帰るのが普通である。しかし私の師匠は、こういうことには、とやかく言わなかったということを思い出した。

それが「笑福亭らしさ」なのかもしれないが。

円笑お兄さんのメモにもあるように、私は酒をたくさん飲んでいたのだ。『大安売り』がスベっていたのにも関わらず。入門二年目、まだ二十一歳にしては、なかなか図太い神経の持ち主だったのかもしれない。

『大安売り』は、それからも何度か高座にかけたが、随分と苦労した。ウケないのである。

その後、師匠から『色事根問《いろごとねどい》』という噺を稽古して頂いたのだが、こちらの方が、まだウケやすかった。と言っても、お客様を爆笑させるというレベルではない。

三年の修業を終えた、一九九一年（平成三年）六月十一日、初めて出稽古《でげいこ》に行った。

出稽古とは、自分の師匠以外の師匠に稽古をつけて頂くことである。

師匠の兄弟子、六代目・笑福亭松喬《しょうふくていしょきょう》師匠にお願いした。

松喬師匠は『道具屋』を教えてくださった。もちろん、口移しの稽古である。

その少し前、私が稽古をお願いした時、松喬師匠はこうおっしゃった。

「鶴瓶から、何をつけてもろたんや？『大安売り』と『色事根問』か？……そうか。……まあ、それやったら、『道具屋』がエエんとちゃうか？『道具屋』にしよ」。

四回の稽古で『道具屋』があがった。

その後、どの落語会で『道具屋』をネタおろし、つまり、初めてお客様の前でやったのか定かではないのだが、『大安売り』よりもウケた記憶がある。

私はその時に思った。

「キャリアの浅い、駆け出しの噺家には、『大安売り』はかなり難し過ぎるネタなのだ。『道具屋』の方が、まだ何とかできるネタなのかもしれない」

『道具屋』は、『子ほめ』や『つる』と同様、仕込み噺に分類される落語である。先に仕込んで、後からバラす。

ちょっと間抜けな主人公が、教えてもらったこと（仕込み）を後で同じようにやるのだが、その通りにできずに見事に失敗する（バラす）という、落語ではオーソドックスなパターンで、噺家にとって基礎的な要素が詰まっている。それ故、前座ネタになっているのである。しかし、だからと言って、簡単ではない。きちんとやらないとウケない。そもそも「簡単な噺」などない。どれも難しい。

一方、『大安売り』は、そういうタイプの落語ではない。噺の中身、登場人物の会話の内容は単純なのだが、それ故、演者の「息（いき）」と「間（ま）」が求められる。

もちろん、全ての噺において、この「息」と「間」は大変重要なのであるが、『大安売り』という落語は、かなりのテクニックを必要とする噺である。

そのことを『道具屋』をやって初めて分かった。

つまり、『大安売り』は、いきなり覚えるようなネタではないのである。ある程度の経験がないと、扱えない噺である。

では、なぜ私の師匠は、最初に『大安売り』を教えたのか。

理由は簡単である。

師匠の持ちネタの中に「仕込み噺がなかった」だけのことである。

これは私の想像であるが、当時の師匠は若い頃から、「笑福亭鶴瓶のキャラクターを生かした落語」、もしくは、「キャラクターが生きる噺」を演じていたと思う。だから、「仕込み噺」とか、「前座がやるネタ」とか、そういうことは全く関係ないのである。

しかも、「笑福亭鶴瓶がやる」のであるから、鶴瓶自身が「これをやろう」とチョイスして、高座で演じて、スベるわけがない。その「嗅覚」があるから、笑福亭鶴瓶なのである。

私が稽古をお願いした時、松喬師匠が『道具屋』を選んでくださった理由も、恐らく、このあたりにあるかと思う。

一度、じっくりと聞いてみたかったのであるが、六代目・笑福亭松喬師匠は、二〇一三年（平成二十五年）七月三十日、六十二歳の若さで、お亡くなりになられた。

それからは、天国で大好きな松鶴師匠と一緒にお酒を飲んでいらっしゃることだろう。

松喬師匠には『道具屋』の後、『花筏《はないかだ》』の稽古をつけて頂いた上、噺家の心得として、とても大切なことを教わった。

「どんな小噺でも、どの落語でも、何べんもやってる噺でも、常に、自分はこの噺を初めて喋るんやと思て、高座に上がらなアカン。そして、目の前に昨日と同じお客さんがいてはっても、この人たちはこの噺を生まれて初めて聴かはるんやと思て、喋らなアカン」

さて、私が師匠から初めて教わった、私の初舞台のネタ『大安売り』であるが、これがウケるようになるまで、なんと、十年近くもかかった。

ある日、ミナミのお寿司屋さんで、師匠と二人で飲んでいる時、

「師匠、やっと、師匠から教わった『大安売り』がウケるようになりました。あの噺、難しいですわ」

と言うと、師匠からこう返された。

「良かったなぁ。そやけどなぁ、俺なんか、昔からずっとウケてるでぇ」

師匠は、美味そうに刺身を口に放り込んだ。

落語会のお手伝い

「お前ら交代で、落語会の手伝いに行け」

例によって、師匠から突然の指令。

楽屋で先輩の着物をたたんだり、私服から着物に着替える際に後ろから長襦袢《ながじゅばん》や着物をかけたり、帯を渡したり、お茶を入れたり、囃子場《はやしば》で鳴り物を打ったり、様々なことをしながら、先

輩の高座を聴いて勉強をする。

私はこの時にも、「落語をするつもりで弟子になったわけでもないのになぁ」と思ったのだが、そんなことは曖《おくび》にも出さずに「分かりました」と答えた。答えるしかない。

すぐに情報誌を買って、いつ、どこで、どんな落語会があるのかを調べた。

そして、兄弟弟子と相談し、「今日は誰が行く」「次は僕が行きます」という風にローテーションを組んで、落語会に出向いた。

最初に行ったのは、『島之内寄席』だった。

島之内寄席は、一九七二年（昭和四十七年）、当時の上方落語協会会長であった、六代目・笑福亭松鶴師匠の発案からスタートした、上方落語協会主催の定席で、今なお続く歴史ある会である。

当初、島之内教会で始まったのであるが、その後、何度かの会場移転を経て、私が修業中には、心斎橋にあるCBカレッジというカルチャーセンターの中で催されていた。

ビルの一室、会議室のような部屋を二つ借りていて、一つが会場、もう一つは楽屋だった。他の部屋では、生け花教室が開かれていた。

小さな高座が組まれていて、客席には椅子が三十個ほど並べられていた。

五人か六人の出演者がいたと思う。全員が初めて会う先輩だったはずだ。

「鶴瓶の弟子の銀瓶と申します。よろしくお願いします」

私が挨拶をすると、名前くらいは聞いたことがあるのか、「あぁ、キミが銀瓶くんか」と言ってくださる方がいたように思う。

しかし、こんな反応もあった。

「えっ？……鶴瓶兄さんとこのお弟子さん？……何しに来たん？」

「……いえ、あの、お手伝いに」

「お手伝いって、キミとこの一門、落語とちゃうやろ？」

「……はい」

楽屋で先輩にお茶を入れたり、着物をたたんだりすることは何とかできたが、舞台の横、囃子場にある太鼓類には一切手を触れることができなかった。何をどうすればいいのか、分からなかったからである。

開場時に打つ一番太鼓、開演直前に打つ二番太鼓、前座の出囃子「石段」、その他、全てにおいて、何のお手伝いもできなかった。

ただ端っこに立って、落語を聴いていた。知らないのであるから、当然と言えば当然なのだが。しかし、何となく、そこにいる先輩たちから、「こいつ、何しに来たんや？」というような空気を感じた。

落語会が終わり、交通費として千円もらった。帰り道、あまり充実した気分にはなれなかった。しかし、「もう、行くのはよそう」とは思わなかった。第一、行かなかったら、師匠に怒られる。そして、「できなかったことをできるようになりたいな」とも思った。

自分が落語をするとかしないとか、それは別として、その場にいる限りは、何か役に立たないと、いる意味がない。ましてや、交通費に千円もらっている。何もしないで帰ったら、ただ、千円をもらっただけになってしまう。

何より、「こいつ、何しに来たんや？」という空気を感じるのが、とても嫌だった。

「次からは、何かができるよう、何かを覚えて帰ろう」

そう強く思った。

翌日、師匠に報告をした。

どこの何という落語会で、誰が出ていたのかなど、覚えていることを話した。しかし、私が感じた、「こいつ、何しに来たんや？」という空気に関しては、口にしなかった。

「そうか。また行け」

師匠が言ったのは、こんな短い言葉だった。

それからまた情報誌を探すと、師匠より後輩だが笑福亭の先輩方が数人出られる落語会を見つけ、そこに行った。

草野球で何度か会っているから、楽屋でもいろいろと話ができて居心地は良かった。

翌日、また師匠に報告すると、師匠が激怒した。

「なんで、そんな若手の落語会に行くねん！　もっと上の人ら、俺より上の師匠らが出てはる会に行かんかい！　もっとピリピリする、もっと怖いとこに行かんかい！　お前、草野球で覚えてもろて、そんなとこ行って、チャラチャラ、チャラチャラ喋ってただけやろ！　そんなもん何の意味があんねん！　アカン！　お前、今度、くっさんとこ行け！」

くっさん？

誰それ？

しかし、その「くっさん」との出会いが、その後の私の、笑福亭銀瓶の「意識と人生」を大きく変えることとなる。

くっさん

『もとまち寄席　恋雅亭』

恋雅亭。「れんがてい」と読む。

神戸元町商店街内、「ゴーフル」で有名な神戸凬月堂《ふうげつどう》本店の地下にある凬月堂ホール。

このホールで、神戸のお客様によって落語が愛され、多くの噺家が育まれ、そして、「恋雅亭に出たい」「いつの日か、恋雅亭でトリをつとめたい」という憧れを抱く、噺家にとって、ある種のステイタスのような落語会が長く続いていた。

その名の通り、ホールの内壁は、四方が赤いレンガで覆われている。

師匠は「お前、今度、くっさんとこ行け！」と言った後、こうもおっしゃった。

「神戸の『れんがてい』に行け」

私は初め、ステーキ屋さんのことだと思った。

幼い頃からテレビのコマーシャルで、このフレーズを聞いて育ったからだ。

♪ 神戸 れんがて〜い ♪

「ステーキ屋さんで落語会やってるんですか？」

「アホか！ 違うわ！」

恋雅亭の発祥は、一九七七年（昭和五十二年）に遡る。

当時の神戸凮月堂の社長さんが、凮月堂ホールを使って文化的な催しを行い、商店街に活気を与えたいと考え、俳優の藤田まことさんに相談し、六代目・笑福亭松鶴師匠と、演芸プロデューサーである楠本喬章《くすもとたかあき》さんに出会った末、誕生したと聞いている。

この楠本喬章さんが、私の師匠が言う「くっさん」である。

神戸を中心に、落語会を主催・制作する会社『笑クリエイト社』の代表である。

恋雅亭が始まる以前から、すでに神戸で、『柳笑亭』『笑民寄席』などの落語会を手掛けていた。全て、手作りの落語会である。

神戸の落語文化、その歴史は、楠本喬章さんの生涯と重なると言っても過言ではない。

前記の三人はもちろんのこと、多くの方々のご尽力により、一九七八年（昭和五十三年）四月、ついに、恋雅亭がスタートした。

『もとまち寄席　恋雅亭』のホームページによると、記念すべき第一回の演目と出演者は、次の通りである。

第一回　一九七八年（昭和五十三年）四月八日
近江八景　橘　家　円　三
蛸芝居　林　家　染　二
天神山　笑福亭　枝　鶴
仲入り
植木屋娘　桂　春　蝶
貧乏花見　笑福亭　松　鶴

当時の上方落語ファンが大喜びしたであろうと想像できる番組である。

現代の上方噺家が見ても、「うわ〜！　豪華やなぁ！」と感嘆の声を漏らすような顔ぶれ。

それ以降、毎回、贅沢な番組で月に一度のペースで続けられ、第三回以降は毎月十日に定められ、上方噺家と落語ファンの間では、「十日の夜は、恋雅亭」というのが常識であった。まだ、そのような常識を知らない私が、生まれて初めてそこに足を踏み入れたのは、一九八九年（平成元年）の春だった。

師匠の奥さんが常々「楠本先生」と呼んでいたので、それを頭に入れた。

「おはようございます。鶴瓶の弟子の銀瓶と申します。お手伝いに伺いました。楠本先生は、いらっしゃいますか？」

「わしや」

横から低い声がした。

見ると、黒か濃いグレーの落ち着いた色のスーツを着た男性が、こちらを見ている。

背は私より少し低いが、肩幅の広いがっしりとした体型で、それ故、あのような低く響く声が出るのかと想像させる。

大きめのフレームで、淡い色の入ったレンズの眼鏡をかけ、そのレンズの奥にある目と私の目が合った。

おじさんなのか、おじいさんなのか、一見したところ、ちょっと分かりづらい。

後で知ったのだが、楠本先生は、一九三五年（昭和十年）五月十日生まれ。だから、この時、まだ五十四歳だった。今の私と大して変わらない。それで言うと、かなり老けていたことになる。その時には、年齢以上の風格というか、凄味というか、そういうものを感じた。

「初めまして。笑福亭銀瓶です。よろしくお願いいたします」

「あぁ、鶴瓶くんから聞いとる」

師匠が連絡してくださっていた。

それから、楠本先生が楽屋と囃子場を案内してくださった。

「あの中に太鼓とか鳴り物が一式入っとる。鳴り物の用意できるか?」

「すみません。何も分からないです」

「ほな、しゃあない。もうじき、他の噺家が来て用意するさかい、それを見て覚えなさい」

「はい」

「キミ、たとう紙、持って来たか?」

たとう紙とは、「衣裳敷」とも言い、着物をたたむ時に使う、畳一枚くらいの大きさの紙のことである。

「あっ、すみません。持って来ていないです」

「手伝いに来るんやったら、たとう紙ぐらい持ってこなアカンがな」

「すみません」

「まあ、誰か他の噺家が持って来るやろ。着物はたためるんか?」

「はい。それはできます」

「ん。ほなまあ、しっかりやり」

「ありがとうございます」

パッと見た時には、少し怖いイメージがあったのだが、「くっさん」、楠本先生は、とても親切で優しい方だった。

恋雅亭と、そして、楠本先生と出会ったこの日から、「噺家への道」を歩み出すこととなるのであるが、そのことに気がつくのは、それから数年後のことである。

松山のお母さん

一九八九年（平成元年）七月、恭瓶お兄さんが、三年の修業期間を終え、めでたく年季明けとなった。

恭瓶兄さんには、入門以来、細かいことをいろいろと教えて頂いた。

そして、昼寝の場所も教えてもらった。師匠の家のリビング、ソファーのクッションについている涎の跡は、ほとんどが恭瓶兄さんのものだと断言できる。

三年の修業期間を終えると、師匠ご夫妻がお祝いに着物を作ってくださる。

そして、もう一つ、プレゼントがある。それは、奥さんのご実家、愛媛県松山市に住む、奥さんのお母さんからのお祝いだ。一万円のご祝儀をくださる。

ほぼ毎月、松山から西宮の師匠のご自宅にお越しになられ、数日、過ごされる。我々弟子は皆、「お母さん、お母さん」と呼び、食事の時には、いろんな話をした。

戦争中の話や、昔の大きな事件の話、そして師匠ご夫妻が結婚される前のことなど、弟子たちが知らないことを語ってくださる。

松山の方言が入った優しい語り口で、それが面白くて興味深いから、お母さんがお越しになられると、食事の後の片づけがなかなか始まらない。

松山のお母さんとの会話で、最も印象に残っていることがある。

私が年季明けする少し前、一九九〇年（平成二年）の終わり頃だっただろうか、ちょうどその頃、師匠のお嬢さん、中学生の章子《しょうこ》さんが、まあ多感な時期で、いわゆる反抗期というか、そんな感じであった。

ある日、弟子とお母さんだけでお昼ご飯を食べている時、章子さんの話になった。師匠の奥さんも不安になり、お母さんに相談していたらしい。

お母さんは、我々弟子にも隠さずに、こう話してくださった。

「私は玲子に心配せんでエエよ言うた。アンタら夫婦が仲良うしてるから、エエ夫婦やから、何も心配せんでエエ。子どもは親を見て育つ。夫婦がしっかり仲良うしてたら、子どもは大丈夫や」

お母さんの言った通りだった。

松山のお母さんは、それからも時々、弟子たちの話し相手になってくださり、関西で一門会がある時には、わざわざ松山からお越しになられ、客席で弟子たちの噺を聴いてくださり、「面白かったよ」と、優しく声をかけてくださった。

二〇一三年（平成二十五年）七月四日、お母さんは天寿を全うされた。

今でも時々、師匠ご夫妻と食事をする際、お母さんの話になることがある。そんな時、弟子たちも嬉しいし、師匠も奥さんも嬉しそうだ。私が書くのもおかしな話で、また、失礼極まりないのであるが、松山のお母さんも笑福亭鶴瓶という稀代の表現者をこの世に生み出した一人だと言えると思う。

お茶子するか？

一九九〇年（平成二年）四月、弟子になって二年が過ぎ、修業期間も残すところあと一年となった。

師匠の家へ行き、交代でアルバイトに出て、週に一回ケーブルテレビの番組で司会の仕事をして、時々、落語会のお手伝いに行く、こういう生活パターンが定着していた。

落語会に顔を出してはいたが、それでもまだ、私は「タレント志望」であった。「落語をやりたい」「噺家になりたい」という気は、更々なかった。しかし、落語会の下座《げざ》（囃子場）で演奏する鳴り物には興味を持っていた。興味を持つというより、「少しはできないと、居場所がない」という心境だった。「最低限のことは、できるようになろう」と思い、開場時に打つ一番太鼓、開演直前に打つ二番太鼓、それから、出囃子の中で鳴らす当《あ》たり鉦《がね》などを、先輩が演奏するのを見ながら聴きながら勉強した。

最初にできるようになったのは当たり鉦である。出囃子に合わせて「コンコンチキチン、コンチキチン」と鳴らす。先輩の音を聴いて、「これならすぐにできる」と思い、自分で勝手に当たり鉦を持ち、三味線の音に合わせて打ってみた。間違っていたら後で注意されるが、誰も何も言わなかった。

当たり鉦は、その曲によって打ち方が変わる。そんなことも先輩の様子を見て知った。誰も教えてくれない。もちろん、聞けば教えてくれる。要は、自分の意欲である。

ある日、恋雅亭にお手伝いに行った際、開場まで時間があるので、一番太鼓の稽古をしていた。

「ドンドン、ドントコイ。ドンドン、ドントコイ。ドントコイ、ドントコイ」

綺麗に打てば、こんな風に聞こえるのであるが、まだまだそんなレベルではなかった。下手な太鼓の音がロビーにまで響いていた。

数ヶ月後の恋雅亭で、笑クリエイト社の事務員さんが私に言った。

「社長がロビーで、銀瓶やっとるなって、嬉しそうに笑ってはったよ」

社長とは、楠本先生のことである。

恋雅亭をはじめ、笑クリエイト社の落語会で、少しずつ、落語との距離が縮まっていた。


そんな時、またまた師匠から突然言われた。

「お前ら、お茶子《ちゃこ》するか？」

ある朝、師匠のこの一言で、私と弟弟子の瓶吾《びんご》は固まってしまった。

「お茶子」とは上方落語の呼び方で、江戸落語では「高座返し《こうざがえし》」と言う。

落語会や寄席で、噺家が一席終えて舞台袖に引っ込むと、すぐに出て来て、座布団を裏返し、名ビラ（演者の名前を書いた紙）をめくり、見台や膝隠しを出したり片付けたりする、なくてはならない重要な役目である。

上方落語では古くから女性が担当していて、昭和の終わり頃、劇場の閉鎖が相次いだため、一時期、廃れたのであるが、二〇〇六年（平成十八年）に天満天神繁昌亭ができて以降、また復活し、今では、たくさんのお茶子さんが高座に華を添えてくださっている。東京では前座の若い噺家がやるのが普通で、上方落語でも、お茶子さんを雇わずに前座がつとめることがある。

当時、恋雅亭では、私より少し先輩の噺家が、毎回、お茶子を担当されていた。

師匠はさらに続けた。

「恋雅亭でお茶子やってた子が、この世界やめてしもたんや。ほんで、くっさんが、お前らにやってもらわれへんか、言うて、電話してきはったんや。どや？……やるか？」

「やります」

心底やりたかったわけではないのだが、こう言った。

「嫌です」と答えたら、怒られると思ったからだ。

すると、師匠が私の目を見ながら、真剣な眼差しで言った。

「これをやるっちゅうことは、落語の世界に足を踏み入れるっちゅうことやぞ」

何か重大な決断を迫られているような、そんな感じだった。

「はい」

こう言うしかなかった。


毎月十日の夜に催されている恋雅亭に、交代でお茶子に行くことになった。楽屋入りする時間は今までと同じなのだが、お茶子も衣裳を着るため、着物を持って行かないといけない。

初めてお茶子をする日、楠本先生に挨拶すると、先生はこうおっしゃった。

「お茶子も芸のうちや」

何のことか意味が分からなかった。とにかく、ちゃんとやりなさいと、こういうことだろうと納得した。

今なら分かる。

噺家と噺家の間に出て来て、高座を整える。モタモタしてはいけない。お客様はお茶子を観に来られたのではない。落語を聴くためにお越しになられたのだ。テキパキと、しかし、雑にならずに、そして、自分を消して。さらに言うと、品良く。

これは本当に難しい。

そうやって、お茶子を続けていくうちに、舞台袖でこんなことを思った。

「噺家って、カッコええなぁ」

今は、お洒落な噺家が増えた。普段着のファッションセンスが素晴らしい人がたくさんいる。私もそうありたいと思い、いろいろと気をつけている。

しかし、三十年前の上方噺家で、お洒落な噺家は数少なかった。ヨレヨレのジーンズに、シワのついたシャツを着て、楽屋入りする先輩が多かった。ところが、楽屋で着物に着替えると、出囃子に乗って颯爽と高座に上がり、二十分くらいの持ち時間を当たり前だが一人で喋り、客席をワ〜ッと笑わせて、サゲを言うと、またシュッと降りて来て、楽屋で元の私服に着替え、お茶を飲みながら噺家同士で談笑する。

この一連の動き、流れを見ていて、「カッコいい」と思った。

そして、こんな欲が生まれた。

「カッコいいことなら、俺もやりたい」

恋雅亭でお茶子をすることによって、また、落語との距離が縮まっていった。

落語会が終わると、打ち上げに行く。私は修業中だったが、ほとんどの打ち上げに顔を出していた。そこで、先輩たちの話を聞いたり、自分も会話に参加したりして、時に、先輩を笑わせ、またある時には「要らんこと言うな！」と怒られ、とにかく楽しかった。楠本先生はお酒と煙草が大好きで、先輩から注意されている私を見て、紫煙を燻らせながら笑っていた。

楠本先生から、こんなツッコミを入れられるのが、とても嬉しかった。

「銀瓶、アホやなぁ」

ある日、終演後、会場を後にして歩いている時、一番下っ端の私が先生に言った。

「楠本先生、今日はどこで飲みまひょ？」

すると、誰だったか忘れてしまったのだが、大先輩の師匠に一喝された。

「銀瓶！　楠本さんに対して、なんちゅうモノの言い方や！」

「すみません」と首を竦めながら、横目でチラッと先生を見ると、やはり笑っていた。

お茶子をすることで落語をもっと知り、落語をどんどん好きになり、噺家を好きになり、「噺家ってエエなぁ」と思うようになっていった。

そして、お茶子をやり始めて約二年後、一九九二年（平成四年）七月二十八日の夜、自分が生きていく方向を決定づける、大きな一言をもらうことになる。

それは、楠本先生の言葉だった。

今すぐにでも、そのことをここに再現したいのであるが、それまでに通過しなければならない大事なことが他にもあるので、もう少し、待って頂きたい。

葛藤

「弟子として、どういう時が辛かったですか？　しんどかったですか？」と尋ねられたら、やはり、こう答えるだろう。

「師匠や奥さんから、怒られる時です」

今、改めて書いてみると、何とも馬鹿げた表現だとも感じるのだが、あの時は、事実そうだった。

もちろん、弟子のためを思って怒ってくださっている、叱ってくださっている、ということも分かってはいた。今は、もっと分かる。しかし、修業時代の私は、そのことを心底理解しているというレベルではなかったのだと思う。

師匠は常々、こうおっしゃった。

「怒ってくれる人に感謝せえ。怒るっちゅうのは、しんどいことなんやぞ。俺も嫁はんも怒りたないわ。そやけど怒るんや」

怒られて当然ということをした場合、これは何も言い逃れができない。

しかし時に、良かれと思ってやったことで怒られたりする。

もちろん、「弟子修業とは、そういうものだ」とも思ってはいた。

そして、「良かれと思ってやったこと」でも、やはりそれは、「ズレていた」のだ。


師匠の奥さんとは、本当に、打ち解けることが難しかった。正直、修業中は怖いイメージもあったし、ちょっとしたことで注意をされると、腹の底で「うるさいなぁ」と思っていたし、それが顔に出ていたはずだ。

奥さんの目を見て普通に話すことすらできなかった。些細なことで怒られるから、委縮してそうなっていたのか。ちゃんと目を見て話をしない、奥さんに心を開いていない自分だから、こまごましたことで怒られるのか、「卵が先か、鶏が先か」みたいな感じで、よく分からないのだが、とにかく、怒られていた。すると、師匠の家の空気も悪くなる。

そして、師匠と私が一緒にいる時の雰囲気も、あまり良くなかった。

ここまで読まれた方は、「鶴瓶師匠から、折に触れてアドバイスや、いい言葉を頂いて、良好な師弟関係だったのでは?」と思うかもしれない。

確かに、そうである。しかし、それは三十三年経過した今、振り返って書いているからなのであって、その時の私は師匠の前では固まっていた。

師匠から何か聞かれても上手く話せない。口の中がカラカラに乾いて、思っているように言葉が出ない。兄弟子が集まり、師匠を含め一門全員が揃っている時でも、兄弟子たちのように楽しく過ごすことができない。自分だけがポツンと取り残されているような、そんな感覚だった。

奥さんとも、そして師匠とも、何かしっくりとしない、ギクシャクした空気。

一九九〇年（平成二年）の夏、こんな状態が続き、ある日、こう思った。

「師匠のことが大好きで弟子入りしたわけじゃないから、こんな風になるのかな？……弟子になれば売れるかもって、そんな不純な動機で入ったから、怒られてばかりなんかな？……やっぱり、兄さんたちみたいに、師匠のことを大好きじゃないと、こういう世界に来たらアカンのかな？……そうやな……、師匠を選んだ一番の理由が、師匠のことが好きだからですと言えない自分は、こんなとこに入ったらアカンのや。ここは、俺が、いるべき世界じゃない」

翌日、師匠にこう言おうと決心した。

「弟子を辞めたい」

弟子を辞めたい

いつものように師匠の家へ行き、師匠ご夫妻、兄弟弟子と一緒に朝ご飯を食べた。

どんな心境で食べていたのだろう。ちゃんと喉を通ったのが不思議である。

朝食を済ませた師匠は、書斎へ行かれた。

たぶん、その日の仕事の準備か、ネタの整理か、あるいは調べものをされているのだ。決して時間を無駄にしない人で、常に「何か」をしている。それは、あれから三十年経った今も変わらない。

奥さんは、洗濯物を干したり、家の用事で忙しいのであろう。師匠同様、ダラダラと時を過ごしたりしない人である。

私は、テーブルに残った皿やコーヒーカップなどをキッチンに運び、布巾でテーブルを綺麗に拭いてから、食器を洗い始めた。洗いながら、どうしようか考えた。

「辞めたいと言おうか。言うのをやめようか」

前日、決心したのに、いざその日になると、やはり心が揺らいできた。

しかし、洗い物をしながら考えているうちに、こんな言葉が頭に浮かんできた。

「仮に今日、辞めたいと言わなかったとしても、いずれまた、同じことを思うはずだ。師匠のことを好きで入っていないのだから」

私にとって、最終的にそのことが引っかかっていた。

「辞めよう。この洗い物を済ませて台所をピカピカにしたら、師匠に言おう。これが、俺がこの家でやる最後の作業だ」

いつも以上に念入りに台所を拭いた。

綺麗に片付いた台所を見て、何やら気持ちまでもがスッキリとした。

時刻は朝九時過ぎくらいだっただろうか。

師匠の書斎の扉は開いたままだった。

椅子に座って机に向かっている師匠の姿を見た。

いつもと変わらない。

ノックをした。

「失礼します」

「なんや」

中に入り、師匠の前に正座した。

「弟子を辞めさせてください」

一瞬の沈黙の後、師匠が尋ねた。

「なんでや」

「僕がいると、師匠や奥さんに不快な思いをさせて、家の中の雰囲気も悪くなって……、このところ、そんなことばっかりが続いて……、とにかく、僕は、この家にいるべき人間じゃないと思います。だから、辞めさせてください」

いつもは師匠と話す際、口の中が渇いて、焦って、スラスラ話せないのに、不思議と落ち着いていて、冷静に、淡々と、自分の言葉を伝えることができた。しかも、ちゃんと師匠の目を見ながら。

すると、師匠が、それまで見たことのなかったような、悲しそうな顔をされた。

悲しそうな目だった。その表情を見て、正直、驚いた。

「玲子!」

師匠が奥さんを呼ばれた。

「はい」という声が聞こえ、すぐに奥さんが書斎に入られ、私の左斜め前に立たれた。

「今、銀瓶が辞めたい、言うてきた」

師匠が言葉を続けた。

「あのな、お前を弟子にしたんは、俺や。そやから、お前を辞めさすんも、俺や。俺が見て、こいつはアカンと思たら、俺から言う。お前、辞めと。お前から勝手に辞めることはでけへん。俺は今、お前を辞めさすつもりはない」

何も返せなかった。

そして、師匠の口からそんな言葉を聞くとは、全く想像していなかった。

「玲子、それでエエな？」

「はい」

奥さんの声の調子も普通だった。何の戸惑いもない、混じりっ気もない。しかし、その表情を見ることはできなかった。できなかったのか、しなかったのか。

あの時、自分はどこを見ていたのだろう。どんな会話を最後に、書斎を出たのか覚えていない。時間にすると、とても短かったはずだ。

私は書斎を出た後、何事もなかったかのように、他の用事を始めたはずだ。泣いていたのか、泣いていなかったのか、覚えていない。ただ、このことは、しっかりと記憶している。

師匠の言葉を聞き、私は思った。

「この人、俺のこと、愛してくれてはるんや。俺は、メチャクチャ好きで弟子になったわけやないのに、俺のこと、愛してくれてはるんや」

師匠には申し訳なかったのだが、その時、初めて、師匠のことを「好き」になった。

してもろたことをお前らにやってるだけや

師匠に「辞めたい」と言ってしまうと、なぜか、気持ちが楽になった。

それまで自分自身の中にあったのか、外から重くのしかかっていたのか分からないが、目に見えない「何か」が取れて、平たく言うと、吹っ切れたというか、迷いが取れたというか、そんな感じになった。

「辞めたい」と言って、「ダメだ」と言われ、その数時間後、師匠は仕事に行かれ、確か、お昼ご飯と夕食は、奥さんと普段通りに食べたはずだ。

気まずい空気もなく。以前より、楽に話せるようになったと思う。

しかしそれでも、師匠の奥さんとの距離、溝を埋めるのには、それからまだもう少しの歳月が必要だった。

それからは、あっという間に時間が過ぎて、いよいよ、年季明けの日が訪れた。

一九九一年（平成三年）三月二十七日、水曜日。

三年前の三月二十八日から弟子修業がスタートしているから、その日が最後である。朝はいつも通りに師匠の家へ行き、いつも通りのことをした。昼も夜も。

その日、師匠は仕事で家にいなかった。

帰る時、ご夫妻が作ってくださったお祝いの着物と、松山のお母さんからのお祝いを頂いた。着物は、淡いブルーの正絹の着物で、長襦袢も上等のものだ。もちろん今でも大切に使っている。

奥さんと、どんな会話を交わしたのだろう。

「三年間、お世話になりました。ありがとうございます」

「しっかり頑張って」

こういう言葉はあったはずだが、それ以外のことが思い出せない。

三年間、奥さんが作ってくださるご飯を食べて大きくなった。二十歳からの三年、食べ盛りの三年、遠慮を知らないアホな弟子、食べて食べて、食べまくった。

師匠の奥さんは、我々にとってお母さんである。ご飯を食べさせてくれた以上に、もっともっと深い意味で「お母さん」である。しかし、このことに気がつくのは、もっと後になってからだった。

何度も書くが、修業中、師匠ご夫妻から、いろいろなことで注意を受けたり、怒られたりした。掃除の仕方が悪いとか、料理の段取りがなっていないとか、電話の応対が良くないとか、車の運転がなっていないとか、とにかく細かいことで叱られた。ある時、師匠からこう言われた。

「俺はなぁ、お前らを家政婦にするために、ここに置いてるんと違うぞ。料理を上手になるんやったら、料理人になったらエエ。車の運転が上手かったら、タクシー会社やバス会社に就職したらエエ。そういうことで怒ってるんと違うんやで」

その時には、深く理解できなかったのだが、弟子にして頂いて、随分と時間が経ってから、ようやく分かってきた。

我々の仕事は、まず、「お客様の気が分かる」「気を感じる」ことが大事で、落語会以外のテレビやラジオ、イベントの現場でも、「その場の空気を察知する」ということが求められる。

今、自分に何が求められているのか、何をすればベストなのか、何を言えばＯＫなのか、今は喋らないほうがいいのか、押すべきなのか、引くべきなのか。

三年の修業は、そういうことを瞬時に判断できる人間（噺家・芸人）になるための訓練期間なのだ。

その間、師匠と奥さんは、ずっとずっと、我慢をしてくださっていた。

落語はタダで教えて頂ける。落語だけではなく、師匠の生き方や、ポリシーや、大事にされていること全てを、タダで。むしろ、弟子の食費や小遣いで、お金が出ていくばかり。こんな割に合わないことを、なぜ、師匠はするのか。弟子にして頂いて何年も経った頃、師匠から聞いた言葉である。

「俺も、そないして、オヤッサン（松鶴師匠）にしてもろたからや。してもろたことをお前らにやってるだけや」

どうやったら、そしていつになれば、私は返せるのだろう。

第七章　独り立ち

年季明けしてから

一九九一年（平成三年）、春。

三年の修業期間を終え、いよいよ独り立ちである。もう毎朝、師匠の家へ行き、掃除をしたり、スーパーへ買い物に行く必要もない。何もかもが自由である。寝たいだけ寝ることができる。

しかし、これからは自分の力で食べていかなければならない。

幸先のいいことに、四月から週一回のレギュラーでテレビ番組のリポーターの仕事を頂いた。

世の中は、まだバブル景気の余韻が残っていて、関西のテレビ業界もたくさんの番組を作り、多くの若手芸人を起用していた。その中に私も入れてもらうことができたのだ。

しかし、まだまだ何の力もなく、そして、今から思うと明らかにプロ意識に欠けていた私は、あまり良い結果を残せなかった。

その年のスケジュールは、週に一回程度のロケがあり、ごくたまに落語会に出演し、あとは、落語会のお茶子やお手伝い、アルバイト、笑福亭の草野球、そして、師匠が出演されるテレビやラジオの番組に顔を出すという、そんな生活パターンである。

年季明けしたからと言って、師匠の傍を離れることはできない。師匠の仕事先へ行き、その場において、弟子としてやるべきことがいろいろとある。そして、師匠が仕事をされるのを見ることによって勉強にもなる。

そうやって師匠に会いに行く、師匠の現場に顔を出すというのは、三十三年経った今でも続けている。出演される落語会の楽屋に行って、師匠に近況報告をし、また師匠は弟子たちと話すことによって、最近の上方落語界のニュースや情報を知ったりする。

親から見て、子はいつまでも子であるのと同じように、年季明けしようがどうしようが、弟子は生涯、弟子である。

随分前、酒席でこんなことをおっしゃった先輩がいた。

「弟子やったら、もっと師匠に興味を持つべきや」

二〇〇四年（平成十六年）二月十一日、大阪府枚方市の大きなホールで『春團治・鶴瓶　二人会』という落語会が催された。

三代目・桂春團治師匠と笑福亭鶴瓶による、二席ずつの競演。

その数年前から、私の師匠の「落語のやり方」が変わった。

それまでは、鶴瓶のキャラクターを駆使した演じ方であったのが、噺の登場人物と鶴瓶自身をうまく融合させ、噺の世界観を大事にする、そういう高座に変化していった。だから、演じるネタも、よりストーリー性の高い演目を手掛けるようになった。

弟子がこういう表現をするのは誠に失礼な話であるが、傍で聴き続けている立場であるから、他の誰よりも分かる。

その落語会のチラシを見た私は、「これは絶対に聴かなければ」と思った。

当日、少し早めに楽屋入りして師匠の到着を待った。程なくして現れた師匠は、私の顔を見てニコッと笑った。

しかし、その日の師匠はとても緊張されていた。天下の三代目・春團治師匠を相手に高座に上がるのだから当たり前である。

それが証拠に、一席目、持ち時間二十五分のところ、なんと四十分も喋ってしまった。

師匠にしては珍しいことである。

舞台袖に戻って来るなり、私に尋ねた。

「俺、何分やってた？」

「師匠、四十分ですよ」

「えっ？　そらアカン！」

すぐに、春團治師匠の楽屋へ行き、長く喋ったことを詫びる師匠。春團治師匠は笑いながら「エエよ、エエよ」とおっしゃっていた。

その日の二人会は大盛り上がりで終わり、打ち上げでも、両師匠は楽しくお酒を飲まれていた。

私も末席でお酒を頂きながら、「たくさんの経験を積んでこられたウチの師匠でも、あんな風になることがあるんやなぁ。厳しいなぁ」と感じたことを覚えている。

今は師匠が出演される映画は必ず観ている。映画そのものが好きだし、それに、「師匠がこの映画で、どんな演技をされるんやろ？」という興味がある。観た後、次に会った際、その感想を師匠に伝える。そうすると師匠から、撮影の裏話や他の役者さんとの面白いエピソードなんかを教えて頂ける。

「自分の師匠がどんなことをするのだろう」という意識がなければ、誠に希薄な師弟関係だと思っている。

とまあ偉そうに書いてはいるが、これは現在の私が書いているのである。

一九九一年（平成三年）の私には、まだそこまでの意識はなく、「たまには師匠の仕事場に顔を出していないと怒られる」というような、レベルの低い考えで足を運んでいた。

結婚

一九九二年（平成四年）六月、結婚をした。結婚式も挙げていなければ、披露宴も催していない。

妻と出会ったのは、一九八九年（平成元年）八月、まだ師匠の家で修業中であった。

師匠のラジオ番組『鶴瓶・新野のぬかるみの世界』で、毎夏、リスナー参加の「ぬかるみツアー」を行っていて、その年の秋に番組が終了するため、八九年が最後のツアーであった。ラジオ大阪を聴いていた妻がそのことを知り、「最後なら」と応募し、私は弟子としてついて行ったというわけである。

ツアー地は三重県の鳥羽だった。参加されたリスナーの皆さんは、いくつかの班に分かれ、私を含め、参加した数人の弟子が、それぞれの班を担当する。私が担当した班に、たまたま妻が入っていた。

そういうきっかけで出会い、その後、交際が始まり、結婚を意識するようになったのであるが、当然、いくつかの障害というか、問題があった。

まず、私が長男であるということ。

妻のお父さんは、大阪で小さな会社を経営されていた。一代で築き上げた苦労人である。そして、男の子がなく、妻と妹の二人だったため、長女である妻に養子を取らせるというのが、お父さんの長年の夢というか計画で、子どもの頃からお父さんに「お前は養子を取って、家を継げ」と言われていたそうである。それ故、長男である私は、その条件からは外れる。何より、私も養子になる気などない。

もう一つは、私が芸人であるということ。

今でこそ、世間の人から見た、芸人、噺家、芸能人に対する認識は変わってきたのであろうが、三十年以上前で、しかも、お父さんは、一九三〇年（昭和五年）生まれという古い世代であるから、「どこの馬の骨とも分からない芸人に、大事な娘をやれるか」と思われても仕方がない。

そして、これが最も大きなハードルなのだが、やはり、私が在日コリアンであるということ。

もちろん、妻自身はそういったことを全く気にはしていない。

そして、右に挙げた三つの問題点も、交際している段階で、すぐにはお父さんには知らせていなかった。

あくまでも、妻との会話の中での想像である。

「私の父なら、絶対に許してくれない」

こういう想像のもと、「困ったなぁ、どうしよう」と悩んでいた。

しかし、その後、少しずつ、私と交際していることが知れ、妻が私の全てを伝えた時、予想通り「絶対にダメだ」と、お父さんから大反対されたらしい。

それでも私は、一度も会ったことのないその人に対して、「なんやねん！　このおっさん！」などと思ったことはない。

「お父さんの気持ちもよく分かる」と言っては変だが、反対して当たり前だと思っていた。

手塩に掛けて育てた娘、養子を取らせて跡を継がせようと考えている娘、その娘と結婚を考えている男が、長男で、売れてもいない芸人で、売れるかどうかも分からない芸人で、まだほとんど仕事をしていない芸人で、おまけに在日韓国人ときたら、私がお父さんの立場でも反対しただろう。

だから、「申し訳ないなぁ」に近い感情もあった。しかし、「別れよう」とも思わなかった。

妻とお父さんの間に立って、最も苦労されたのは、やはり、妻のお母さんである。

その当時の妻の話によると、お母さんは女同士ということもあってか、いくぶん協力的であったそうだ。

しかし私は、そのどちらとも会ったこともなければ、話したこともない。

年季明けした当時、私はまだ二十三歳であったから、それほど結婚を急ぐ必要もなかった。何より、仕事がほとんどなく、経済力が皆無に等しいのであるから、結婚などできるはずがない。

ただ、妻が私より五歳上だったので、私なりに急いでいたのかもしれない。

そんなこんなで、お父さんが激怒され、妻は家を出て、お母さんの妹、叔母の家に住まわせてもらうことになった。

何もせずに、ただ成り行きを見ているのは当事者として無責任だと思い、私も行動を起こすことにした。

お父さんはお酒が好きである。酒を持参し、突然行って、直談判しようと考えた。

一九九二年（平成四年）の初め頃だっただろうか、スーツを着て、一升瓶を下げて、妻の実家まで一人で行った。

インターホンを押すと、お母さんの声が聞こえたので、「突然すみません。笑福亭銀瓶です」と言うと、お母さんが慌てて家を飛び出してきた。

「銀瓶さん、お願い、帰って、帰って」

こう言われて、何も言えずに、何もできずに、妻の実家を後にした。

その後、妻が叔母の家を出て私と一緒に住むことを決心した。


一九九二年（平成四年）の春、私が住んでいた西宮市のアパートでは、二人で住むには狭くて不便なので、新生活を始めるにあたって、まずは部屋探しから着手した。

入門当初から住み慣れた西宮市内で探そうと考え、阪急・西宮北口駅近くの不動産屋さんへ飛び込んだ。

担当の方に「家賃五万円以内でお願いします」と伝えると、丁寧に探してくださった。

「お仕事は?」と聞かれたので、正直に「落語家です。笑福亭鶴瓶の弟子で、笑福亭銀瓶と申します」と言うと、他のスタッフさんからも「へ〜ッ」と声が上がり、注目の的になった。

しばらくすると、「ここは、いかがですか?」と物件の資料を提示された。

「西宮じゃないんですけどね。尼崎市で、阪急電車の武庫之荘駅から歩いて十分くらいのところです」

「えっ? 武庫之荘ですか? 武庫之荘駅からそんなに近いところに、家賃五万円で住めるんですか?」

「はい。こちらは、家賃が四万八千円です」

「間取りは?」

「六畳と四畳半、キッチンがあって、もちろん、お風呂とトイレもあります」

「今から見に行きます」

早速、不動産業者さんと一緒に見学に行った。

南北に細長く続く二階建てのアパートが二棟、東と西に一棟ずつあり、空いているのは、東側の一階、真ん中あたりの部屋だった。

駅の近くにはスーパーがあり、徒歩十分ちょっとなら全く問題はない。生活するにも便利そうな環境だし、駅からアパートまで歩く途中には田んぼがいくつかあり、長閑な空気も感じた。

武庫之荘駅からなら、大阪にも神戸にも出やすい。家賃など総合的なことを考えて、ここに決めた。

二人で住むとなると、敷金はもちろんのこと、冷蔵庫、洗濯機、テレビ、エアコンなど、新しい家電を買い揃えないといけない。計算すると、ざっと百万円近くかかる。その全てを妻が出してくれた。私にそんなお金があるはずがない。妻は私と知り合う以前から貯金をしていたそうだ。総額いくら持っていたのか、未だに教えてくれないのであるが、とにかく、そのお蔭で私はやっと少しはマシな暮らしをできるようになった。

ちなみに、妻の貯金はすでに使い果たした。

そういうわけで、芸歴三十三年経った今も、フル回転の自転車操業である。

四月に引っ越しをして、まず私が一人で住んだ。

その後、六月二十一日、妻が叔母の家を出て、尼崎市のアパートにやって来た。偶然その日、師匠の家で食事会が催されていた。

妻と一緒に師匠のご自宅へ行くと、庭でガーデンパーティーが行われていた。数人の兄弟弟子、師匠の親しい友人の皆さんが集まり、楽しく飲み食いをされている。

師匠の古いお友達で、シンガーソングライターの中村行延さんが、ギターで弾き語りをされていた。

そこへ、私と妻が遅れて到着した。タイミングを見計らって、私が挨拶をした。

「今日から二人で住みます。とにかく、頑張っていきます」

すると、中村行延さんが立ち上がり、二人のために歌ってくださった。

長渕剛さんの『乾杯』だった。

妻のご両親、特にお父さんのお許しを得ないまま、このようなスタートを切ったことは、誠に身勝手で、申し訳ない気持ちでいっぱいだった。

しかし、この瞬間が、私と妻の結婚式であった。

以来、二十九年間、妻には苦労ばかりかけている。

そして、私は好き勝手に生きている。

お前は噺家になれ

修業中から始めた神戸の落語会『もとまち寄席　恋雅亭』でのお茶子は、結婚後も続けていた。

それが、その当時における、自分にとっての大事な勉強の場であったからだ。

舞台袖で先輩の噺を聴きながら、「こんな落語があるのか」「この噺、いつかやってみたいなぁ」と思い、刺激にもなり、入門当初では考えられないほど、落語との距離を縮めていった。

そして、極たまにではあるが先輩の落語会に前座で出して頂くこともあり、タレント志望で笑福亭鶴瓶の弟子になった自分が、「噺家としての時間」を過ごすことが増えていった。

テレビ番組でリポーターをしている時はタレントで、高座に上がると噺家。

うまく説明できないのであるが、その時の自分は、そういう風に「二足の草鞋を履いているような状態」に順応できていなかったというか、私自身が「これでいいのだろうか？」というような疑問を持ちながら過ごしていた。

そこには、やはり、「タレント志望で入ったのに」という気持ちが引っかかっていたのかもしれない。

だが、「落語って面白いなぁ」「噺家ってイイなぁ」と素直に感じていたのも事実である。

一九九二年（平成四年）七月二十八日、笑クリエイト社の楠本先生からイベント司会のお仕事を頂いた。

イベントが終わると、楠本先生が声をかけてくださった。

「ご苦労さん。飲みに行こか」

近くのビアホールに連れて行って頂いた。それまで何度も打ち上げなどの酒席でご一緒させて頂いたのだが、先生と二人だけで飲むのは、これが初めてだった。

話の終盤、先生が低い声で、こうおっしゃった。

「銀瓶、噺家になれ。お前は鶴瓶のとこに入ったけど噺家になれ。お前は噺家にならなアカン」

私がタレントと噺家の狭間で、思いを巡らせていることを知っていたかのようだった。

「はい」と短く答えた。

先生がおっしゃった「噺家になれ」には、いろんな意味が含まれていると感じた。単に、噺家としての仕事、落語会への出番を増やすということではなく、精神として「噺家になれ」ということ。

そして、もちろん、「落語をメインに生きていく」ということ。

さらには、多くのお客様を納得させることができる噺家にならなければいけない。

楠本先生が、なぜ私にそんなことをおっしゃったのか分からない。

先生の言葉で、少し吹っ切れた。

「タレント志望で入ったけど、俺は噺家になろう」

「テレビやラジオの仕事も、タレントとしてではなく、噺家としてやっていこう」

こう思えるようになった。

後に知ったことなのだが、一九八五年（昭和六十年）の秋、明石市民会館で行われた芸術鑑賞会、私が明石高専の仲間と一緒に生の落語を楽しんだ、あの会は、楠本先生率いる笑クリエイト社の主催だった。学生の頃から、ご縁があったのだ。

神戸の恋雅亭は、芸歴が十年くらい経たないと出して頂けない。

私が初めてその高座に上がることができたのは、入門して約九年、一九九七年（平成九年）一月十日のことだった。

しかし、そこに楠本先生の姿はなかった。

先生は、一九九四年（平成六年）五月十二日、この世を旅立たれ、あの世の落語会のプロデュースに回られた。

先生のお葬式には、たくさんの噺家が集まっていた。

棺に最後のお別れをする際、私は「笑福亭銀瓶」と名前が入った自分の千社札を棺の中、隅の方に置いた。楠本先生に、この先も自分の高座を聴いて頂きたいからである。

楠本先生の死後、恋雅亭は、先生の遺志を継ぐ恋雅亭同人会の皆様が運営され、神戸の落語ファンに愛される落語会、噺家の目標となる高座として、ずっとずっと、続けられた。

私も何度か出して頂き、二〇一九年（令和元年）十月十日には、中トリを取らせて頂くことができた。

お手伝い、お茶子から始まり、前座、二つ目、三つ目、そして、中トリ。

「残すはトリ。憧れの恋雅亭でトリをつとめることができたら、やっと、一人前の噺家や。そうなったら、天国の楠本先生も認めてくれはるやろ。先生にご恩返しもできるやろ」

そう喜んでいる矢先、凬月堂ホールの老朽化に伴い、二〇二〇年（令和二年）四月の『開席五百回記念公演』をもって、恋雅亭がその幕を閉じることとなった。

誠に光栄なことに四月十二日の最終日、私も師匠・鶴瓶と一緒に出演させて頂くことが決まっていた。

ところが、新型コロナウイルスの影響により、その公演も中止となってしまった。主催者である恋雅亭同人会の皆様も断腸の思いだっただろう。多くのファンの皆様も、我々噺家も、恋雅亭にお礼とお別れを言えないままになっている。でも、もしかしたら、幾多の困難を乗り越えてこられた楠本先生なら、今頃、天国で、苦楽を共にした上方落語四天王たちと酒を酌み交わしながら、こんなことを話しているのかもしれない。

「大丈夫や。やれる時がきたら、思いっきりやったらエエがな。それまで、稽古しとけよ」

あの夏の夜の、先生のあの言葉があるから、今の私がある。

同期の一言

一九九三年（平成五年）がスタートした。

この年、二つの新しいことが始まった。一つは、ラジオのレギュラー番組である。ABCラジオで日曜日の昼間に生放送されていた『三代澤康司のどかんと5時間一発勝負』のリポーターに抜擢された。

毎週、構成作家の奥村康治さんと一緒にいろんな場所へ行き、突撃リポートを敢行した。

まともに英語を話せないのに外国人にインタビューしたり、関西国際空港の開港を記念して、大阪府泉佐野市から大阪市福島区の朝日放送まで、自転車で走破しながらリポートをしたり、機動力を使い、時に身体を張り、とにかく、「人に会って、人と喋る」という企画を続けた。

これが、とても貴重な経験となった。

映像がなく、音声だけで情報を伝えるラジオは、喋り手を育ててくれる。そしてそれは、落語のマクラやフリートークにもつながる。

この番組で、三代澤康司さんと出会ったことは、とても大きい。

三代澤さんは大学時代、落語研究会に所属し、落語が大好きで、落語番組の司会もされ、アナウンサーでありながら、時々、企画モノで高座に上がることもあった。

夕方に番組が終わり、皆で飲みに行くと、三代澤さんから落語について教わることもあった。

ネタを教えてもらうわけではないが、三代澤さんが過去に聴いた演目の中から、「米朝師匠は、こんな風にしてはったねぇ」とか「枝雀師匠の演出は、こんなんやねぇ」など、その時点で知識の乏しい私にとって、新発見のような話をたくさん聞かせてくださった。

そして時々、落語に出てくる台詞を会話の中で使われたりした。

茶碗蒸しを食べていて、中から銀杏《ぎんなん》が出てくると、スプーンの上にある銀杏を見ながら、三代澤さんが言った。

「銀杏て、どんなん思たら、こんなん?」

何も知らない私は、三代澤さんが考えたギャグだと思った。

「オモロいですね、それ。三代澤さんが考えたフレーズですか？」

「何を言うてんねんな、銀瓶ちゃん。これは『ちりとてちん』に出てくる台詞やがな」

「そうなんですか？」

その時まで『ちりとてちん』という噺に出会っていなかった。

そうやって、三代澤さんから落語に関する知識を増やしていった。

ある日、師匠が「ラジオ聴いてたら、ＡＢＣの三代澤さんてオモロいなぁ」とおっしゃったので、「落語もお好きで、とても詳しいんです」と伝えた。

それからしばらくして、師匠に落語について質問をすると、こう言われた。

「そういうことは、三代澤さんに聞け」

三代澤さんは、師匠・鶴瓶も認める、私の第二の師匠である。

もう一つは、同期の噺家仲間と始めた自分たちの落語会である。

先輩の落語会に出して頂くことも、もちろん大事な勉強の場である。しかしそれでは、いつもいつも前座噺ばかりで、少し長い噺や、大きな演目をやることはできない。

将来のために、長い噺、大ネタも覚えないといけない。せっかく覚えた新しいネタを披露する場として、同期の噺家四人で会を作った。

みんな、一九八八年、昭和六十三年入門である。そこで、落語に出てくる「六三《ろくさん》のはやかぶ」

という言葉から、『はやかぶの会』と名付け、一九九三年（平成五年）七月四日からスタートさせた。

大阪・ミナミの小さな会場を借りて、二ヶ月に一回のペースで続けた。

三十人も入れば満員の会場に、六十人近く入ったこともある。

みんなで手分けして集客したことも理由だが、「頑張っている若手を応援してやろう」という気持ちで足をお運びくださる落語ファンの皆様のお蔭であった。

会が終わると、打ち上げで楽しく、また、厳しい話もした。

それが、とても大切な、後々まで響く一言であったりする。

ある時、私がイマイチな高座をした。まあ、今から思うと、イマイチだらけだったのかもしれないが、その日の噺は特にそうだった。正直、稽古もしっかりできていない、薄っぺらな、口先だけの落語だった。

打ち上げで飲んでいる最中、メンバーの桂文華《かつらぶんか》さんが、ちょっと厳しい表情でこう言った。

「銀ちゃん、もっと台詞に、気ィ入れなアカンで」

その一言だけだった。その言葉に全てが集約されていた。

文華さんは、学生時代から落語研究会で高座に上がり、落語をやりたくて、噺家になりたくて、卒業後、桂小文枝師匠（後の五代目・桂文枝）に入門された。

だから私とは、落語に対する想いが、その時点で大きく違っていた。

恋雅亭の楠本先生から「噺家になれ」と言われて、そう決心した私だが、それでも、まだまだ甘かった。

文華さんの言葉で、頭を殴られたような気がした。

『はやかぶの会』は、会場を少しずつ大きな場所に変えていき、二〇〇八年（平成二十年）十月の会を最後に終了した。

「自分たちの手作りで落語会をする」原点であった。

それがあったからこそ、今も、自分自身の落語会を運営することができている。

言いにくいこと、厳しいことを、遠慮せずに口に出してくれた同期の仲間に、とても感謝している。

文華さんは「俺、そんなん言うたかな？」と忘れているが、私には大切な一言である。

そういう仲間の高座からは、今なお、刺激を受け続けている。

この先もずっと、そうでありたい。

父親になる

一九九四年（平成六年）のスケジュール帳を見ると、毎週土曜日にKBS滋賀のラジオ、日曜日にはＡＢＣラジオと、週に二回のレギュラー番組があり、月に数回、テレビ大阪のロケに出ている。

あとは、落語会の出番が平均して月に五〜六回といったところである。

どれもこれも単価が安い状況で、よく生活ができたものである。

ちなみに、妻は仕事をしていない。専業主婦である。

「私が働かなくても、銀瓶の稼ぎだけで食べていけてるということを実家に見せるために、私は仕事を辞めて、パートに出たりもしない」

妻には、こういうポリシーというか、信念というか、意地みたいなものがあった。

だから、私の稼ぎで足りない分は、妻の貯金で補っていたのであろう。

そんな中、この年、長男が生まれた。

三十二歳になる妻のことを思うと「そろそろでは？」と、前年あたりから考えていた。

しかし、妻のご両親、殊に、お父さんが大反対されている状況で、勝手に所帯を持っただけでも失礼なことなのに、子どもを作ってもいいものかと、私なりに迷うところもあった。

妻はあれ以来、実家には足を踏み入れていない。

結局は、「そのことを気にしていたら、いつまで経っても子どもをもつことができない」という判断に至った。

九月一日、午前八時十九分、長男が誕生。

二五二〇グラム。低体重児ということで保育器に入っていた。ガラス越しに見る我が子は、とても小さくて、それでも、一所懸命に身体を動かしている。

スゴイなと思った。生まれてくるって、スゴイ。

何日かして、妻と息子が家に戻り、それに合わせて神戸から私の両親とハンメが来てくれた。両親にとっては初孫で、ハンメにとっては初めての曾孫である。三人とも、とても嬉しそうだ。笑顔で息子を抱いてくれているハンメを見ながら、少しだが、おばあちゃん孝行ができたかなと感じた。

二十七歳で父親になった。奇しくも私が生まれた時、父も二十七歳だった。

しかし、その時点ではまだ父親としての自覚など、ほとんどなかったに等しい。

ただ、家族を養っていかなければならない。そのためには、もっともっと仕事を頑張らないといけない、という想いを強くしたことは確かである。

そんなある日、落語会に出て、打ち上げで先輩たちと酒を飲み、夜遅くに家に帰ると、ちゃぶ台の上に手紙があった。

妻が書いたものだ。

隣の部屋では、妻と息子が寝ている。

手紙には、私に「帰化をして、日本国籍を取得してほしい」という妻の願いが書かれていた。

当時、私は韓国籍で、私生活では沈鍾一という名前で生きていた。

妻はもちろん日本人で、そのため、息子は妻の戸籍に入り、名字は妻の姓であった。

私が日本国籍を取得し、その後、婚姻届けを提出すれば、家族全員が同じ姓を名乗って生活することができる。

これから先、日本で暮らしていくのであるから、日本国籍を取得していた方が生活しやすい。それに、そうやって私が日本国籍を取得することによって、妻のお父さんの気持ちが少しは軟化するかもしれない。

手紙には、そのようなことがしたためられていた。

その気持ちを無視することはできない。

確かに私は、十七歳の夏、朝鮮奨学会のサマーキャンプで、民族的意識と書くと大げさではあるが、そういうものに目覚め、それまで使っていた通名の「松本鐘一」ではなく、韓国名「沈鍾一」で生きていく決心をした。そして、韓国籍であることを強く意識もした。

しかし、今は状況が違う。私一人で生きていくのではなく、家族ができた。

いろいろ考えた末、数日後、神戸の実家へ行き、父と会った。そして、帰化をして日本国籍を取得したいと告げた。

父は穏やかに話してくれた。

「それでエエ。それがエエと思う。もう、そういう時代や。かまへんよ。日本国籍を取りなさい。ただし、ルーツは忘れたらアカンよ。お前という人間が、どこから来たのか。そのルーツだけは、絶対に忘れたらアカン」

私は、父の前で泣いた。

その後、役所へ行き、帰化申請の準備を始めた。

年が明け、一九九五年（平成七年）一月十七日、早朝。

突然、静寂が、大きな揺れとともに壊れた。

阪神淡路大震災

遠くの方からゴーッという音が聞こえてきた。その音で目が覚めた。

「大きなトラックが走っているのかな」と考えられるほどの時間があった。

音が、ダンッ、ダンッ、ダンッ、といった感じに変わり、何かが徐々に近づいてくる気配がした。

次の瞬間、それは揺れに変わった。

まだ生後四ヶ月半の息子の上に妻が覆いかぶさり、その上から私が覆いかぶさっていた。

「ワーッ！」

ずっと叫んでいた。揺れが静まるまで、叫んでいた。

とても長かった。

一九九五年（平成七年）一月十七日、火曜日、午前五時四十六分。

阪神淡路大震災が発生。

多くの尊い命が奪われた。

妻も息子も私も、無事だった。怪我もない。

台所の食器棚からいくつかの皿や茶碗が落ちて、割れていることが確認できた。

トイレを見ると、壁に大きな穴が開いていた。壁の向こうは隣家のお風呂である。シャンプーやリンスのボトルが倒れているのが分かる。ヴィダルサスーンのシャンプーだった。

外へ出ると、まだ薄暗い中、アパートの住人たちが心配そうに集まっていた。幸い、下敷きになっている人もいなければ、怪我人もいないようだ。

家の中に戻り、すぐに師匠の家に電話をかけた。奥さんが出られて、大丈夫だと聞き、安心した。

次に、神戸市東灘区に住む両親に電話をした。ところが、つながらなかった。

倒れているテレビを元の位置に戻し、電源を入れてみると、ニュース番組が流れていた。

しばらくすると、震源地は淡路島付近だという情報が流れた。

その間、度々余震があり、何度も外へ出た。家の中にいると、いつか天井が落ちてくるのではという不安に襲われた。そういう意味では外の方が安心なのだが、冬の朝、乳飲み子を抱いて、表に立っているわけにもいかない。

太陽が昇り明るくなってきた頃、テレビ画面には信じられない光景が映し出されていた。神戸の街、あちこちから煙が上がっている。大きな炎も見える。これから、さらに燃え広がろうとしている火災。

阪神高速道路が崩れ、国道四十三号線の上に倒れている。崩落現場は、神戸市東灘区。もう一度、実家に電話をかけた。やはり、つながらない。

両親の死を覚悟した。

その日のそれからのことは、あまり覚えていない。

近くに住む知人のお宅に避難させてもらった。私が住むアパートよりもうんと頑丈で、不安を感じない。夕食をご馳走になり、泊めて頂いた。

翌、一月十八日、神戸の両親と電話がつながった。

無事だった。奇跡だと思った。

そして、両親もまた、我々三人の生存を諦めていたそうだ。実家周辺では、私が住んでいるアパートと同じような古い住宅が、軒並み跡形もなく崩れ落ちていたからだ。

「落ち着いたら、必ず、そっちに行く」

そう、二人に伝えた。

その後、師匠とも連絡が取れた。

「今から車で迎えに行くから、とりあえずウチに来い。他にも何人か弟子が来てる」

当時、数人の兄弟弟子が西宮市内に住んでいた。皆、被災した。そして、師匠のご自宅に避難していたのだ。

昼過ぎ、弟弟子の瓶二《へいじ》が運転する車で師匠がアパートまで来てくださった。

私と妻だけなら、どうにでもなるのだが、赤ん坊がいるだけに本当に心強かった。

車が尼崎市内から武庫川を越えて西宮市に入った途端、街の様子が一変した。

倒壊している家屋の数がうんと増え、その被害も比べ物にならないほどだった。

「もし、同じようなアパートで、西宮に住んでいたら死んでいた」

最初は西宮市内で部屋を探していた私は、本当にそう思った。

尼崎に住んでいたから、助かったのかもしれない。

「当たり前のように生きているが、生きていること、それ自体が奇跡なのだ」

生まれて初めて、そんなことを思った。

余震はその後も続いた。師匠の大きなご自宅にいても、「ワッ!」と声を上げるほどの強さである。

しかし、自分のアパートにいるよりも、ずっとずっと、安心感があった。

そうやって、師匠の家でお世話になって一週間くらい経ってから、こう言われた。

「大阪に俺の兄貴が住んでて、近くに使ってない家があるから、銀瓶の家族は、とりあえず、そこに住め」

師匠のご自宅もライフラインがまだ完全には復旧していなかった。避難している弟子の中で、小さな子どもがいるのは私だけだったので、まずはそこを考えてくださったのだ。

あのような大震災が起きたが、被災地以外、大阪や東京はほとんど何も変わらず、師匠のお仕事もそれまで通り継続されていた。

そのような忙しい中、弟子の生活のことを気にかけてくださったのである。

急きょ、引っ越しの準備に取り掛かった。アパートに戻り、必要最低限のものだけ梱包し、あとは捨てることにした。師匠の奥さんも手伝ってくださった。

ほぼ同時進行で建物の被害調査が行われ、そのアパートには「半壊」の判定が出た。

市役所へ行き、罹災《りさい》証明書を受け取った。

さらに追加すると、私もあのドサクサの中、土曜日と日曜日のラジオのレギュラー番組、そして、中止にならなかった落語会には出演していたのである。

「こんな時に、アホなこと言うてエエんやろか?」

ある落語会の楽屋で、噺家仲間とこのような会話をした。

そして、師匠のお兄さんご夫妻の近くで、仮住まいではあるが、大阪での新生活が始まった。

お二人には、本当に優しくして頂いた。今でもたまに、師匠のお兄さんにお会いすると、短い期間ではあるが、安心して暮らせた日々を思い出す。お兄さんも、「銀瓶ちゃん、頑張ってるなぁ。息子、どないしとる?……えっ? もうそんな大きなったんか?」と、目を細めてくださる。

震災後の生活、いつまでも師匠やお兄さんのお世話になってはいられない。妻と話し合い、家族三人の新しい住み処を探すことにした。

足立さんとの再会

震災から一週間から十日ほど経過していた、一月の終わり頃。

「とにかく、大阪で探すしかない」

阪神淡路大震災で、神戸市、そして、阪神間は壊滅的な打撃を受けた。

私の仕事のことを考えると、新居を見つけるには、大阪、それも、比較的家賃が安いエリアから探す必要がある。

そこで、何となく降り立ったのが、東大阪市の近鉄・布施駅だった。あまり土地勘はないが、移動には便利なイメージがあった。

ホームから南側に目をやると、駅前に不動産会社の看板を見つけた。

三年前、妻と一緒に住む部屋を探す際にお世話になった、阪急・西宮北口駅前の不動産屋さんと同じ会社だった。

「へぇ～、ここにもあるんやぁ。あの時、とても丁寧にしてもらって、感じが良かったから、ちょっと入ってみよか」

ベビーカーを押す妻と、中に入った。

「すみません。部屋を探しているんですが」

「この辺りで、ですか？」

「はい。まあ、駅からそんなに離れていない場所が希望なんですが、ほとんど土地勘がないものでして」

「どちらから、お引っ越しですか？」

「尼崎です」

「あっ、ということは、地震で被災されましたか？」

「はい。実は、その被災したアパートも、こちらの別のお店でお世話になったんです。阪急の西宮北口の駅前にあるお店で」

「そうやったんですか？……何ていうアパートですか？」

私が、そのアパートの名前を口にした途端、カウンターの右側で書類に目を通していた中年の男性スタッフさんから声をかけられた。

「もしかして、笑福亭銀瓶さんですか？」

「……えっ？……はい。なんで知ってはるんですか？」

「やっぱり銀瓶さんですかぁ。いや、入ってきはった時から、どっかで見たことあるなぁ、思てたんです。私、足立と申します。この関西エリアを担当してる者です。何年か前、銀瓶さんが西宮北口のウチの店に来られて、スタッフが、あのアパートの紹介をしている時、私、あの店にいたんです。私も学生時代、落研に所属してましてて、落語が好きでしてね。あぁ、鶴瓶さんのお弟子さんなんやぁ、思いながら、横で仕事してたんです。銀瓶さん、あれからテレビにも出られて活躍してはるなぁと、喜んでたんです」

「そうでしたかぁ。ありがとうございます」

「で、あのアパート、被災したんですか？」

「はい。半壊です」

「あぁ、まあ、古かったですからねぇ。そやけど、ご無事で良かった。で、新しい部屋を探してはるんですね？」

「そうなんです。そんなに高い家賃、払えないんですけど、どっかエエとこ、ないでしょうか？」

「任してください」

何という幸運だろう。三年前と同じ不動産屋さんに入ったら、その時には会話をしなかった社員さんと、違う店舗で再会するなんて。しかも、足立さんは関西エリアのお店全てを統括される方で、日によって行く店が変わるとのこと。

つまり、その日に、その店に入ったから、足立さんと再び会うことができたのである。

おまけに、足立さんが落語好きときた。

すぐに、いい物件を紹介してくださった。

「大阪市生野区のマンションで、2DKで、家賃が六万円です。地下鉄の駅から歩いて五～六分です」

「いいですね」

「ちょっと、大家さんに電話してみますわ」

足立さんは仕事が早い。

「もしもし、足立です。今、お部屋、空いてますよね?……いや、地震で被災した方が、尼崎から引っ越しを考えてて。えぇ。……若いご夫婦です。赤ちゃんが一人おってね。お仕事?……ちょっと待ってください。銀瓶さん、お仕事、落語家や言いますよ。ホンマのことやからねぇ。もしもし。あのねぇ、お仕事はね、落語家さん。……ら、く、ご、か。……そうそう、芸人さんです。テレビとか出てはる、これから伸びていく人ですよ。ホンマに。大丈夫、大丈夫。そんな、家賃滞納したりしません。……えっ?……芸人やったら、夜中に宴会とかしてうるさいんちゃうかって?　銀瓶さん、芸人仲間集めて飲んだりします?　しませんね?……もしもし。

そんなんせえへん言うてはります。はい。大丈夫。私が保証しますから。ええ。ほな、今から、ちょっと下見に行きますわ。はいはい。よろしくお願いします〜。……銀瓶さん、見に行きましょか」

足立さんのお蔭で、トントン拍子に話が進んだ。被災したアパートより少し家賃は上がるが、気にしていられない。

その日のうちに契約をした。震災からの二週間、バタバタと落ち着かない日々を過ごしたが、ようやく新たな地で、家族三人の新生活をスタートさせることとなった。

妻の母の死

一九九五年（平成七年）二月一日から、大阪市生野区のマンションで家族三人が暮らし始めた。南側に窓があり、尼崎のアパートとは比べ物にならないほど陽当たりが良く、長男と一緒に、何度も日光浴を楽しんだ。

家賃が上がった分は、大阪市の新婚世帯向け家賃補助を利用し、しばらくはそれで助かった。しかし、生活に余裕はなかった。

この年から、日本国籍取得の準備に本格的に着手した。大阪の法務局へ行き、いろいろと説明を受けると、帰化申請に際して、多くの書類を用意しなければいけないことが分かった。行政書士に依頼すると、当然のことながら費用がかかる。そんなお金はない。韓国の役所から取り寄せる書類に関しては父に頼んで、あとは全て、自分で用意した。何回か法務局に出向き、担当の方と書類のチェックをした。妻と息子を連れて、面接に行ったこともある。

全ての書類を用意するのに、何ヶ月かかっただろうか。

十二月に入って、正式に帰化申請を済ませた。

担当の方に聞くと、「書類を提出して、法務省から返事が来るまで、あと数ヶ月かかる」とのことだった。

日本国籍取得がいつになるのか分からないが、待つしかない。

震災に始まったこの年も、もうすぐ暮れようとしている。来たる新しい年は、どうか平穏であってほしいと願っていた矢先、妻に連絡が入った。

妻のお母さんが、亡くなった。

その数年前から体調を崩され、入退院を繰り返していた。妻のお父さんには内緒で、乳飲み子の息子を連れて、お見舞いにも行った。

まだ、六十五歳だった。

通夜が始まる直前、三人で妻の実家へ行った。妻は、私と住むために家を出て以来のことである。

玄関で挨拶すると、妻のお父さんが鬼の形相で立っていた。私が初めて、お父さんに会った瞬間である。妻の妹夫婦や親戚の皆さんが心配そうな表情でこちらを見ている。

「何しに来たんや！」

そう言うと、お父さんは妻の頭を平手打ちした。

「帰れ！」

家へ上げてもらえるわけがない。しかし、私はお父さんにお願いした。

「私は帰ります。でも、裕子《ゆうこ》は入れてやってください。せめて今日だけでも。お母さんと、お別れをさせてあげてください。お願いします」

親戚の皆さんも助けてくださり、お父さんも渋々、承諾してくださった。

妻と息子を残し、私だけ家に帰った。

一人、ちゃぶ台の前に座り、ビールを飲んだ。

お母さんとは、きちんと話をしないままだった。

私と妻が一緒になってから、お母さんは体調を崩された。二人のことで、お父さんが激怒され、そのことによる心労があったはずだ。もし、私以外の男と出会っていたら、こんなことにはなっていなかった。妻のご両親、お二人が笑顔で、娘の家族と楽しく過ごしていたはずだ。

私も、お母さんの笑顔を見たかった。

自分を責めた。

申し訳なくて、悲しくて、辛くて、声を上げて泣いた。

日本国籍を取得

一九九六年（平成八年）、前年に行なった帰化申請が正式に受理され、日本国籍を取得した。

夏頃、法務局から「帰化が認められます」と連絡があり、説明を聞きに行った。

「日本国籍になって、お名前はどうされますか？」

「えっ？　子どもの頃からの日本名が松本鐘一ですから、それしかダメでしょ？」

「いいえ、そんなことないですよ。名前に使える漢字なら、何を使っても大丈夫です。違う名前でもいいんです」

「ということは、新しい名前を名乗ってもいいということですか？」

「そうです」

知らなかった。私の戸籍は、その時点で新しい戸籍を作るので、そうなるらしい。

つまり、好きな名前を本名にできるのである。

どの漢字を使うかは別として、「きむら　たくや」という名前になってもいいし、それこそ、である。

「笑福亭銀瓶」を本名にすることもできる。

しかし、そんな発想は頭になかった。

子どもの頃から慣れ親しんだ、「松本鐘一」しか考えられない。

なぜ、私の通名、日本名が「松本」なのか。

韓国の名字「沈」のルーツは、韓国の慶尚北道青松郡にある。青松は「チョンソン」と読む。

「青松沈氏」の家系で、師匠に入門志願した際の話にも出てきた薩摩焼の沈壽官氏も、この流れ

日本の統治下、創氏改名で日本名を決める際、私の古い親戚の誰かが、「青松」の「松」を取って、「松本」と決めたのであろう。

日本国籍取得が可能になったことを父に報告するために、神戸の実家へ行った。

すると、父が妙なことを言い始めた。

「名字が何でもエエんやったら、『福田』にせえ」

「……福田？　なにそれ？」

「今まで言うてなかったけどな、ウチは一時期、福田を名乗っていたことがあったんや」

「はぁ？　いつ？」

「ワシがまだ小さい頃や」

「そうなん？　で、なんで、福田がエエの？」

「福田の頃は、裕福やったんや」

父が幼い頃の話であるから、どういう経緯で「福田」になり、何が理由で「松本」に変わり、何が原因で裕福な一族が裕福でなくなったのか、それは全く分からない。

生まれて初めて聞く父の古い話に、私は大笑いした。

今さら、「福田です」なんて、言えるわけがない。

一九九六年（平成八年）八月二十八日、帰化。九月二十七日、役所に届け出を済ませ、日本国籍となった。

名前は、松本鐘一。

生まれた時からの本当の名前、沈鍾一。

子どもの頃、この名前が嫌で、自ら目を背けていたこともあった。

一九八四年（昭和五十九年）八月、十七歳になる直前、朝鮮奨学会のサマーキャンプで在日コリアンの仲間と出会い、生まれて初めて、「沈鍾一」という名前に愛着を感じるようになり、その名前で生きることを選んだ。

一九八八年（昭和六十三年）三月二十八日、師匠の弟子にして頂き、五月二十五日に「笑福亭銀瓶」という名前を頂き、その日から、それが本名のようにもなった。

「名前」とは、なんなのだろう。

日本国籍取得を父に相談した際、賛成してくれた父が言ったことを思い出す。

「ただし、ルーツは忘れたらアカンよ。お前という人間が、どこから来たのか。そのルーツだけは、絶対に忘れたらアカン」

「沈鍾一」という名前は、ルーツを認識するための最も確固たるものである。

その名前を捨てるのではなく、大事にしまっておく。

そういう生き方を選んだ。

妻の父の許し

一九九七年（平成九年）、妻のお腹に二人目の子が宿った。

仕事はあるが、それほどお金に余裕はなく、いや、むしろカツカツで、「毎月の生活をどう乗り越えていくのか」というような状態の時に、である。

そのような状況で二人目をというのが、無謀と言えば無謀なのかもしれないが。

しかし、三十五歳になる妻のことを考えると、これ以上遅らせることもできない。

「まあ、なるようにしかならない」

不思議とこの時、それほど焦りはなかった。そんなに深く考えていなかったのかもしれない。

そんな中、大きな転機が訪れた。

結婚をしたことによって、妻のお父さんの逆鱗に触れ、さらに、一九九五年（平成七年）十二月に妻のお母さんが他界し、妻の父との関係はギクシャクしたままだった。

そこを何とか取り持ってくださったのが、一緒になる以前から力を貸してくださった、妻のお母さんの妹にあたる、叔母だった。お父さんに、いろいろと話をしてくださったそうだ。

妻も叔母のことは頼りにしていて、私もそこに甘えて、時々、叔母の家へ行き、食事をご馳走になったりしていた。

ある日、叔母の家で寛いでいると、そこへ突然、妻のお父さんが用事で来られた。

私は驚いた。お父さんと会うのは、妻のお母さんのお通夜以来のことである。

端座《たんざ》して、挨拶をした。

「勝手にお邪魔して、申し訳ございません」

「誰の許可を得て、ここにおるんや！」

そう一喝されると覚悟していた私の耳に、信じられない言葉が聞こえてきた。

「いっぺん、ウチへ来なさい。子どもを連れて、三人で、おいで」

「……ありがとうございます」

日を改めて、妻の実家へ行った。叔母も顔を出してくださった。

食卓には、お寿司が並んでいた。お父さんが出前を注文してくださったのだ。そして、私にビールを注いでくださった。

こんな瞬間が訪れることに淡い期待を抱いていたことはあったが、まさか現実になるとは思ってもみなかった。

お父さんは日本酒が大好きな方である。だから私も、途中からお酒を頂いた。

何を話したのか、細かいことは覚えていない。

ただ、最後に、お父さんが言葉をくださった。泣きながら、私の手を握りながら。

「娘を頼む」

私はただただ、「ありがとうございます」としか言えなかった。

そして、お父さんと私が酒を酌み交わしている様子を、誰よりも亡くなられた妻のお母さんに見て頂きたかった。

それだけが心残りである。


師走に入り、妻がポツリと言った。

「もうそろそろ、ヤバイで」

何のことか分からなかった。

「何が？」

「貯金」

「貯金？」

言う。

「マジで？」

年が明けたら子どもが一人増えるというのに、頼みの綱である妻の貯金がなくなりそうだと
「底をつきそう」

「さて、困ったなぁ」と、それでも軽く考えていた、十二月の半ば、所属事務所の松竹芸能から連絡が入った。

「急なんですが、年明け一月から、毎日放送の朝のテレビ番組で新コーナーが始まります。そのオーディションに行ってください」

指定された制作会社の会議室に行くと、テーブルの上にたくさんのスポーツ新聞が並べられていた。プロデューサーが言った。

「その中から、好きな記事を選んで、楽しく紹介してください」

「何でもいいんですか？」

「どれでもいいです。スポーツでも、芸能でも、事件でも」

いくつか見た中から、下着泥棒の記事を選び、それで喋った。

オーディションに通った。

毎日放送の『朝ダッシュ！（モーニングダッシュ）』という番組で、伊東正治アナウンサー（当時）がメインキャスターをされていた。

朝五時三十分から六時までの生放送で、なんと、月曜日から金曜日までの帯番組。

ついこの前まで、「貯金がなくなりそう。どうしよう」と心配をしていたのに、新年の一月五日から帯番組のレギュラーを持つ。

日曜日もレギュラーがあり、土曜日にも何かしらの仕事が入るので、つまり、ほぼ休みがない。

その三年前、長男が生まれる少し前、仕事が少なくて不安だった時、ハンメが言ってくれた言葉を思い出した。

「子どもは自分の食い扶持を持って生まれてくる。そやから、心配せんでエエ」

ハンメの言う通りになった。

もうすぐ誕生する二人目の子と、新たに始まる朝の番組で自分がどんな風にできるのか、期待に胸を膨らませ、ワクワクしている私の耳と心に、一九九七年（平成九年）の大晦日、除夜の鐘が響いていた。

再び尼崎へ

一九九八年（平成十年）、元旦のＡＢＣラジオ、お正月特番から幕を開けた。

年明け早々、仕事があるというのは、誠に気分がいい。

この春、師匠に弟子入りして、丸十年になる。

「十年やって食えなければ、諦めればいい」

そう思って、この世界に身を投じた。

売れてはいないし、生活にゆとりもないが、何とか、食らいついている。


一月五日、月曜日。この日から、毎日放送『朝ダッシュ！』への出演がスタート。

私が担当するのは、スポーツ新聞の記事を扱う「朝刊ダッシュ！」というコーナー。

それまで、少ないながらもテレビで仕事をさせて頂いたが、ほとんどがロケ中心で、こういうタイプの出演は初めてに等しかった。

おまけに、生放送という心地よい緊張感があり、また、ちょっとした小さな記事でも、自分の喋りや展開によって面白いものにできるということもあって、大変やりがいのあるコーナーだった。

一月十七日、土曜日、午後二時、妻が無事に二人目の子を出産。女の子だった。

家族が四人になり、これから子どもが大きくなっていくことを考えると、２ＤＫのマンションでは手狭に思い、夏頃、妻と相談し、引っ越しを決めた。

不動産屋さんへ行き、大阪市内で二つほど物件を見たが、あまりピンとこない。

「土地勘があり、慣れ親しんだ尼崎の武庫之荘に戻ろう」

私が提案すると、妻も賛成してくれた。

懐かしい、阪急・武庫之荘駅。

駅の北側と南側、それぞれ、いくつかの賃貸マンションを見た。

私は北側にあるマンションが気に入ったのだが、妻はこう言った。

「南側の、ここがイイ。絶対に、ここがイイ」

そのマンションは、阪神淡路大震災で被災したアパートに住んでいる時から建設中のものだった。妻は買い物に行く途中などで何度も目にし、間取り図が書かれた看板を見ながら、こう思っていたそうだ。

「いつか、こんなところに住めたらイイなぁ」

妻の話を聞き、「なるほど」と納得し、彼女の言う通りにした。

そして、九月十四日、月曜日、尼崎市南武庫之荘に引っ越しをした。

約三年八ヶ月ぶりに住む街。

転居後すぐに、家の近くで一人の男と出会った。

それは、数年後、私の人生を大きく変化させ、進化させる、とても大事な大事な、出会いであった。

妻の選択は、いつも正しい。

第八章　変化

焼肉ハマンとの出会い

焼肉屋がある。

自宅を出てすぐ、武庫之荘駅へ向かう途中、道の左側にある小さな焼肉屋。

「炭火焼肉　ハマン」

店の看板を見て、「ハマン。どういう意味なんやろ?」と、真っ先にそう思った。

引っ越してすぐ、九月下旬のある日、お昼過ぎ、スーパーへ買い物に行くため、そこを通った。

私は、どこへ行くのにも、自分が「この道」と決めたら、ほぼ例外なく同じ道を歩く。

太陽の光を浴びながら、店の前で男性が一人、焼肉の網を洗っている。

どうやら店主のようだ。年齢は、私と同じくらいか、少し上といった感じ。

ちょうど幸いと思い、声をかけた。

「こんにちは」

「こんにちは」

「ご主人ですか？」

「はい。そうです」

「すみません。こちら、お座敷ありますか？」

「あぁ、すみません。ウチ、座敷はなくて、テーブルだけなんです」

「そうですかぁ。いや、最近、引っ越してきたんですけど、気になるお店やなぁと思って。ウチ、下の子がまだ赤ちゃんで。そやから、座敷があったらありがたいなぁと思って」

「あぁ、すみません」

「いえいえ」

初めての会話で、気持ちのいいやり取りができた。

帰宅してすぐ、座敷がないことを妻に告げた。

「ベビーカーに乗せたままでもエエやんか。今日、行こか！」

店主と話した数時間後、予約を取り、家族四人で店に入った。

テーブルは五つ。満席でも二十五人が限度といったところだろうか。

壁には、韓国のものだと想像できる装飾品や、ハングル文字で書かれた色紙が飾られている。何が書いてあるのか、その時の私には、さっぱり分からない。

だが、店内の至る所から、アットホームな空気が溢れ出ている。

奥の厨房から店主が出てきた。

「ありがとうございます」

「やっぱり来ました。座敷がなくても食べよう、言うて」

「どうぞ、ごゆっくり」

塩タン、ミノ、テッチャン、カルビ、ロースと、定番のお肉を楽しんだ。

冷麺、うどん、ピビンバ、クッパなど、締めの麺類、ご飯モノも豊富で、最初から最後まで大満足した。

店の奥さん、アルバイトの店員さんも本当に感じが良く、マイナスポイントが見つからない。

「また来ます」

「ありがとうございます。お待ちしてます」

すぐに、また行った。

若い番組スタッフ二人を誘い、三人で楽しく飲んで食べて、途中、トイレに立った際、厨房の店主に声をかけた。

「美味しいですわ」

「ありがとうございます」

「……マスター、在日ですか？」

「そうですよ」

「僕もなんですよ」

「そうなんですか」

「近々、飲みに行きませんか？」

「いいですよ」

「なんやったら、今日どうですか?……お店、閉めはってからでも」

「いいですね～。行きましょう」

「お店、何時までですか？」

「十一時です」

「ほんなら、片付けとかあるから、十一時半に、またここへ来ましょか?」

「お願いします」

意気投合というのは、こういうことを指すのだろうか。

私は、「この人と、もっと話をしたい」と素直に感じた。何の躊躇いも、そして、遠慮もなかった。

一旦家に戻り、改めて店に行った。

ハマンの裏にも数軒の飲み屋が並んでいる。マスターの行きつけの店に入った。

何を、どの順番で話したのか覚えていないのだが、とても心地の良い時間だった。その日から一週間連続でマスターと飲みに行った。

早朝三時起きだというのに。あの頃は、まだまだ若かった。

七日目の夜、とうとう妻に怒られた。

マスターの名前は、金亮健（キム・リャンゴン）。

私と同じく在日三世で、私より二歳上、一九六五年（昭和四十年）生まれ。

大阪朝鮮高級学校から、東京の朝鮮大学を卒業し、サラリーマンを経て、先輩が経営する焼肉店で修業し、震災後、一九九六年（平成八年）から尼崎市南武庫之荘で店を営んでいる。

店の名前は、韓国の慶尚南道（キョンサンナムド）にある「咸安（ハマン）」に由来する。そこは、マスターのおじいさんの出身地。

おじいさんは、私のハンメと同じように、在日一世。つまり、日本で暮らしているマスターにとって、咸安がルーツの地なのである。

彼は、そういったルーツや、言葉や、人の想いを大切にする男である。

そのことに私が気づくまでに、それほど時間はかからなかった。

妻が選んだマンションに住んだことによって、マスターとの出会いが生まれた。

そしてさらに、彼との出会いが、その約六年後、私に新たな扉を開けさせてくれることとなる。

「韓国語落語」という名の扉を。

米朝師匠

一九九九年（平成十一年）三月二十六日、毎日放送『朝ダッシュ！』が終了。一年三ヶ月という短い出演期間で終わることに肩を落とした。

ところが、「捨てる神あれば拾う神あり」とでも言うべきか、春から始まる新番組のレギュラー出演が決まった。

ABCラジオ『東西南北　龍介がゆく』。

メインパーソナリティは、ABCテレビ『おはよう朝日です』の初代司会者だった乾龍介さん。私が子どもの頃から見ている方である。

番組は月曜から金曜まで、朝八時三十分から約三時間。私の出演は、月曜から木曜までの週に四日間。

帯番組のレギュラーが終了する次の週から、また別の帯番組が始まる。

この時ばかりは、妻と二人、ホッと胸を撫で下ろした。

三月二十九日、月曜日、『東西南北　龍介がゆく』がスタートした。

私が担当するのは「孫の手　お調べ隊がゆく」。

リスナーから寄せられた様々な疑問、質問を三時間のうちに、電話、文献など、あらゆる手段を駆使して調べ上げ、番組の最後に答えを発表するというコーナーである。

当然、すでにインターネットが普及していたが、電話で調べることが多かった。

答えそのものよりも、「答えを導き出す過程」が面白く、途中経過で、それを伝えるのである。

当時、放送局には各界著名人の自宅電話番号が記された本があった。

個人情報というものに対する意識が、まだまだ緩かった時代だ。

番組の冒頭、リスナーから送られてきた葉書、ＦＡＸの中から、乾龍介さんが一枚引き当て、その日のミッションが決まる。

二〇〇三年（平成十五年）九月末まで四年半続いた番組で、その間、実に様々な疑問、素朴な質問が寄せられた。そういった何気ない疑問というのは不思議なもので、葉書を読んで初めて、「なるほどな〜。そう言えば、アレは、なんでそうなってるんかなぁ〜」と感じることが多い。

ラジオという媒体は、まさに、リスナーのお蔭で成り立っている。

こういう質問があった。

「物を売る時などに、先にパ〜ッと買ってもらい、他の客の購買意欲を高めたりする際、『今日はサクラを呼んでいる』などと言いますが、あれは、なぜ、梅でも菊でも薔薇でもなく、桜なんでしょうか？」

「こういったことに即座に答えてくださる物知りは、一体、誰だろう？」

真っ先に頭に浮かんだのが、人間国宝・桂米朝師匠だった。

落語会の楽屋で何度か声をかけて頂いたことはあるのだが、じっくりと会話をさせて頂いたことはない。

毎年、年賀状を出しているが、私のことを笑福亭銀瓶だと認識して頂けているのかどうか、ハッキリとしない、そんな関係性であった。

しかし、私は迷わず、米朝師匠のご自宅に電話をかけた。時刻は、朝の九時過ぎ。

電話に出られたのは、米朝師匠の奥様だった。

「朝から申し訳ございません。笑福亭鶴瓶の弟子で、銀瓶と申します。今、ラジオの番組で調べていることがございまして、米朝師匠に教えて頂ければと思いまして」

「そうですか。主人はまだ寝てます」

「あっ、そうですか。それでしたら、結構ですので」

「起こしてきます」

「いや、そんな、お休みになられてるのでしたら、もう、結構ですので……」

私の言葉が終わらないうちに、奥様は米朝師匠を起こしに行かれてしまった。

「ヤバイなぁ」と思っていると、受話器から声が聞こえてきた。

「もしもし」

米朝師匠である。それも寝起きの。寝起きの人間国宝の声は、とても不機嫌そうだった。

「米朝師匠、お休みのところ申し訳ございません。笑福亭鶴瓶の弟子で、銀瓶と申します」

「はい。知ってます」

「ありがとうございます。今、ラジオの番組で調べていることがございまして、是非とも、米朝師匠に教えて頂きたいなと思いまして、電話をしたんですが」

「なんや」

「はい。物を売る時なんかに、『今日はサクラを呼んでいる』とか言いますが、あれは、なぜ、梅でも菊でも薔薇でもなく、桜なんでしょうか？」

「……本に書いとる」

「……はい？」

「本に書いとる。そういうことはな、全部、本に書いとる」

「分かりました。失礼しました」

慌てて電話を切った。米朝師匠を怒らせたのかもしれない。

番組の途中経過でそのことを話すと、乾龍介さんから「大丈夫？」と本気で心配された。

師匠に言われた通り、いろいろな本に目を通すと、こういう記述を見つけた。

「桜という花は、パッと咲いて、パッと散る。サクラも、パッと現れて、物を買うと、パッと去って行く。そういうところから、サクラとなった」

何とも単純な話である。

そしてもう一つ、禅宗の中の宗派「黄檗宗《おうばくしゅう》」に纏わる話も出てきた。

これが、誠に小難しい話で、申し訳ないのだが、今となっては内容をすっかり忘れてしまった。

番組の最後に、この二つを答えとして発表した。

帰宅すると、すぐに米朝師匠にお詫びの手紙を書いた。

そして、私の師匠にも電話をした。師匠は時々、この番組を聴いてくださっていて、「こないだの、あの疑問、オモロかったなぁ」と感想を話してくださることがあった。

「師匠、すみません。米朝師匠をしくじったかもしれません」

「なんでや？」

「朝からご自宅に電話をして、寝てはる米朝師匠を起こしてしまったんです」

「お前、何してんねん！」

師匠は笑っていた。

それから数日後、大阪で米朝師匠が出演される落語会があり、改めてお詫びに伺った。

和室の楽屋で、米朝師匠が着物姿で寛いでいらっしゃる。

「失礼します。笑福亭銀瓶です」

「おっ、銀瓶か」

「師匠、先日は、お休みのところ、本当に失礼をいたしました。申し訳ございません」

「そこへ座れ」

恐る恐る、米朝師匠の前に進み、正座をした。その距離、約一メートル。こっぴどく叱られることを覚悟した。

「で、アレは、どないなったんや？」

「……はい？」

「あの、サクラの由来は、どうなったんや？」

「答えですか？」

「そうや」

「それがですね……」

私は、番組内で発表した二つの答えを米朝師匠に報告した。

米朝師匠は頷きながら、興味深そうに聴いてくださり、最後にこうおっしゃった。

「そら、桜がパッと咲いて、パッと散る、これやがな。黄檗宗の話は違うやろ～」

これがきっかけとなり、米朝師匠にしっかりと覚えて頂き、その後、落語会でお会いしても、気さくに声をかけて頂けるようになった。

何がどう転ぶのか、分からないものである。

師匠の奥さんと話す

この頃、師匠の奥さんとの関係というか、空気は最悪だった。修業中からのギクシャクした状態がそのまま継続している、というより、さらに悪化したような感じだった。

一九九一年（平成三年）三月に年季明けして以降、師匠とは月に数回のペースで会っている。しかし、奥さんと会うことは、毎年、十二月十三日の事始めや、たまに一門が集まる日など、一年のうちでも数えるほど少なくなっていた。仮に顔を合わせたとしても、必要なことしか話さない、何とも気まずい空気が漂っていた。

そして相変わらず、私は奥さんの目をきちんと見て話していなかった。

そんな状況、雰囲気を当然、師匠も察知されていた。

ある日、師匠が書斎で落語のＣＤやカセットテープの整理をされていた。たまたま別件で師匠のご自宅に顔を出していた私は、それを手伝った。

書斎に師匠と私、二人きりだった。

突然、師匠から問われた。

「お前、なんで、ウチのやつとアカンねん」

心臓を鷲掴みにされたような感じがした。

すぐに言葉が出てこなかった。

「すみません」

これしか言えなかった。

師匠の言葉の響きに、私に対する怒りなどは感じられない。

うまく表現できないが、心配というか、そういうものが多く含まれている、そんなニュアンスだった。

師匠はさらにこう続けた。

「ウチのやつ、アイツなぁ、そんな、悪いやつちゃうで」

ビックリした。そんな言葉を聞くなんて。

そして、そのようなことを言わせてしまったことに対して、申し訳なく思った。しかし、どうすればいいのか、全く分からなかった。

その数年前、読売テレビ『鶴瓶・上岡パペポＴＶ』の中で、何かの会話の流れで、上岡龍太郎師匠がこうおっしゃった。

「師匠の嫁はん、奥さんに可愛がられん、好かれん弟子は、絶対に成功しません」

偶然この言葉を聞いた私は、「そうか。やっぱり、龍太郎師匠のおっしゃる通り、師匠の奥さんに好かれなアカンねんなぁ」とは思わなかった。

「よし。見とけよ。師匠の奥さんに嫌われたまま、成功してやる」

こんな風に開き直っていた。そして、少しずつ仕事が増え、一九九九年（平成十一年）当時、私は妻と子ども二人を養っていた。まだまだ「売れっ子」には程遠いし、成功などしていないが、飯は食えていた。

しかし、師匠と書斎で会話したその日以降、なぜだか分からないのだが、急にふと、頭の中にこんな思いが浮かんだ。

「突然、それこそ明日、奥さんが死んだら、俺のこと、嫌いなまま、棺桶に入るんやな」

それまでには全く生じたことのない思い。しかし、重く、頭にのしかかった。

「嫌やな。それは、嫌やな。やっぱり、嫌われたままって、嫌や。……奥さんと、話をしよう」

すぐに師匠のご自宅に電話をかけた。奥さんが出られた。

「銀瓶です。奥さん、すみません。近いうちに、ちょっと、お時間を作って頂けないでしょうか」

「どないしたん？　なんで？」

「いえ、ちょっと、お話をさせて頂きたいんです」

「あぁ、そう。それは、主人も一緒のほうがいいの？」

「いえ、奥さんと二人で、話をさせて頂きたいんです」

「分かった」

スケジュール帳には、七月二十四日の欄に「五時　師匠宅」とある。

車がないので、焼肉ハマンのマスターに車を借りた。

真夏の最も暑い時期であるが、スーツを着て師匠のご自宅に向かった。スーツ姿の私を見て、奥さんは「どないしたん？」と少し驚かれていた。

リビングルームの大きなテーブルで、奥さんと向かい合わせに座った。

奥さんの目をしっかりと見た。

こんな風に話をするのは、入門して初めてのことである。

「今まで、僕の言動で奥さんに不快な思いをさせてきました」

「……」

「それで、誠に厚かましい話なんですが、それを一度、リセットして頂けませんか？　リセットして、もう一度、ゼロから、僕のことを見て頂けないでしょうか」

「……分かった。銀瓶くんがそう言うんやったら、そうしましょう」

話はそれで終わった。

奥さんが入れてくださったコーヒーを飲み干し、家へ帰った。

正直、自分でもどうなるのか予想もつかなかった。

奥さんの前で、きちんと話せるのか、奥さんがどんな反応を示されるのか。

奥さんの口から、あのような言葉を頂き、ありがたかったし、嬉しかった。

しかし、感激して泣く、というほどでもなかった。

何か、肩の力が抜けて、スッと楽になった。

営業中のハマンへ行き、マスターに車のキーを返すと、マスターが心配そうに「どやった？」と聞いてくれた。

マスターにも何度か、過去の話をしていたのである。

「エエ感じで話ができたよ」

「そうか。良かったな」

妻にも同様の報告をした。

その夜、不思議と、「よし！　これから頑張ろう」とか、「今までの分を取り戻すぞ」とか、そんな力が入った感じではなく、本当に自然な、リセットした感覚だった。

翌日、七月二十五日、日曜日の朝、自宅の電話が鳴った。

師匠からだった。

「ウチのやつから聞いた。昨日、ウチのやつと話をしたんやてな」

「すみません。師匠の了解も得ず、勝手なことをしまして」

「それでエエんや。それでエエんや」

そこで初めて、涙が溢れてきた。

しばらく、受話器を置けないまま、号泣した。

ルーツに対する意識

二〇〇〇年（平成十二年）がスタートした。

「西暦二〇〇〇年なんて、ドラえもんの世界。ずっと未来」だと、子どもの頃は思っていたが、現実に、二〇〇〇年代を生きている。

次から次へと新しいモノが生まれる中、私にも変化の兆しが少しずつ近づいていた。

六月十三日、韓国の金大中大統領と北朝鮮の金正日国防委員長による「第一回　南北首脳会談」が平壌で開かれた。

韓国にルーツを持つ人間の一人として、こんなことが起きるとは、夢にも思わなかった。

この日たまたま、ＡＢＣラジオ『東西南北　龍介がゆく』のニュースコーナーで、スタジオの中にいた。

私は、生放送で次のように話した。

「この会談によって、朝鮮半島の諸問題、そして、日本も関係する様々な問題が少しでも解決に近づくことを願います。朝鮮半島と日本が平和な方向へ進むことを願います。僕がなぜ、こういうことを言うのか。それは、僕が在日韓国人だからです。帰化をして、日本国籍を取得しましたが、僕のルーツは韓国にあります。しかし、日本で生まれ育ちました。そういう立場の人間としての正直な気持ちです」

数日後、焼肉ハマンのマスターと酒を飲んでいる際、右の話になった。

「生放送で自分が在日やとか言うて、大丈夫か？」

心配してくれるマスターに、私は答えた。

「全く大丈夫や。そもそも、俺は十七歳の時に、世間に対して在日韓国人だと明かしている。帰化をしたから、噺家になったから、こういう世界で生きているからという理由で、それを隠すのはおかしいというか、ズルいと思う。まあ、俺がアイドルやったら、ちょっとは考えるけど」

二人で大笑いしながら、しこたま飲んだ。

その後、二〇〇五年（平成十七年）から韓国語落語を始めて以降、私のルーツが韓国であるという事実は、大きく広まった。

好意的でも、また、その逆でも。

噺家、芸人、役者、様々な表現者の仲間がいる。その大多数が日本人だ（表現者であるから、そもそも、そんなことは関係ないのであるが）。

そして、私のように出自を明らかにしている者や、出自やルーツがすぐに分かる名前で活動されている人たちもたくさん存在する。

数年前、同じく在日コリアンの一人から、こんな質問を受けたことがある。

「銀瓶さんみたいに、自分のことを明かしたほうがいいんでしょうか?」

「明かす必要なんかないよ。僕はただ、それを言わなければ説明がつかなかったから、そう言っただけ。韓国語落語を始めた理由も、自分のルーツを言わなければ説明にならない。ただ、それだけのこと。ルーツや出自を明らかにしたことによって、不利益なことが生じるかもしれないけど、それもどうか分からない。そんなことを心配しても仕方がない。今、キミが、出自を明かさなくても表現者としてやっていけてるんやったら、いちいち、明かす必要はないよ」

この考え方は、師匠の弟子になってから、噺家になってから、ずっと変わらずに根付いている。

しかし、その一方で、私の中において、「自分は在日だ」とか「ルーツが韓国にあるのだ」というような意識は、以前よりも薄れてはいた。

最も濃かったのは、やはり、一九八四年(昭和五十九年)、朝鮮奨学会のサマーキャンプに行き、多くの仲間と出会い、「沈鍾二」という名前で生きていくことを選んだ時期である。

その後、師匠に弟子入りし、入門初日、一九八八年(昭和六十三年)三月二十八日、この言葉を頂いた。

「今日からお前は、在日韓国人でも、韓国人でも、日本人でもない。今日からお前は、芸人や」

その言葉通り、表現者としてどうあるべきか、噺家としてのレベルアップをどうするのか、どうやって食べていくのか、そのことを中心に生きてきた。

その後、結婚して、子どもが生まれ、日本国籍を取得し、さらに日々の生活に追われていくうちに、十七歳の頃に抱いたような「ルーツに対する熱い想い」が、知らず知らずのうちに、どこかに行ってしまった。

そんな風に、ごく当たり前に、それまで通りの日常を過ごしていた時、ABCラジオ『東西南北　龍介がゆく』の企画で、二〇〇一年（平成十三年）七月二十日に、生まれて初めて韓国に行くことが決まった。

翌年、二〇〇二年（平成十四年）のサッカー「日韓ワールドカップ」を前に、「韓国人の生活、日常の中にある、日本文化を探す」というテーマである。

その話を最初に頂いた時、とても嬉しかった。

日本で生まれ育ったから、当然、祖国は日本である。しかし、両親、祖父母、その先祖、みんな、韓国人である。そもそも、ハンメは韓国で生まれて、子どもの頃に日本に渡って来た。だから、韓国も祖国である。

「俺はついに、祖国の地に立った」

こんな風に言いたい、感じたい。そう思っていた。願っていた。

しかし現実は、全く違っていた。

初めて訪れた韓国・ソウルで、私とその地との、とてつもない距離を感じた。

そして、あの言葉が聞こえてきた。

「お前、韓国語できるんか？」

修業中の、師匠の、あの言葉が。

初めての韓国

二〇〇一年（平成十三年）七月二十日、金曜日。

ABCラジオ『東西南北　龍介がゆく』の戸谷公一《とやこういち》ディレクター、構成作家の戸高米友見《とだかまゆみ》さんとともに、韓国・仁川国際空港に降り立った。

初めての韓国。自分と縁のある国。ご先祖様の国。

「もしかしたら、空港に着くなり、感激して泣いてしまうかも」

そんな、期待にも似た心配をしていたが、全く、あっけらかんとしたものだった。

取材テーマは「韓国人の生活、日常の中に存在する、日本文化」。

様々な場所へ行き、いろいろな人に会い、音声を録音して、後日、番組で流す。

事前に、戸高さんがリサーチをしてくださっていた。

メインは、「X JAPAN」の大ファンに会いに行くこと。

その前に、ソウル市内のCDショップに入ってみると、日本の音楽のコーナーがあり、しかも、それがなかなかの面積を占めていることに驚いた。

XJAPAN、宇多田ヒカル、倉木麻衣、安全地帯など、その当時、日本で親しまれている曲が、同じように韓国でも、若者を中心とした世代に支持されているのである。

実はそれまで、韓国国内において、日本の映画、音楽、漫画、アニメなどの大衆文化は流入が規制されていた。それが、一九九八年（平成十年）以降、少しずつ開放されていき、完全開放されるのは二〇〇四年（平成十六年）のことだった。

しかし現実には、その前から、すでに市場には出回っていたのである。

「韓国人が日本の音楽、日本語の曲を聴いている」

ちょっと信じられなかった。

もちろん、古い年代層には「日本文化、日本のモノに対する嫌悪感」が当然あるだろうが、若い世代の間では、そうでもないらしい。

次に、百貨店のおもちゃ売り場へ行った。「クレヨンしんちゃん」と「ドラえもん」に関するモノが所狭しと並んでいる。もちろん、箱やパッケージに書いている文字は、ハングル文字である。

XJAPANの大ファンだという若い男性が住むマンションにお邪魔した。

コンサートを楽しむため、日本へ行ったこともあると言う。彼は、日本語がかなり上手だった。

「Ｘ ＪＡＰＡＮのどういうところが好きなんですか？」

「全てです。とにかく、カッコいい」

「Ｘ ＪＡＰＡＮは、日本のバンドですが、そういうことは気にならないですか？」

「いい音楽に、日本も韓国も関係ありません」

まさに、「目から鱗」の連続であった。

二泊三日の取材は、誠に有意義なものであった。

日本に住んでいると分からないこと、韓国に来てみないと知り得ないことが、いろいろとある。

初めての韓国滞在は、仕事の面においては満足できたのであるが、個人的なことで言うと、虚無感に満ちたものだった。

「ご先祖様の国に来た。祖国に来た」

それを実感したかったのであるが、全くと言っていいほど、心に響くものはなかった。

そこは、祖国ではなく「外国」だった。

出会った韓国人は、みんな親切だった。

しかし、何かしらの「距離」を感じた。彼らにとっても、私は「外国人」なのである。

いくらルーツが韓国にあって、祖父母世代が韓国で生まれ、その後、日本に渡って来た人たちの子孫であり、身体に同じ民族の血が流れていても、韓国に住む韓国人から見た在日コリアンは、歴とした「外国人」なのだ。

滞在中、移動のタクシーから街を眺めた時、多くの看板が目に入ってくる。懸命に読もうとするのだが、すぐには読めない。仮に読めたとしても、意味が理解できない。

食事中、隣のテーブルから韓国人たちの会話が聞こえてくる。何を言っているのか、さっぱり分からない。そもそも、インタビューは全て、通訳を介さないと成立しない。

私が感じた「距離」「溝」は、なぜ生まれたのか。

なぜ祖国とは思えず、外国だと感じたのか。

その時、あの言葉を思い出した。

十三年前、弟子入りして間もない私に、師匠が何気なく発した、あの言葉を。

「お前、韓国語できるんか？」

もし、あれから少しでも勉強して、ちょっとでも話せて、自分の力で韓国人とコミュニケーションが取れていたら、もっと違う感情を抱いていたのかもしれない。その地において、距離や溝を感じなかったのかもしれない。

あの時、師匠はとても大事なことを私に提示してくださっていたのだ。

入門記念日に電話

二〇〇二年（平成十四年）が始まった。

この年も、ABCラジオのレギュラーを中心に、仕事の面では安定していた。

しかし、振り返ってみると、「次に向かって、未来の自分のために何かをしていた」というわけではなかった。そこそこ忙しくしているのにも関わらず、日々の生活の中で、充実さを感じることは、あまりなかった。

この二年ほど前から、時々、師匠から携帯電話に着信が入るようになった。

「〇〇の電話番号、教えてくれ」というような質問が多かったのだが、「銀瓶、お前、今日の晩どないしてんねん？……メシ食おか？」と、嬉しいお誘いを受けることもあった。

時には、『東西南北　龍介がゆく』で何かを調べている時、私から師匠に電話をかけて質問することもあった。

師匠がこの番組を聴いてくださっていることを知っていたからだ。

落語に関する質問をすると、期待通りに、こう答えてくださった。

「俺にそんな質問するな」

師匠のその答えを番組内で紹介すると、当然、盛り上がる。

一九九九年（平成十一年）の夏、師匠の奥さんときちんと話して以降、それまで、私の中に存在していた得体の知れない重たいモノが、いつの間にか消えていた。

師匠の前でも、奥さんといても、ご夫妻と一緒に過ごしている時も、自然体でいられるようになった。以前は、口の中がカラカラに乾いていたのに、普通に話ができるようになった。

二〇〇一年（平成十三年）七月十九日、ジャイアンツファン仲間と一緒に、甲子園球場の外野席で、阪神・巨人戦を楽しんでいる時、師匠から電話がかかってきた。ちなみに、師匠は大のタイガースファンである。

「お前、今どこにおるねん？」

「甲子園球場です。阪神・巨人戦、観に来てます」

「おぉ、どっちが勝ってんねん？」

「ジャイアンツが勝ってます」

「そんなしょうもない試合、観るな」

師匠の悔しそうな顔を思い浮かべながら、電話を切った。

試合が進むと、点の取り合いになり、最後は、カツノリ選手がサヨナラヒットを放ち、七対六のスコアで、タイガースが勝った。

「飲みに行こう！」

仲間と球場の外を歩いていると、また、師匠からの電話。

「どっちが勝ったん？」

「タイガースですよ」

「なん対なんぼで、勝ったん？」

「七対六ですよ」

「どんな風に勝ったん？」

「サヨナラ勝ちですよ」

「誰がサヨナラヒット打ったん？」

「……師匠、知ってるんでしょ？」

「知らんねん。お前の口から聴きたい」

こんな風に遊んでもらえるのが、数年前までは信じられなかった。


入門記念日は、三月二十八日である。

毎年、その日になると、自分の心の中で祝い、この先もしっかりとやっていこうと、気持ちを新たにした。

三月二十八日は、そういう日である。

二〇〇二年（平成十四年）のその日も、そうだった。そして翌日、三月二十九日。

昼間、仕事先に向かって街を歩いている時、ふと思った。

「入門できたのは、師匠のお蔭やから、師匠にお礼を言わなアカンよな」

こんな想いが過《よぎ》ったのは、初めてである。

「師匠に電話してみよかな」

しかし、仕事で忙しい師匠である。「そんなことで、いちいち電話してくるな」と怒られるかもしれない。

でも、もう一人の自分が、「いや、師匠は、そんなことで怒るような人ではない」と言った。

電話をかけた。つながった。

「おはようございます。銀瓶です」

「おぉ、どないした？」

「お忙しいところ、すみません。実は、昨日で、弟子にして頂いて、丸十四年経ちました。ありがとうございます」

「そうかぁ。おめでとう。もう、十四年かぁ。いや、よう頑張ってるよ。頑張ってる。けどな、まだまだできる。まだまだやらなアカン。お前も分かってると思うけど。まあまあ、これからや」

「ありがとうございます」

それ以降、毎年、三月二十八日には、このやり取りが当たり前になっている。

変化の兆し

二〇〇三年（平成十五年）九月二十六日、金曜日。

ＡＢＣラジオ『東西南北　龍介がゆく』、最後の放送が終わった。この番組では、二〇〇一年（平成十三年）七月、初の韓国行きを含め、計三回、取材でその地を訪れた。

そして、足を踏み入れる度に、ルーツの国と自分自身との間に横たわる「溝」や「距離」を感じた。私が思うその原因は、私の中では明確であった。

「俺が韓国語を話せないから。言葉が分からないから」

十月から、桂雀々《かつらじゃくじゃく》お兄さんに『隣の桜』という噺の稽古をつけて頂いた。ネタの稽古以上に、もっと重大なことを教わった。

それは、雀々お兄さんから私に向けられた、この言葉である。

「銀ちゃんはなぁ、丁寧に落語をやってて、それはそれでエエんやで。けどな、絵に例えると、銀瓶の落語は、鉛筆で描いた絵や。鉛筆で細かく丁寧に描いてる。それも大事やねんけど、これからは、そやなぁ、クレヨンで描いたような、荒っぽくてもエエから、輪郭を太く、ガッ、ガッと描いたような絵。そういう落語をやってみたらどないや」

その時の私には、それが何のことなのか分からなかった。

雀々お兄さんの言葉の意味するところを自分なりに掴めるのは、その後、二〇〇八年（平成二十年）になってからだった。


二〇〇三年（平成十五年）、師匠は『六人の会』の一員に名を連ねた。

メンバーは、春風亭小朝、立川志の輔、春風亭昇太、林家こぶ平（現・林家正蔵）、柳家花緑、そして、上方落語からただ一人、笑福亭鶴瓶という、錚々《そうそう》たる顔ぶれ。

春風亭小朝師匠が中心となって旗揚げされた落語会である。

その前年の九月、師匠は春風亭小朝師匠との二人会に臨んだ。

会場は、東京の国立劇場という大きな舞台。

当初、出演を渋っていた師匠だが、小朝師匠に口説かれ、首を縦に振った。

当日の演目は『子は鎹《かすがい》』。

放蕩が祟り、妻に逃げられた職人が、男手だけで息子を育て、その後、改心する。ある日、偶然、息子と母が路上で再会する。それがきっかけとなり、夫婦が縒《よ》りを戻すという噺。

それまで師匠が手掛けていた落語とは、別次元の噺であった。

「小朝兄さんの顔に泥を塗られへん」

後年、私の前で師匠はこう語っていた。

そして当然そこには、小朝師匠への想いと同じくらい、自分自身への気持ち、プライドもあったはずだ。

師匠がどれくらい、どのような稽古をされたのか私は知らない。

しかし、その結果を目の当たりにすることができた。

二〇〇二年（平成十四年）八月二十三日、金曜日。

この日、大阪で、桂都丸（現・桂塩鯛）お兄さんの落語会があり、私も出番を頂いていた。

そこへ、師匠の飛び入り出演が決まった。翌月の小朝師匠との会に向けて、『子は鎹』を試すためである。お客様の前でやることが、何よりの稽古、勉強になる。

休憩前の中トリで、師匠が高座に上がった。

弟子の分際で書くのは甚だ失礼なのであるが、とてもいい『子は鎹』だった。

細かいギャグで笑わせるのではなく、噺の筋で聴かせて、噺の中身で笑いを取り、そして、泣かせる。

それまでの師匠の落語は、どの登場人物も「笑福亭鶴瓶」であった。その手法で成立するネタを選んでいたのである。また、「そういう出方」で良かったのである。

しかし、『子は鎹』においては、違った。

桂米朝師匠が著書『落語と私』で、「落語は演者が消える芸」と書かれている通り、職人は職人、息子は息子、母親は母親であった。

出番を終え、楽屋で着替えをされている師匠の前に、一人の人物が現れた。

桂ざこば師匠である。筆頭弟子、都丸お兄さんの落語会ということで、顔を出されていた。

「鶴瓶ちゃん、大阪にエエ噺が残ったなぁ」

ざこば師匠は泣いていた。

「ありがとうございます」

ウチの師匠も泣きだした。

私は、とてもとても嬉しかった。その場にいて良かったと、心から思った。

その日を境に、笑福亭鶴瓶の落語が、変わった。

韓国語を勉強しよう

二〇〇四年（平成十六年）、世は空前の「韓流ブーム」真っ只中であった。

ペ・ヨンジュン主演の韓国ドラマ『冬のソナタ』が大人気を博し、多くの日本人女性が「ヨン様、ヨン様」と熱狂し、それ以外の韓国人俳優や韓国映画、ドラマ、音楽なども、毎日のようにメディアで取り上げられるようになった。

「日本人が、韓国のモノを好きになったり、支持する時代が来るなんて、信じられない」

これが、その当時の私の率直な感想である。

幼い頃から、「日本のモノは上、韓国のモノは下」という概念というか、図式みたいなものが、潜在的に植え付けられていた。

ちょうどその頃、焼肉ハマンのマスターから、度々こんな質問を受けた。

「銀ちゃんは、どんな噺家になりたい？」

「銀ちゃんの夢は何？」

私は、いつも答えに窮していた。

自分がどんな噺家になりたいのか、自分の夢が何なのか、自分がどうなりたいのか、見えていなかった。ほとんど、何もなかった。ただ、与えられた仕事、目の前にある仕事をやっているに過ぎなかった。

明石高専時代、将来の目標がなく、頻繁に頭に浮かんだあの言葉が、また現れていた。

「俺は、何をして、生きていこう」

「お前は、何になりたいんだ？」

もどかしい日々を過ごしていた。

師匠の弟子になって以降、きちんとしたビジョンを持たずに、ただ仕事をしていたことのツケが回ってきたのである。

そしてもう一つ、マスターと接していて、「俺には、それが足りない」と痛感することがあった。

韓国語である。

大阪朝鮮高級学校から東京の朝鮮大学を卒業したマスターは、ペラペラだった。

それに対して私は、辛うじてハングル文字を読める程度で、意味も分からず、話すことも、聞きとることもできない。

同じ在日韓国人三世で、年齢も二歳しか違わないのに、韓国語に関して言うと、全く別次元に存在しているようなものであった。

育ってきた環境が違うので、仕方がないと言えば、それまでなのだが。

少し離れた場所に、マスターの友人が経営するスナックがあり、時々、二人で飲みに行った。

カラオケで歌を歌う。

私は、佐野元春や浜田省吾、サザンオールスターズの曲などを歌うことが多かった。

ある日、常連客の一人が、『冬のソナタ』の主題歌を歌い始めた。

テレビで何度も聴いているので、メロディーは知っていた。

カラオケの画面には、ハングル文字の歌詞の上にカタカナでフリガナが書いている。

そのお客さんは、とても上手に歌っていた。

それに合わせて、カタカナを見ながら小声で口ずさんでいた私に、マスターが言った。

「銀ちゃんも歌ってみぃな」

「今の曲を？」

「そう」

「そんなん無理や。それに、さっき、この人が歌ったばっかりやし」

「かまへんやん。ねぇ、いいですよね？……今の歌、また入れても」

「あぁ、どうぞどうぞ、歌ってください」

「銀ちゃん、歌って～」

店のママがカラオケをセットし、しばらくすると、イントロが流れてきた。

私は、ハングル文字の上に書いてあるカタカナを見て歌った。

危なっかしい箇所は、マスターが助けてくれた。

「銀ちゃん、歌えるやん。韓国語で歌、歌ったやん」

「歌えてたんかなぁ？」

それが楽しくて、その後、『冬のソナタ』の挿入歌である『Ｍｙ Ｍｅｍｏｒｙ』や、シン・スンフンのヒット曲『Ｉ ｂｅｌｉｅｖｅ』など、聴いたことがある曲や好きな韓国語の歌に何度もトライした。

ハングル文字ではなく、カタカナの歌詞を追って。

週に二～三回のペースで、その店に通っていた。

しばらくすると、カタカナとハングル文字、両方を見ながら歌えるようになってきた。

十八歳の時に勉強したハングル文字の仕組みを思い出してきたのだ。

「よし。今日はハングル文字だけ見て、歌ってみよう」

課題を決めて歌うと、少しずつではあるが、何とかクリアできるようになってきた。

飲み代は、韓国語の授業料みたいなものである。

そうやって韓国語の歌に触れ、また、韓国映画の台詞を聴いたり、あるいは韓国語による朗読のCDを聴いたりしているうちに、自然とこう感じるようになった。

「韓国語の響きって心地いいなぁ。韓国語って美しいなぁ」

それまでの私は、幼少期から韓国語に対して「うるさい。やかましい」というイメージを強く持っていた。

テレビニュースで流れてくる韓国人の映像は大体が叫んでいる。事故や事件で身内が亡くなり、その悲しみから泣き叫ぶ韓国人の映像をしばしば見た。感情表現が日本人よりも激しいという面もあるのだろう。

今思うと、そういうシーンが多く放送されていたから、そんな風な先入観を抱いたのかもしれない。

身近なところでは、お正月や法事など、親戚が集まる場で飛び交う韓国語。子ども心に、「やかましいなぁ」と思っていた。そして「韓国語は、やかましい」という図式が、その頃から出来上がった。

しかし、二〇〇四年（平成十六年）、三十七歳になって、初めてこのことに気がついた。

「韓国語は、やかましくない。やかましいのは、ウチの親戚なんや」

先入観を捨てて聴けば、韓国語は連音化（リエゾン）によって、響きが豊かで美しい言語である。

もちろん、日本語の響きも美しい。

いや、そもそも、世界中の言語において、「美しい言語」も「美しくない言語」もないのである。

十一月十二日、金曜日。映画を観に行った。

ビートたけし主演、崔洋一監督の『血と骨』。

戦前、戦中、戦後の大阪を舞台とし、金俊平《きんしゅんぺい》という在日韓国人の半生を描いた作品。

公開前、梁石日（ヤン・ソギル）さんの原作を読んでいた私は、とても興味を持っていた。

映画の冒頭、韓国の済州島から大阪を目指す船が映し出された。

船上には、たくさんの韓国人が乗っている。

彼らはその後、日本に住み、在日韓国人一世となる。つまり、私のハンメ、祖父母たちと同じ世代、境遇の人たちである。

船の上の人たちが話をしている。当然、韓国語で。聞こえてくる台詞としては、ほんの僅かであるし、たわいない台詞である。

しかし、映画のストーリーに何ら関係のない、ちょっとした会話が、私には全く理解できない。

「あの人たちは、ハンメと同じように日本に渡って来た人らや。自分より二代前の世代。その人たちが喋っていることが、何ひとつ、分からない」

そのことに、とても悲しい気持ちになってきて、ポロポロと泣いた。

「韓国語を勉強しよう」

韓国で感じた「溝」や「距離」を克服するには、それしかない。

映画が終わると、ＮＨＫ『ハングル講座』のテキストと大学ノートを買い、十一月十四日から、独学で勉強を始めた。

韓国語学習を開始してすぐ、たまたま読んだスポーツ雑誌に、モハメド・アリの言葉があったので、それをノートに書いた。

不可能とは、自らの力で世界を切り拓くことを放棄した臆病者の言葉だ。
不可能とは、現状に甘んじるための言い訳に過ぎない。
不可能とは、事実ですらなく、単なる先入観だ。
不可能とは、誰かに決めつけられることではない。
不可能とは、通過点だ。

不可能とは、可能性だ。
不可能なんてありえない。

韓国語で落語

この頃、ほぼ毎日、独学で韓国語を勉強していた。どこへ行くのにも鞄の中にテキストとノートを入れて。

十一月十七日、水曜日、師匠が出演される京都の落語会に顔を出した。ちょうど、師匠の奥さんもお越しになられていて、終演後、ご夫妻と一緒に食事をご馳走になった。

会話のタイミングを見計らって、鞄からノートを出し、師匠に見せた。

「修業中に師匠が、韓国語の勉強したらどないやと言ってくださったことが、ずっと頭の片隅に残っていました。やっと始めました」

師匠は、とても喜んでくださった。

勉強は約一時間。長くても二時間程度。

二週間ほど経ったある日、それだけの時間、勉強した分だけの成果が表れていることが分かった。

テキストを見なくても書けるようになっていたり、前よりもスラスラと読めたり。

「このまま続けたら、いつか必ず、韓国語を話せるようになるかも」

仕事はとても暇だったのだが、毎日が充実していた。

自分の遠い遠い先に、何かポツンと光るものが見え始めた。

それが何かは、その時には、まだ分からなかったが。

そして、子どもの頃の自分を思い出した。

学校から帰ると、毎日、毎日、机に向かって、コツコツコツコツ、勉強していたあの頃の自分を。

塾にも行かずに、自分に課したことをひたすらクリアし、それを積み重ねていた自分を。

それが全く嫌ではなく、むしろ楽しんでいた自分を。

そして、笑福亭銀瓶になってからの自分自身と比較した。

「俺はこの約十六年、必死になって取り組んできたのだろうか。小中学生時代の頃のように、がむしゃらに一つのことに打ち込んできたのだろうか。いや、していない。野球に例えるなら、ほとんど素振りをしていない選手。たまたま運が良かったから、素振りをしていなくても試合には出してもらっていた。それも、八番か九番バッターで。だけど、そんなことをしていたら、そのうち、試合に出してもらえなくなる。毎日、毎日、素振りをして、手から血を流すほど素振りをして、そして、八番や九番ではなく、三番や四番を打つ、そんな人間にならなければいけない。今なら、まだ間に合う」

韓国語の勉強をしたことによって、そんなことを思うようになった。

ハマンのマスターにも勉強のことを伝えると、師匠と同じように喜んでくれた。

そして、いつものようにマスターと飲んでいた夜、こんな会話になった。

「マスター、韓国語で落語しよかな？」

「マジで？」

「韓国語で落語をしたら、もっと勉強になるやろし、何より、日本の文化である落語で韓国人を笑かしたら、なんか面白そうやん」

「エエやん、それ」

「桂枝雀師匠が英語落語でアメリカ人を笑かしたんやから、韓国語でもできるはずやねん」

「できる、できる」

「協力してくれるか？」

「なんぼでもするで」

世の中は「韓流ブーム」のさなかである。

そんな中、韓国にルーツを持つ噺家が韓国語で落語をするとなると、当然、世間から注目されるかもしれない。

しかし、やり始めてすぐにやめてしまうと、世間は必ずこう言うだろう。

「アイツは、ただ、韓流ブームに乗っかっただけだ」

そう言われない、そう言わせないためには、自分自身に「一生やり続ける覚悟」が必要である。

「すぐにやめずに一生やるか？　やめるくらいなら、最初からやらない方がいい。一生やる覚悟があるか？……ある。一生、やる」

自分で答えを出し、動き出した。

マスターは確かにペラペラであるが、しかし、ネイティブの韓国語ではない。

そこで、マスターの知人で、ネイティブの韓国人を紹介してもらい、その方に台詞の翻訳をお願いした。

演目は、桂枝雀師匠が英語でされた『動物園』を選んだ。

落語を知らない韓国人にも分かりやすい内容だからだ。

そして、師匠の許しを得るために電話をした。師匠から「それはダメだ」と言われたら、絶対にできない。

十二月二十一日、火曜日の昼間だった。

「師匠、韓国語で落語をやりたいんですが」

「やったらエエがな。お前がやることに、意味がある」

十二月三十一日、金曜日、大晦日。

東京へ向かう師匠に年末の挨拶をしに、大阪国際空港（伊丹空港）へ行った。

元日からご夫妻でハワイへ行かれるため、しばらく会えない。

「来年、必ず、韓国のソウルで韓国語で落語をします」

「分かった」

韓国語落語の音源

二〇〇五年（平成十七年）の年賀状には、多くの知人にこう書いて出した。

「年内に、韓国・ソウルで韓国語落語をします」

しかし、具体的なことは何も決まっていない。それに何より、韓国語落語『動物園』の台本が間もなく完成しようかという時で、まだ覚えてもいなければ、それを演じたことによってどうなるのかということすら、何も見えていない状態であった。

だが、年賀状には書いた。

そうやって周りに宣言し、有言実行せざるを得ない状況に自分を追い込み、逃げられない状態にしたかった。

落語『動物園』は有名な噺であるから、読者の中には、ストーリーを熟知されている方も多いかと思う。

仕事をしない男に、知人がアルバイトの世話をしてくれた。動物園のトラが死んだ。そのトラの毛皮を綺麗に剥いだ。トラの毛皮を人間が着て、トラに成りすまし、お客さんを騙すという仕事。トラになって檻に入ると、「猛獣ショーが始まる」というアナウンス。しばらくすると、そこに入ってきたのは、なんと、百獣の王・ライオン。さて、男の運命や如何に。

こういう内容である。

この噺は、日本語で演じる場合においても、台詞における言葉遊び、いわゆる「駄洒落」のようなもので笑いを取る噺ではない。

だから、忠実に韓国語に翻訳しても、噺の面白さはきちんと伝わる。

韓国語落語を始めて以降、度々、次のような質問を受けることがある。

「落語を韓国語で演じて、面白さは伝わるんですか?」

私は必ず、こう答えている。

「噺によっては難しいものもあるでしょうが、日本語の言葉遊びで笑いを取るシーンや、そういう噺以外なら、やりようによって、多くの落語で、その楽しさを伝えることができるはずです。落語は、言葉ではなく、その状況、登場人物の感情を伝えることによって、お客様に楽しんで頂くものだからです」

話芸であるから、当然、「言葉」というものが大切で重要なツールである。

しかし、様々な噺において、登場人物たちが生み出す状況、その時の彼らの感情を、それぞれのお客様が感じ取り、「うわ〜、この人、大変そうだなぁ」とか、「いるいる。こんな奴、ウチの会社にも」とか、「こんなこと自分も経験しました」など、共感したり、思い出したりすることによって、笑ったり、泣いたりするのだと、私は思っている。

だから、「言葉を使って、感情を伝えている」のである。

もちろん、そのためには、「言葉」は大事である。

噺家は、言葉にこだわらないといけない。

ネイティブの韓国人に日本語の台本を渡し、「現代の韓国人が話す通りの韓国語に訳してください」とお願いした。

次に、送られてきた韓国語の台本をマスターと一緒に吟味した。

落語を少しでも知っているマスターと、細かい言い回しをチェックするためだ。

その際、「この台詞はこんな気持ちで言っている」、「この部分の感情は、こんな感じ」など、私なりに思うことをマスターに伝え、韓国語の台詞、台本を微調整した。

台本が完成すると、あとはそれを覚えるだけなのであるが、その時点において、「これがなくては話にならない」という、最も大事なものが必要であった。

それは、音源である。

我々噺家は落語を「耳で覚える」のである。

何か新しい噺を覚える場合、米朝師匠なり、松鶴師匠なり、枝雀師匠なり、市販されている落語のCD、あるいは、テレビやラジオで放送された音源を何度も聴いて身体に入れる（しかしながら、そういった名人の音源に頼り過ぎてもいけない）。

通常、そうやって音を手に入れることができる。しかし、韓国語落語には、それが存在しない。韓国語落語のCDなど、どこにも売っていない。

実は、それより四年前、二〇〇一年（平成十三年）八月、東京の女流落語家である古今亭菊千代師匠が、韓国と平壌、なんと南北で、コリアン落語と題し、『松山鏡』を当地の言葉で演じられていた。

だが、上方落語界においては、まだ誰もやっていない。

とにかく、韓国語落語の音源を作る必要が生じた。私が頼れるのは、ハマンのマスターしかいない。

「マスター、この台本、落語家っぽく、読んでほしい。それを録音するから」

「マジで？……俺が？」

一月半ば、ハマンの営業が終了した午後十一時過ぎ、店にはマスターと私の二人だけだった。

台本を持ち、緊張した面持ちのマスターの前にカセットテープのレコーダーを置いた。

この当時、私はまだカセットテープを利用していた。

「エエか？……ほな、録音ボタン押すで」

私が合図を出すと、マスターは少しゆっくりとしたスピードで、韓国語落語『動物園』の台詞を声に出してくれた。

それは、私が生まれて初めて聴く、韓国語による落語であった。

韓国語は日本語と文法が同じで、日本語の「〜は」「〜が」「〜を」「〜に」「〜へ」のように助詞があるので、言葉のリズムもほぼ同じである。

それ故、台詞を区切ったり、息継ぎをする箇所も、日本語の時と同じになる。

マスターの声を聴きながら、私には、それが噺のどの部分なのか、すぐに理解できた。

そして、韓国語の音の響き、抑揚の豊かさにも興味を感じた。

聴いているだけで気分が高揚するというか、明るい気持ちになり、楽しい雰囲気が生まれる。

「メッチャ緊張したわ〜」

読み終えてすぐ、マスターは声を漏らした。

ついに、韓国語落語の音源が完成した。世界のどこにもないカセットテープ。その中に収められた、約十七分に及ぶマスターの肉声が、次の日から私の生活、日常において、なくてはならない存在になった。

朝から晩まで、その音を聴き続けた。

私とマスターによる韓国語落語の稽古。

今まで見たことのない扉の前に立っている。それを開くことによって、何が生まれるのか、何が見えてくるのか分からないが、その扉を開くための、その日のための、稽古が始まった。

大阪朝高に決まる

「今年中に、韓国・ソウルで韓国語落語をする」

年賀状にこのように書き、出会った周囲の人々にも宣言しまくっていたが、一月半ばの段階では、いつ、どこでするのか、まだ何も決まってはいなかった。

そもそも、稽古自体が始まったばかりである。

そして、韓国でやる前に、日本で演じる必要がある。

自分の韓国語がちゃんと伝わるのか、韓国語で演じる落語が、自分では「楽しい、面白い」と思ってはいるが、それが本当にそうなのか、確かめる、試す必要がある。

その場所として私が真っ先に選んだのは、朝鮮学校だった。

そこに通う彼らは、もちろん日本語も話せるが、日々、母国語（ウリマル）を使用し、生きた言葉を口にし、耳にしている。

在日コリアンたちの間では、韓国語とか朝鮮語という言い方よりも、「ウリマル」という呼び方の方が一般的である。

ウリマル。直訳すると「私たちの言葉」。「ウリマル」という響きから、私は、「アイデンティティーが宿る要素の一つとして、言語が存在する」と感じている。

朝鮮学校の学生たちに私のウリマルが通じれば、ネイティブの韓国人にも伝わるはずである。

また、彼らの若さも魅力だった。

日本に生まれ育ちながら、恐らく、多くの学生たちが、日本の文化である落語を知らない。

もっとも、これは朝鮮学校に限ったことではない。大多数の日本人学生もまた、落語に触れる機会が少ない。

だからこそ、私が明石高専時代に経験したように、古典芸能鑑賞会、学校寄席が存在するのである。

朝鮮学校に通う学生たちに私の落語がウケれば、その後の展望が見えてくる。

大阪朝鮮高級学校（大阪朝高）の卒業生である、ハマンのマスターに相談した。

「朝鮮学校で落語をしたいんや」

「ヨッシャ、聞いてみるわ」

すぐに、嬉しい返答があった。マスターの母校が落語会の開催を快く引き受けてくださった。

一月十七日、月曜日。ハマンの定休日に合わせて、マスターと一緒に大阪朝高へ挨拶に行った。

それが、私が生まれて初めて、朝鮮学校に足を踏み入れた瞬間だった。

大きな校舎の中は、当然のことながら、何処も彼処もハングル文字だらけ。廊下ですれ違う高校生たちは、男の子はブレザー姿、女の子たちは黒のチョゴリを着ていた。私が「アンニョンハセヨ」と挨拶すると、みんな明るい声で「アンニョンハシムニカ」と返してくれる。「アンニョンハシムニカ」の方が、より丁寧な言い方である。私の方が目上だから、そうするのだ。

挨拶と打ち合わせに同席してくださったのは、玄完植（ヒョン・ワンシク）先生と尹誠進（ユン・ソンジン）先生のお二人だった。

「でも、どうして、ウリマルで落語をしようと思ったんですか？」

「初めて韓国に行った時、とても距離を感じたんです。自分のルーツの国、祖国と言ってもいいのに、祖国とは全く思えず、むしろ、外国だったんです。それは、仕方のないことだったのかもしれないんですけど、やっぱり、なんか寂しくて、残念で。それで、それはなぜなのかと考えたら、やっぱり、自分が言葉をできないからだと。ウリマルを話せないから、そんな風に感じたのだと思ったんです。それで、去年の十一月から独学で勉強を始めたんです」

「去年の十一月って、まだ二ヶ月ちょっとやないですか」

「はい。ほぼ毎日、勉強しています。……こんな風に。……これがノートです」

「……スゴイなぁ。メチャ熱心ですね。ウチの学生らにも、これぐらい勉強してほしいですわ」

「勉強していくうちに、韓国語で、ウリマルで落語をやったら、もっと勉強になるやろなぁと思ったんです」

「なるほど」

「落語で韓国人を笑かしてみたいなぁと、思ったんです」

玄先生と尹先生は、何度も頷きながら、私の話を聞いてくださった。

最初から何百人もいる全校生徒の前でやるわけにはいかない。先生と相談し、「一クラス、約三十人の特別授業」と決まった。会場となる教室を下見し、どうやって高座を作るのかなどを説明した。

「日程に関しては改めて連絡します」

そう言って家へ帰り、稽古に没頭した。

マスターの声で録音した音源を聴きながら、台本を見ながら、台詞を声に出す。普段の落語の稽古と全く同じこと。

しかし、韓国語は発音が難しい。日本語にはない微妙な音がたくさんある。耳に意識を集中して、台詞を拾った。

公園を歩きながら、河川敷を歩きながら、スポーツジムのマシンを歩きながら。ブツブツと呟くように声に出し、そして、その台詞の意味を身体に叩き込んだ。

意味が分かっていなければ、その台詞における感情が理解できない。私自身が感情を理解していなければ、お客様に伝わるわけがない。

とても地道な作業であった。しかし、楽しかった。

夜になると、マスターとの稽古である。ハマンが店を片付けた後、十一時三十分か、遅ければ日付が変わってから。

お客さんが座る椅子を四つ並べ、私の高座を作る。二メートルほど先に座ったマスターが台本を持ち、私の韓国語落語を聴く。私が台詞に詰まると、続きの単語を言って助けてくれる。間違った発音をすると、正しく訂正してくれる。昼間に覚えた部分を何度も何度も。一時間など、あっという間に経過してしまう。

「マスター、今日はこれくらいにして、飲みに行こか」

「アカン。あと二回や」

稽古が終わると近所の店へ。帰るのは午前三時くらい。

それが、ほぼ毎日、続いた。

少しずつ、本当に少しずつ進んでいた、一月の終わりのある日、マスターが言った。

「銀ちゃん、大阪朝高で、いつやる？」

「まあ、こないして稽古して、じっくり練って、新学期が始まる四月とかかなぁ」

「四月？……アカン、アカン。遅いわ」

「遅い？」

「もっと近い日に決めた方が、尻に火がついて必死になる。……二月中にやろ」

「来月やん！……一ヶ月しかないで」

「大丈夫や！　できる！」

翌日、マスターが大阪朝高に連絡し、落語会は二月二十二日、火曜日と決まった。

マスターのお蔭で、本当に尻に火がつき、日々の稽古にもさらに気合いが入ってきた。

そこへ、嬉しいニュースが飛び込んできた。韓国・ソウルでの公演先が決まったのである。

ＡＢＣラジオ『東西南北　龍介がゆく』の取材で、二〇〇一年（平成十三年）に一緒にソウルへ行った、構成作家・戸高米友見さんの弟さんが、なんと、韓国で日本語の先生をしながら、ソウルにある同徳女子大学校に大学院生として通われ、韓国における日本語教育の第一人者である李徳奉（イ・トッポン）教授のもと、日本語教育を学ばれていた。

その同徳女子大学校で公演をさせて頂けることになった。

「今年中に、韓国・ソウルで韓国語落語をする」

何の根拠も、ツテもない状態で、とにかく年末から発信し続けていると、それが現実のモノになろうとしている。

「人生って、面白いなぁ」

もしかすると、生まれて初めて、そんな風に感じた瞬間かもしれない。

私の目の先に見える扉が、一段と大きく感じる。

自分だけに開けることが許された、扉が。

마음만 먹으면 안될 일이 없다（決心すれば、できないことはない）

焼肉ハマンの壁に、額縁に入った書が掛けられている。

ハングル文字で書かれたそれは、マスターのアボニム（お父様）の筆によるものだ。

마음만 먹으면 안될 일이 없다

マウムマン　モグミョン　アンドゥエル　イリ　オプタ

韓国語をカタカナで表すのには限度がある。実際は、もっと複雑で細かい音なのであるが、こう書くしか仕方がない。

意味は、「決心すれば、できないことはない」。

この言葉に見守られながら、私の稽古は続いた。

朝も昼も夜も、一日中、韓国語の台詞を口にしていた。

「二月二十二日、大阪朝高での落語会が成功しなかったら、俺は終わりだ」

そう思っていた。当たり前である。

ほぼ毎夜、稽古に付き合ってくれているマスターも同じような気持ちだったはずだ。

もし私が、生半可な気持ちで取り組んでいたら、それはマスターに対して、とても失礼なことであるし、マスターにも、すぐにバレてしまう。

私が自分で宣言し、また、韓国語落語に取り組んでいることが朝日新聞などで紹介され、多くの噺家仲間の耳に入った。

二月一日、火曜日、大阪・ミナミの『トリイ寄席』に顔を出し、終演後、女道楽の内海英華《うつみえいか》お姉さんと飲みに行った。

「銀ちゃん、韓国語落語って、どんな感じなん？」

「ほな、お姉さん、ちょっと聴いてくれはります？」

「聴く、聴く。ちょっとやってみて〜」

店のカウンターで、英華お姉さんのためだけに、韓国語落語『動物園』を披露した。

「チャア　コギ　アンコラ。パングムジョネ　ニィ　オンマガ　ワッソンヌンデェ　ニィ　コッチョンヘソ　ウルドグナ」

「イェ？　チョンマリエヨ？　クナボジ。ウリ　オンマガ　チョッテムネ　ウショッタグヨ？

……ハハハ〜　ナド　イジェヤ　チンチャ　ナムジャガ　トゥェックナ」

ライオンがトラの檻に入ってくるシーンになると、英華お姉さんがゲラゲラと笑い出した。

「オモロい、オモロい。私、韓国語は分からへんけど、台詞の言い方や感じで、『あっ、今、このあたりやな』とか、すぐに分かったもん。銀ちゃん、韓国語落語、オモロいで！」

お姉さんのこの言葉は、とても勇気を与えてくれた。

二月二十一日、月曜日。

ハマンでの最後の稽古を終えた。

一席を最初から最後まで、淀みなく言えるようになった。

約一ヶ月、やれるだけのことをやった。

「マスター、ありがとう。飲もう！」

「화이팅！(ファイティン　※頑張れ)」

生ビールを飲み干し、顔を右上に向け、あの言葉を見た。

마음만　먹으면　안될　일이　없다

第九章　韓国語落語

初の韓国語落語

二〇〇五年（平成十七年）二月二十二日、火曜日。

私の人生において、歴史的と書くと大げさ過ぎるのであるが、とてもとても重要な日を迎えた。

ハマンのマスターの車に乗り、朝九時三十分、大阪朝高に到着。

その日、夕方五時から店の営業があるというのに、マスターは同行してくれた。

最初からずっと稽古に付き合ってくれたマスターに、初めて演じる韓国語落語の成果を見てほしかった。

ＡＢＣラジオの戸谷公一ディレクター、構成作家の戸高米友見さんもお手伝いとして駆けつけてくれた。

二〇〇一年（平成十三年）、この二人と一緒に韓国・ソウルに行ったことが、その後、私が韓国語を勉強することにつながったのだ。

校舎に入ると、校長先生と玄先生、尹先生が出迎えてくださった。

廊下には、ハングル文字で「笑福亭銀瓶さんを熱烈に歓迎します」と大きく書いた紙が貼られていた。

母校でもなく、それまで全く縁もなく、こちらが勝手に「落語会をさせてほしい」とお願いした学校で、このように好意的に迎えて頂けることに、本当にありがたく思い、肩の力が抜け、「ここはアウェーじゃない。ホームだ。だから、大丈夫だ」と強い気持ちになった。

会場となる教室に高座を作った。学校側が知り合いの酒屋さんから、たくさんのビールケースを借りてくださっていた。それを積み重ねて土台を作り、一番上に畳を敷き、上から赤い布をかけて、畳二枚分ほどの面積の高座が完成した。

あとは、落語をやるだけだ。

校長室で着物に着替えた。

マスターやみんなと談笑しながらだったのだが、時間が近づくにつれ、確かに緊張度は増していった。

四時間目、十一時四十五分からスタート。

二年生のうちの約三十人が教室に入っていると聞いた。

先生が生徒たちに説明をされている間、廊下で、その時を待った。

私は普段の落語会のときから、出番直前の、この瞬間の、この緊張感が好きである。

怖さと楽しみが入り混じったこの感覚は、噺家や役者、表現者にしか味わえない。

この日のそれは、さらに強烈で、「血湧き肉躍る」ものであった。

マスターと握手した。

「大丈夫だ」と確信した。

今までやってきたこと、稽古してきたことを、素直に吐き出せばいい。

これは、今でも、いつもの高座でも、同じことである。

先生の挨拶と説明が終わり、出囃子のCDが鳴り、生徒たちの拍手が聞こえてきた。

高座に座った。

お辞儀をして顔を上げると、目の前にいるのは、どこにでもいる高校生たち。

ただ一つ違うのは、彼らが日本語とウリマル、両方の言葉を理解できるということ。

いつもの古典芸能鑑賞会と同じように、初めて落語を聴く彼らに、まずは日本語で落語の説明から入った。

そして、いくつか小噺を演じた後、落語『子ほめ』を披露。

みんなリラックスして聴いてくれて、笑い声として、きちんと反応が返ってくる。

いい感じある。

いよいよ、韓国語落語『動物園』。

言葉のレベルは、明らかに彼らの方が上である。幼い頃から、家庭で、学校で、当たり前のように使っている言葉。

対する私は、約一ヶ月半の稽古で臨んでいる。発音、イントネーション、全てにおいて、高校生たちに敵うわけがない。

しかし、噺家としての十七年の経験がある。口から発する言語は韓国語であるが、頭の中の感覚は、日本語であった。落語であった。

そして、どの言葉で演じようが、

「聴いている人、お客様を楽しませる」

この部分においても同じことである。「やること」に何ら変わりはない。

「では、ハナ、トゥル、セッ(いち、に、さん)で、ウリマル落語が始まりますよ」

「イェ!(はい!)」

「ハナ、トゥル、セッ!」

噺に入った。

高校生たちの目が、『子ほめ』の時よりもキラキラしているのが分かった。

みんな、とても興味を持ってくれている。私もノッてきた。

私の韓国語で、韓国語で演じる落語を聴いて、高校生たちが笑い声を上げている。

ちゃんと、伝わっているのだ。通じているのだ。

言葉と、面白さが。

「コッチョンマ（心配するな）。ナド　シンマノヌロ　イランダ（俺も十万ウォンで働いてる）」

サゲ（落ち）の台詞で大きな笑いが起き、拍手で終わった。

廊下に出ると、マスターが満面の笑みで待ってくれていた。

「銀ちゃん、バッチリや！」

「ありがとう」

やってきたこと、準備してきたこと、持っているもの、全てを素直に吐き出した。

昼休みの後、五時間目、落語を聴いてくれた生徒たちと一緒に、教室でディスカッションの時間を持った。

落語が始まる前の表情よりも、みんなの顔が柔らかく見える。

きっと、私も同じだろう。

僅か四十五分の公演で、みんなと打ち解けることができたように感じる。

みんな、口々にこう言ってくれた。

「チェミイッソ（面白い）」

なぜ、韓国語で、ウリマルで落語を始めたのか、その理由を話した。

初めて韓国に行った時、言葉ができなくて、ルーツの国なのに、ご先祖様の国なのに、自分の身体にもその血が流れているのに、そこを「祖国」だと思えず、「外国」だと感じたことを。

それが、とても悲しかったことを。

そして、「祖国」だと感じるためには、言葉が必要なんだと感じたことを彼らに話した。

一人の女子生徒と目が合った。彼女に尋ねた。

「あなたの祖国は、どこですか？」

彼女はスッと立ち上がり、私の目を見て、凛とした表情で、ごく自然に答えた。

「朝鮮です」

素晴らしいと思った。

先祖から脈々と続く流れ。

海を隔てたその向こうにある国と、今現在、自分自身が暮らしている、この日本。

目には見えない何かでつながっている。つながっていたい。

その「つながり」を感じるために必要なものは、人それぞれ、様々である。

私にとってのそれは、言葉であった。

そして彼女は、その言葉を話せるから、そう答えたのだと、私は解釈した。

彼女の答えを聴いて、私は素直に感動して、涙が溢れてきた。そして、こう言った。

「そう言える、みんなが羨ましい。僕も、そう言えるようになりたい」

私に初めて韓国語落語をやる機会を与えてくださった、大阪朝鮮高級学校には、ずっとずっと感謝している。

韓国語落語によって知ったこと

大阪朝鮮高級学校で韓国語落語の初高座を終えた翌週、二月二十八日には、大阪にある、白頭学院・建国高校でも公演をさせて頂いた。

こちらは、韓国系の学校である。

六日前に演じたので、気持ちの上で幾分の余裕はあったが、油断はできない。

あれからも毎日、稽古を重ねて臨んだ。

六代目・笑福亭松喬師匠が常々、こうおっしゃっていた。

「稽古は嘘をつかん」

恥ずかしながら、韓国語落語に取り組んで初めて、松喬師匠の言葉が身に染みた。

体育館に、中学生と高校生、先生方、保護者の皆さん、総勢三百人近くも集まってくださり、大いに盛り上がった。

前回同様、ハマンのマスターも顔を出してくれた。そして、神戸から父も来てくれた。

終演後、父に感想を聞くと「面白かった」と笑顔で答えてくれたのが、とても嬉しかった。

さらに、落語作家の小佐田定雄さんと、演芸ジャーナリスト・やまだりよこさんも足を運んでくださった。

普段から私の高座を聴いてくださっているお二人の客観的な意見や感想を知りたかったので、私がお願いしたのである。

やまだりよこさんは後日、ご自身が出されているメールマガジンで、私の韓国語落語『動物園』について、次のように書いてくださった。


言葉は全然わからなかったが、調子のいいプー太郎の男や仕事をすすめる男、呆れながら喜ぶ動物園の園長など、韓国語だとこうなるの？　と驚くほど、声も顔も表情豊か。感情を出しやすい言語なんだろうか。銀瓶は日本語では見せないオーバーな動きや面白い表情もし、見てるだけで笑ってしまう。特にトラの皮をかぶった男が歩き方の練習をする箇所では、歌もうたって（韓国ではだれでも知る古い歌謡曲）男のお気楽さを強調。パンを食べる場面やライオンの登場にびくびくする最後も盛り上げ、終始笑いをとって、拍手喝采だった。

女子生徒に聞いたら「思っていたよりずっと面白かった。銀瓶さんの韓国語は上手です」と。昨年の十一月十四日から毎日欠かさないとはいえ、まだ独学で三ヶ月半しか勉強していないのに、すごい。それが、DNAなんでしょうか。

交流会では「韓国語落語の方が面白かった」と九割ぐらいの生徒が手をあげ、「日本語の落語で十七年やってきた僕としては複雑」と苦笑。

「日本語も韓国語もどちらも美しい。両方を愛さなあきません。それがみんなの使命だと思います」

全員と握手した後、「まだまだ勉強せな」とぽつり。


小佐田定雄さんは開口一番、こんな言葉をくださった。

「銀ちゃん、韓国語でやってる時の方が、表情が豊かで、オーバーアクションで、なんか、イキイキしてるように見えたなぁ。いつもの高座も、そんな感じでやったらエエんと違う？」

やまだりよこさんも小佐田定雄さんも共通して、「表情が豊か」だとおっしゃる。

これは、後日、公演を録画したものを見て、私自身も同じことを感じた。

自分なりに、その理由を考えてみると、韓国語の語尾が関係するのではと思った。

韓国語の会話は、「ヤ」とか「ヨ」で終わることが多く、しかも、その時の音が上がるのである。音が上がる分、私の「気」も上がっているのかもしれない。

そしてもう一つ、私の中の「伝えようという気持ちの強さ」も、その一因だと言える。

私の韓国語は、レベルとしては当然、まだまだである。しかし、だからこそ、その韓国語で

「何とか伝えたい。伝わるように演じよう」という気持ちが働き、「表情豊か」な高座になっているのかもしれない。

「普段、いつもの高座で演じる時も頭の片隅に、韓国語で落語をやっている時の感覚を置きながらやってみよう」

二〇〇五年（平成十七年）三月以降、こんなことを考えながら、高座に上がるようになった。

そして、二〇〇三年（平成十五年）の秋、桂雀々お兄さんから言われたことを思い出した。

「クレヨンで描いたような、荒っぽくてもエエから、輪郭を太く、ガッ、ガッと描いたような絵。そういう落語をやってみたらどないや」

少しずつ、何かが見えてきた。

韓国語を勉強して、韓国語で落語にトライしたことによって感じたことは他にもある。

それは、「日本語の美しさ」である。

歌を聴いたり、映画を観たりして、韓国語の響きに美しさを感じた。連音化（リエゾン）によって、独特の響きが生まれる。そもそも、音の数が日本語よりもうんと多い。

日本語（全国共通語）の母音は五つだが、韓国語は基本母音と複合母音を合わせると、合計二十一個にもなる。そして、子音の数も多いので、音の組み合わせが日本語よりも多くなるのは当然である。

しかし、その分、日本語は「言葉の数」が多いことに気づいた。同じ意味でも、いろいろな言い方、表現がある。

日本語の言葉の多さが表現力の豊かさを生み、だからこそ、古くから万葉集や百人一首、俳句、狂歌などが存在するのだと、韓国語を勉強するようになってから感じた。

そもそも、短歌や俳句も日本語だからできるのである。他の言語にはない、日本語の特異性が、それを可能にするのである。

さらに言うと、落語など話芸が存在するのも、「日本語だからこそ」ではないかと考えるようにもなった。

古来、日本人は、日本語の美しさを知り、日本語を大切にし、そして、日本語で楽しんでいたのだと思う。

私が建国高校で、「日本語も韓国語もどちらも美しい。両方を愛さなあきません。それがみんなの使命だと思います」と言ったのには、右のような思いがあるからだ。

韓国語落語によって、いくつかの、それまで気づかなかったことを知り、また一歩、前に踏み出すことができた。

そして、ついに、次は念願の韓国・ソウルでの公演である。

九月二十三日、金曜日、ソウルにある同徳女子大学校。

「女子大！……ヤッター」

などと、浮かれている余裕はなかった。

初の韓国公演

二〇〇五年（平成十七年）九月二十二日、木曜日、五回目となるソウル行き。

これに先立って、四月、公演先である同徳女子大学校へ行き、挨拶と下見を済ませていた。出迎えてくださった李徳奉教授は、日本語教育において韓国では指折りの先生だけあって、流暢な日本語で話をされた。

そして、李教授のもとで日本語教育を学んでいる谷誠司さんとも会った。

構成作家である戸高米友見さんの弟さんで、数年前からソウルで日本語の先生をされている。今回の公演では、通訳をはじめ、様々なサポートをしてくださる。

「韓国・ソウルで韓国語落語をやりたい」と言った私は、戸高さんとの出会いがあったからこそ、そのつながりで、公演ができるようになった。

人と人との出会いは、本当にありがたく、不思議で、そして、面白い。

会場は、客席が約三百もある立派なホールで、下見の段階でワクワクした。

念願の韓国公演に向けて、着々と準備をしてきたが、それでもやはり、行きの飛行機の中では不安な気持ちで一杯だった。

言葉が分かる在日コリアンや韓国語を学習中の日本人たちの前でやるのと、ネイティブの韓国人たちの前で落語を披露するのとでは、そのハードルの高さの違いに天と地ほどの差を感じる。

飛行機を降りるまで、小声でずっと稽古をしていた。

九月二十三日、金曜日。

午前中に同徳女子大学校に到着。校内の至る所に、私の顔写真入りのポスターが貼ってある。歓迎ムードいっぱいのキャンパスを見て、感謝と喜びの気持ち、そして、勇気が湧いてきた。高座、音響、照明をチェックして、あとは、午前十一時の開演を待つばかり。

十時五十分を過ぎると一気に学生たちがホールに入って来た。日本語科の授業の一環であるが、他の科の学生も入場可能である。

同徳女子大学校はもちろんのこと、韓国の多数の大学に日本語科が存在する。中には、高校にも。日本語や日本文化に興味を持っている韓国人、それも若者が、そんなにもたくさんいるのだという現実を、私は初めて知った。

舞台袖、幕の隙間から客席を見ると、女の子ばかりが座っている。通常の学校寄席でも女子校で落語をしたことがない私は、少々、面食らった。

しかし、刻一刻とその瞬間が訪れるにつれ、そんなこともどうでもよくなり、初めて韓国語落語を演じたあの時と同じ心境になってきた。

「今までやってきたこと、稽古してきたことを、素直に、存分に吐き出そう」

もしかすると、この日の開演直前の緊張感が、三十三年間の噺家人生で最も強く、激しかったかもしれない。

これを経験したから、その後、日本において、どんな大きなホールでも、師匠との競演でも、平常心でいられるようになった。

李徳奉教授が学生の皆さんにご挨拶と私の紹介をされた後、定刻を十分ほど過ぎて、出囃子が鳴った。

舞台下手から高座へ歩くと、大きな拍手で迎えてもらった。

「カムサハムニダ。ヨロブン　アンニョンハセヨ（ありがとうございます。皆さん、こんにちは）」

「アンニョンハセヨ」

「チョヌン　ショウフクテイ　ギンペイ　ラゴハムニダ。オヌルン　ヨロブンケ　イルボネ　ラクゴルル　ハングンマルロ　クリゴ　イルボンマルロ　ポヨドゥリゲッスムニダ（私は笑福亭銀瓶と申します。今日は皆さんに日本の落語を韓国語で、そして、日本語で披露します）」

座席の約八割が埋まったホール。学生たちは皆、真剣な眼差しで高座に注目している。

通常の落語会でもそうだが、やはり、マクラが肝心である。しかも今回は、先に韓国語でやって、あとから日本語で演じる。

日本における昨今の韓流ブームから、大阪のおばちゃんをネタに韓国語でマクラを喋り、徐々に掴んでいった。もちろんこれも、前もって用意したネタである。アドリブで韓国語を使えるほどの語学力は、まだ備わっていなかった。

　そして、落語の説明。

「座布団の上に一人の噺家が座り、全ての登場人物を一人で演じます。顔の向きを左右に変えて、人物を演じ分けます。皆さんは、それを頭の中で想像しながら聴いてくださいね。落語は想像力が大事です」

　言葉は韓国語であるが、内容は、いつもの学校寄席と同じである。

　次に韓国語で小噺を披露した。有名な、ピカソの小噺。

「美術館。たくさんの絵が展示されています。一人のご婦人が絵を見に来ました」

「まあ、素敵な絵だわ。これは、ゴッホね？」

「奥様、そちらは、ルノワールでございます」

「あら、ごめんなさい。そうね、ルノワールね。……あぁ、これも、ルノワールね？」

「そちらが、ゴッホでございます」

「……そうね、こっちがゴッホね……。あぁ、これは分かるわ。これは、ピカソね？」

「……それは鏡でございます」

　この小噺を最初に考えたのは、一体、どなたなのだろう。やはり、名作である。

　日本語でも韓国語でも、英語だろうとフランス語だろうと、面白いモノは万国共通である。

そして、韓国語落語『動物園』を演じた。

ネイティブの若い韓国人たちの「言葉に対する反応」は、在日コリアンのそれと比較すると、圧倒的に速かった。日本人に対して日本語でやるのと同じである。

まだまだ完璧ではない私の韓国語であるが、十分に伝わっていると実感した。

大きな笑い声が、それを裏付けてくれている。

「落語って、スゴイな」

素直にそう感じた。

確かに、私はたくさん稽古をして臨んだ。そんなことは当たり前である。

しかし、今この会場が韓国人大学生たちの笑い声に包まれているのは、私の力以上に「落語の力である」と思った。

若い頃、桂ざこば師匠が我々におっしゃったことは当然のことである。

「ネタに感謝せえ。噺に感謝せなアカンぞ」

落語のお蔭で、今、ここにいる。

韓国語に続き、日本語で『時うどん』を演じた。うどんは韓国にもあるし、日本同様、箸を使う文化である。

とにかく、日本語科の学生たちの語学力に驚いた。全ての日本語が通じる。しかも、大阪弁まで。

あとで知ったのだが、彼女たちの多くが普段からネットなどで日本のテレビ番組を見ていて、日本のタレントのこともよく知っていた。

NHKの『家族に乾杯』を見て、私の師匠を知っている学生もいたほどである。

後半は、韓国にいるのか、日本にいるのか、分からなくなるほどであった。

韓国語と日本語、一席ずつ落語を演じた後、私は学生たちに尋ねた。

「イルボネ　ラクゴ　オッテッソヨ？（日本の落語、どうでしたか？）」

「チェミイッソヨ〜！（面白いです）」

この言葉を聞けて、韓国公演をした甲斐があったと素直に感じた。

もちろん、「笑福亭銀瓶さん、面白いです」と言ってもらいたいし、そう思って頂きたい。

しかし、韓国で韓国人たちの前で落語をやるからには、こう感じさせないといけない。

「日本の『落語』って、面白いなぁ」

在日韓国人のことを韓国語で「チェイルキョポ」と言う。

私は挨拶の冒頭、当然、この言葉を使い、自分のルーツがここにあるということを学生たちに話した。

彼女たちは「へェ〜」と、少し驚きに似た反応を見せた。

しかし、だからと言って私に下駄を履かせてくれるわけがない。

「銀瓶さんのルーツは韓国だから、極力、笑ってあげましょう」

こんな風に考えるわけがない。それは私も嫌だ。

だから、当然のことながら、私は「噺家として」舞台に立つ。韓国人たちに、「日本には落語という面白いモノがある」と感じさせなければ、やる意味がない。

そして、日本語を勉強している若い学生たちに、最後にこう言った。

「私の韓国語はまだまだです。もっと勉強しないとダメです。そして皆さんも、もっともっと日本語を勉強してください。日本語がより分かると、今日、面白いと感じた落語をもっと楽しめます。落語には他にもたくさんの噺があります。日本語をさらに勉強すれば、その魅力をもっと深く感じることが、知ることができるはずです」

一九八八年（昭和六十三年）、弟子入りしてすぐの私に師匠が言ったこの言葉。

「お前、韓国語できるんか？」

その一言が、十七年経って、形になった。

その一言が、私の目の前に扉を作り、その扉を私に開けさせた。

もっともっと、恥をかけ

韓国語落語という未知なる世界へのチャレンジでスタートした二〇〇五年（平成十七年）であ

るが、新しいことはこれだけではなかった。

四月から毎週金曜日、ＭＢＳラジオの人気番組『こんちわコンちゃん　お昼ですょ！』のレギュラー出演が始まった。

この中で私のコーナーを持たせて頂いた。三月の打ち合わせで、スタッフと話し合った際、こんなやり取りがあった。

「銀瓶さんがやりたいことをやってください」

「僕、文章を書くのが好きなので、エッセイの朗読をしたいです。一週間に身の回りで起きたことをエッセイにして、それを自分で朗読するというのは、どうですか？」

「いいですね。やりましょう！」

そういう経緯で生まれたのが「銀瓶人語」である。

毎週、約一千文字、ゆっくり朗読して三分半くらいのエッセイを書くのだが、すんなり書ける週もあれば、何を書こうかと悪戦苦闘した週もある。

コーナーが始まってしばらくすると、リスナーの皆さんから、なかなかの高評価を頂くようになった。番組へ「銀瓶人語、毎週、楽しみにしています」という葉書、ＦＡＸ、メールを頂いたり、落語会のお客様から「銀瓶人語、好きです。いつも聴いてますよ」と声をかけて頂いたり。ラジオの、それも人気番組の影響力は流石である。

そうやって喜んで頂けると、当然、私も嬉しくなり、「何とか良いものにしよう」と、毎週、毎週、一所懸命に書いた。

「これ、面白いから本にしましょう」

出版社から声がかかり、六年後、二〇一一年（平成二十三年）四月、この世に初めて私の本が出た。その名もズバリ『銀瓶人語』。

落語の取り組みとしては、師匠との落語会『鶴瓶、銀瓶をしごく会』が、五月十四日と十月七日に催された。一年に二度も師匠と競演させて頂けるというのは、弟子として本当にありがたく、光栄なことである。

この落語会は、私がかけた一本の電話から生まれた。

その前年、二〇〇四年（平成十六年）十一月の終わり頃、まだ、韓国語落語をする気も何も起きていない頃、師匠の奥さんに相談の電話をした。

師匠ご夫妻は、師匠の落語会やトークライブ、あるいは、一門会を催す会社を運営されている。

私は年が明けたら、自分の小さな落語会を新たにスタートさせようと考えていた。そこで、予約の受付や当日のお手伝いを、その会社のスタッフさんにお願いできないかと思い、奥さんに尋ねた。

「自分の新しい落語会を始めるにあたって、スタッフさんの手を貸して頂きたいんですが」

「いいわよ。……銀瓶くん、その新しい落語会、ウチが主催でやったらどう？」

「いえいえ、そんな大そうな会じゃないんです。小さな所を借りてやるつもりですから」

「実は来年、西宮北口にあるプレラホールで、何か始めようかという話があってね、そこでやったら？」

「プレラホールですか？　お客さん、どれくらい入るホールなんでしょう？」

「確か、三百って、聞いたけど」

「三百？　無理です、無理です。奥さん、今の僕に三百のキャパは無理ですよ」

「銀瓶くん一人でやらなくても、主人とやったらエエやない」

「えっ、師匠と僕の落語会ですか？　いえいえ、それこそ無理ですよ。分不相応というか、おこがましいというか、それはダメでしょ……」

「かまへんやないの。やればいいのよ。私から主人に話しておくから」

「寝耳に水」と言うか、「瓢箪から駒」と言うか、とにかく、奥さんの提案で話がトントン拍子に進み、実現と相成った。

五月十四日の第一回目は、緊張で何が何だか分かっていなかった。

先に私が一席やり、次に師匠が中トリで一席演じ、休憩後、トリで私がもう一席。

師匠が大爆笑を取って客席を揺らした後に、弟子が出るのである。

その時に持てる力を何とか振り絞ったが、結果は惨憺たるものだったと、自分では思っている。だが、いい経験をさせて頂いた。

二回目となる十月七日は、前回よりは善戦できたものの、やはり、師匠の壁は厚く、高く、大きかった。当たり前である。

しかし、師匠も全力で取り組んでくださっていることが嬉しかった。

弟子を相手にフルスロットルで喋っているのを舞台袖で見て、心からありがたいと思った。

「いつの日か、相撲で言う、金星を取ってやる」

こう思うようになった。

『鶴瓶、銀瓶をしごく会』は、二〇〇七年（平成十九年）まで年二回ずつ、計六回催された。

この時期に、このような経験を積めたことは、その後の大きな財産となった。

韓国語落語のみならず、自分を成長させてくれる、いろいろなことが重なり、この年の秋、少し体調を崩した。

一月から、ずっと緊張状態が続いていたからだろう。

私はいつも、自分自身をコップのような、何か器に例えている。

きっと、二〇〇五年（平成十七年）の私は、標準サイズのコップだったのだ。

それまでは溢れるほどの水が入ってくることはなかったのであるが、そこに一気に水が注がれたため、たちまち溢れてしまったに違いない。

そうやって、注いでは溢れ、注がれては溢れを繰り返しているうちに、コップが少しずつ大きくなり、知らぬ間にジョッキサイズになり、盥ほどの大きさになり、浴槽くらいデカくなり、最後はどこまで大きくなるのか分からないが、その繰り返しで、成長していくのだと思う。

今の私は、ジョッキだろうか、盥だろうか、それとも、標準サイズのコップのままか。

師匠は、どれくらいの大きさの器なのだろう。

きっと、とてつもなく大きい。

師匠も、今までに水が溢れたりしたのだろうか。

かつて、師匠はこんな言葉をくださった。

「銀瓶、いっぱい恥をかけ。もっともっと、恥をかけ」

水が溢れてもいいということだ。

溢れないとダメだということだ。

天満天神繁昌亭オープン

二〇〇六年（平成十八年）が始まった。

年が明けて早いうちに、二回目のソウル公演が決まった。

前年の内容が良かったということもあるが、やはり、韓国の大学関係者の皆さんのお蔭である。ネイティブの韓国人はもちろん、韓国で働いている在日コリアン、そして、多くの日本人の方々が私の落語公演に力を貸してくださった。

九月二十一日の高麗大学校での公演を皮切りに、二十二日と二十三日には、前年に引き続き、同徳女子大学校と時事日本語社という日本語学校での公演。

高麗大学校は韓国でも指折りの大学だ。そのような大きな学校で公演ができると知り、早くから気合いが入っていた。

韓国語の新しい演目を『時うどん』に決めた。

稽古の段階になると、もちろん、ハマンのマスターの協力が必要なのであるが、そこに新たな心強い助っ人が現れた。大阪の語学教室で韓国語を教えている、李相淵（イ・サンヨン）先生である。

二〇〇五年（平成十七年）の春頃から、その語学教室のお世話になり、李先生が私の担当になってくださった。先生はネイティブの韓国人であるから、使う単語、言い回しなどで、生きた韓国語を教えてくださる。

落語を知らない先生とディスカッションをしながら、少しずつ『時うどん』の台詞を決めていった。

ほとんど忠実に韓国語に翻訳していくのであるが、中には、「こう言った方が韓国人は笑います。韓国人が楽しめますよ」という先生のアイデアで決めた細かい台詞もあった。

そうやって、九月のソウル公演に向けて、着々と準備を進めた。

その前に、上方落語の歴史に新たな一ページを記すこととなる、大きな出来事が起きた。

九月十五日、「天満天神繁昌亭」がオープンしたのである。

その三年前、二〇〇三年（平成十五年）に上方落語協会会長に就任された桂三枝師匠（現・桂文枝）の「大阪にも落語の定席を復活させたい」という熱い想いから生まれた。

世間の皆様から多くのご寄付を頂き、大阪市北区、「天満の天神さん」として親しまれている大阪天満宮の北側に立派な建物が完成した。

オープンを一ヶ月後に控えた、八月十七日、繁昌亭の周囲に噺家の手で植栽するため、初めてその場所を訪れた。

劇場内、天井を見上げると、たくさんの提灯がぶら下がっている。そしてそこには、ご寄付くださった皆様のお名前が記されている。

自然と涙が溢れてきた。

「上方の噺家の皆さん！　ここで思う存分、面白い落語、エエ噺をやってや！」

多くの方々のそういう想いが詰まった劇場なのだと感じた。

そして、九月十五日、ついに、天満天神繁昌亭が開館。

一日、三回公演。全て、満員札止め。私は夜の部に出演させて頂いた。

口上では、桂三枝会長も私の師匠も涙を流しておられた。

「噺家が一つになって」取り組めば、きっと、繁昌亭が、そして上方落語がもっといいものになる。そのことを痛感した夜だった。

二度目の韓国公演

二〇〇六年（平成十八年）九月二十一日、木曜日。

韓国・ソウル、高麗大学校のキャンパスに立った。二年続けての韓国公演を祝うかのような快晴。

会場の下見を済ませ、午後三時頃、広大なキャンパスの片隅でブツブツと最後の稽古をしていると、近づいて来た十人ほどの学生が日本語で話しかけてきた。

「あの～、ギンペイさんですか？」

「はい」

「ワア～」

「なぜ、僕がギンペイだと分かったんですか？」

「もうすでにギンペイさんをビデオで見ました」

なんと、公演に先立ち、午前の授業で私に関する映像を見てくれていたそうだ。

嬉しさとともに、ほど良いプレッシャーも高まってきた。

会場とは少し離れた所にある楽屋で着物に着替え、キャンパスを歩いた。日本の着物を初めて目にするのか、あるいは、興味があるのか、すれ違う学生たちが私に好意的な目を向けてくれていることが分かった。

私の隣には、日韓関係に詳しい、静岡県立大学国際関係学部教授の小針進《こはりすすむ》さんがいらっしゃった。公演を見るために、わざわざ日本からお越しくださったのだ。

小針さんが私におっしゃった。

「銀瓶さん、高麗大学校は民族主義の牙城のような大学でもあるんです。そんな大学で、銀瓶さんが日本の着物で歩いても、誰も否定的なことを言わない。そして、日本の伝統芸能である落語を披露する。昔では考えられないことです。ちょっとした歴史的出来事ですよ。韓国も変わったんです」

午後五時開演。大きな階段教室といった感じの会場には、日本語を学んでいる学生を中心に約三百人の方々が集まり、超満員となった。通路に座っている人もいれば、立ち見の人もいる。その教室では以前、大江健三郎さんが講演されたこともあったと言う。

演目は韓国語で『時うどん』、そして、日本語で『ちはやふる』、この二席の予定であったが、韓国に来る少し前に、高麗大学校では韓国語で『動物園』も演じることを決めた。

ある新聞記者さんから、こんなアドバイスを頂いたからだ。

「『動物園』にはトラが出てくるでしょ。トラは高麗大学校のシンボルですから、『動物園』をされたらどうでしょう」

そして、台詞に少しアレンジを加えた。

「死んだトラの皮を着て、動物園でトラになる仕事があるんや。お前、トラせえ！」

「トラ？……おじさん、それホンマに僕にピッタリの仕事ですか？」

「あぁ。トラは高麗大学校のシンボルや。お前、高麗大学校卒業やろ？」

「違いますよ〜。中退ですよ〜」

「中退？……まあ、ええわ。やれ、やれ」

その新聞記者さんのアドバイスは当たった。

サゲの台詞、「心配するな。俺も十万ウォンで働いている」を言った途端、会場内は拍手と「ウワァ〜！」という大歓声。

続いては、新たに取り組んだ韓国語落語『時うどん』。

変なお客さんが来たことによって起きるトラブル。そこから生まれる笑いは、万国共通である。うどん屋の主人の驚き、嘆き、そして、怒りの台詞。これに、韓国語がピッタリと合った。

最後は日本語で『ちはやふる』。

俳句や川柳、短歌、そして、百人一首の説明をして噺に入った。

高麗大学校には、そういったことにも詳しい学生が多いようで、すんなりと聴いてくれる。

そしてやはり、彼らの語学力に驚かされた。日本人の前でやっているのと同じ箇所で笑いが起きる。

二十二日の同徳女子大学校、二十三日の時事日本語社での公演でも、同じように喜んで頂くことができた。

全ての公演でアンケートを書いて頂いたのだが、ほとんどが日本語で書かれていた。

「落語って、とても面白いんですね」

「落語に接することができて本当に良かったです」

「ぜひ、毎年やってください」

私は公演の最後に、こう締めくくった。

「皆さんの語学力なら、他の落語も楽しめるはずです。もっともっと日本語を勉強すると、さらに落語を好きになります。日本の落語に、どんどん触れてください。周りの皆さんに、日本には落語という素晴らしい文化があるということを広めてください」

自分のルーツである韓国に「また一歩近づけた」と実感し、そして、「落語が持つ力」の凄さを改めて感じた三日間だった。

高麗大学校での公演の後、先生方、数人の学生たちと食事会をした。

一人の男子学生が私に言った。

「銀瓶さん、韓国語でされた『時うどん』も、日本語でされた『ちはやふる』も、どちらも面白かったです。楽しめました」

「ありがとうございます」

「しかし、両方聴いて思ったんですが、落語はやはり、日本語で聴く方が、味がありますね」

私の韓国語のクオリティーが、ネイティブのそれと比較して、まだまだであるということも要因の一つであろうが、しかし、とても嬉しかった。

「落語は日本語で演じて、日本語で聴いてこそ、落語」

他の言語ではなかなか難しい、日本語の微妙な言い回しや表現。

他の言語にはない、日本語の特異性。

これが、落語に合っているのである。

韓国公演をすることによって、普段は忘れがちなことを改めて思い起こすことができる。

韓国公演の広がり

二〇〇七年（平成十九年）、前年九月に繁昌亭がオープンしたことにより、空前の落語ブームが訪れ、繁昌亭はもちろんのこと、それ以外の落語会にもたくさんのお客様が足を運ばれるようになった。

毎日やっている定席があるのと、ないのとでは、雲泥の差がある。

繁昌亭ができたことによって、当然、高座に上がる回数も増えた。

昼席では与えられた出番順によって持ち時間が違う。

十五分ならどう短くするか、二十分の時にはどのネタにするのか、自分より先に出た噺家の雰囲気、自分の次に出る演者のキャラクター、こういったことも含めて、「今日はどんなテイストで演じることが、ベストなのか」ということを考えるようになった。

そして、夜席で自分が繁昌亭を借りて自主公演をする場合には、好きなことができる。

繁昌亭の誕生は、お客様を増やすだけではなく、「自分の高座をどう演出するのか」ということを噺家がより深く考えるきっかけを与えてくれたと思っている。

この年は春と秋、年に二度も韓国公演を催すことができた。

そして、嬉しいことに、日本の外務省の管轄である国際交流基金・ソウル日本文化センターのご協力も頂けるようになった。

特に、当時の所長、小林直人さんのお力添えのお蔭で、公演先が増えたのである。

春は四公演。

三月十二日は、昼夜掛け持ちだった。

まず昼に、ソウルの中央大学校で公演。

そこには、日本からハマンのマスターが駆けつけてくれた。以前からマスターにこう言っていた。

「いつか、韓国人が笑っているところをマスターに見てもらいたい」

それが、ついに実現した。

補助椅子、立ち見を含めて、約二百五十人の学生が韓国語と日本語の落語を聴いて、大笑いしている。

最後の挨拶で、学生の皆さんにマスターを紹介した。

「この人と一緒に韓国語落語を作ったんです」

大きな拍手に包まれた。

夜は、ソウルにある国際交流基金のホールで催した。

韓国人と日本人、合わせて約百五十人のお客様の前で、韓国語で『時うどん』、日本語で『動物園』を演じた。

終演後の打ち上げで、国際交流基金の女性スタッフ・金営伸（キム・ヨンシン）さんがいいネタをくださった。『時うどん』の中で、うどんのダシを飲んだ後、「美味いなぁ〜」という意味の「マシッタ〜」という台詞があるのだが、それに対して金営伸さんが言った。

「銀瓶さん、そこで『クンムリ　クンネ　ジョヨ！』と言えば、面白いですよ」

「なんですか？　それ？」

「韓国のスープの素のCMで、有名な台詞なんです。韓国人なら誰でも知っています」

「カムサハムニダ〜！」

翌、三月十三日は光州へ移動。ソウル以外の都市での公演が実現し、とても嬉しかった。光州の全南大学校も大きなキャンパスである。至る所に私のポスターが掲示されている。歩いている私を見て、学生たちが「ラクゴ、ラクゴ」と言っているのが、可笑しかった。

韓国語で『時うどん』を演じた際、前夜、金営伸さんが教えてくださったCMの台詞「クンムリ　クンネ　ジョヨ！」を使うと、見事にウケた。ご当地ネタは大切である。

夜は、大学近くのお店で、先生方や学生の皆さん合わせて、総勢四十人ほどで打ち上げをした。

数人の男子学生と話した際、韓国語で彼らに言った。

「日本語を勉強している皆さんたちが、韓国と日本の新しい時代を作ってください。作らないといけない」

みんな、大きく頷いていていた。

落語でウケたことより、こんな会話ができたことの方が嬉しかった。

三月十四日は釜山へ行き、釜山外国語大学校で公演した。

大学のホールに到着し、舞台設営をしていると、先生が屏風を運んできてくださった。

それは、たまたま倉庫にあった屏風で、少し開いてみると、数羽の鶴の絵が刺繍してあるのが見えた。

「僕の師匠の名前は笑福亭鶴瓶ですから、ちょうどいいです」と、高座の上手と下手に置くことにした。

そして、屏風を全部開くと、屏風の左側には松の木の刺繍があった。

「松と鶴?……ん?」。

もしやと思い、屏風の右を見ると、そこに漢字の刺繍を見つけた。

「松鶴」とあった。

「松鶴。松鶴師匠や!」

もちろん、松と鶴の絵は日本にもあるし、韓国にも存在する。松と鶴の絵が書かれた屏風があって当然であり、そこに「松鶴」の文字が入っていても不思議ではない。

しかし、これから私が落語をする、しかも、初めて訪れた釜山の大学で、何も知らない韓国人の先生が、たまたま運んで来た屏風に、松と鶴の絵とともに「松鶴」の文字が入っている。

こう思った。

「俺は、守られている」

ありがたい屏風を味方につけ、その日も躍動感いっぱいに演じることができた。

十月には、五公演もさせて頂いた。

韓国語の勉強をしたことによって、韓国語落語が生まれ、その結果、それまで出会ったことのない様々な人たちとお近づきになり、多くの方々から力を貸して頂き、たくさんの経験を積むことができた。

そして、それがまた、思いがけない形となって、私に新たな扉を開けさせることとなった。舞台『焼肉ドラゴン』への出演である。

第十章　舞台『焼肉ドラゴン』

焼肉ドラゴン

噺家になって二十周年となる二〇〇八年（平成二十年）は、まさに、節目に相応しい年となった。その象徴が、舞台『焼肉ドラゴン』である。

前年の夏頃、所属事務所のマネージャーから電話がかかってきた。

「銀瓶さんに、お芝居の出演依頼がきています」

「芝居？」

「新国立劇場が主催する『焼肉ドラゴン』というお芝居で、来年四月に東京で上演して、五月には韓国のソウルでも上演するそうです」

「なんで、僕に……」

人と人とのつながりは、実に面白く、そして、ありがたいものである。

『焼肉ドラゴン』は、日本の「新国立劇場」と韓国の「芸術の殿堂」による日韓合同公演で、キャスト、スタッフ、全てにおいて、日本人と韓国人が入り混じって制作する。

公演を翌年に控えた二〇〇七年（平成十九年）、新国立劇場の制作スタッフが、韓国にある国際交流基金・ソウル日本文化センターへ挨拶に訪れた際、当時の所長、小林直人さんが私のことを話してくださった。

「笑福亭銀瓶さんという大阪の噺家さんが、韓国にルーツがあり、韓国語でも落語をされていますよ」

それを聞いた新国立劇場側が私に興味を持ってくださり、白羽の矢が立ったというわけである。

韓国語落語をしていなかったら、絶対に生まれていない話である。

二月二十九日から東京都渋谷区のマンスリーマンションで単身赴任生活が始まった。

四月十七日の舞台初日に向けて、翌日から約一ヶ月半に及ぶ、濃密な稽古がスタートする。

お芝居の舞台となっているのは、一九七〇年（昭和四十五年）頃の関西、大阪国際空港（伊丹空港）周辺という設定。

タイトルと同じ「焼肉ドラゴン」という焼肉屋があり、そこに住む、在日コリアン一家を描いたストーリー。

私を含む、日本側の出演者九人は日本語の台詞だけであるが、五人の韓国人俳優たちは、韓国語と日本語、両方の台詞がある。

東京、ソウル、両公演とも、日本語の台詞には韓国語で字幕を出し、韓国語の台詞には日本語の字幕が出る。

私はそれまで、何度か芝居の経験はあったのだが、『焼肉ドラゴン』は全くの別物であった。作・演出の鄭義信（チョン・ウィシン）さんはもちろんのこと、新国立劇場が主催するとあって、美術、照明、音響など、ありとあらゆる分野において、日本を代表するスタッフが集結した。

そして、日韓両国のキャストも舞台経験豊富なメンバーばかり。

稽古初日の三月一日、新国立劇場の広い稽古場で初めて全員と顔を合わせ、緊張感が漂う中、本読みをした時、ただ一人、自分だけが浮いているような気がした。

自分が大変な仕事を引き受けたのだということを、その時になって、ようやく悟った。

このお芝居には、在日コリアンの役、ネイティブの韓国人の役、そして、日本人の役がある。

私が演ずるのは日本人で、クラブ支配人の長谷川豊。既婚者であることを皆に隠し、クラブで歌手をしている美花（焼肉ドラゴンの三女）と不倫関係にある。

長谷川豊の年齢は三十五歳で、水野あやさんが演じる、妻・美根子は五十三歳。

稽古の休憩時間、脚本を書かれた鄭義信さんに尋ねた。

「嫁ハンが十八歳も年上って、エライ離れてますね」

「銀瓶さんが、年上の女性が好みだと聞いたから」

一体、誰からの情報なのだろう。

和やかな雰囲気で、和気藹々とした空気の中、しかし、厳しい面は厳しく、稽古が進んでいった。

当初、少しぎこちなかった韓国人の役者、スタッフたちとも、稽古終わりで何度も飲みに行き、会話を重ねることで関係性を深めていった。

私にとって、韓国語の勉強にもなった。そして彼らは、私に日本語の台詞について質問してくる。私はイントネーションを伝えたり、「その言葉の前で少し間を置いた方が、聞きやすくていいと思う」など、アドバイスをした。

それは、日本人の役者にとっても同じことであった。芝居の舞台が関西であるから、日本語の台詞は全て関西弁である。

関西出身の出演者は、私と朴勝哲（パク・スンチョル）さんの二人だけだったので、他のみんなから尋ねられる。

「銀ちゃん、これは、どんな感じで言えばいいのかな？」

「銀瓶さん、私の関西弁、合ってますか？」

方言指導として、大原穣子さんがいらっしゃったのだが、大原さんから「銀瓶さんも教えてあげてね」と、お墨付きを頂いた。

気になる台詞について指摘すると、翌日にはほぼ直っていた。

私は、みんなの「耳の良さ」に驚いた。

そして、その「耳の良さ」は韓国人俳優たちにも言えることで、彼らは、日本語の台詞をどんどんとマスターしていった。

当然、韓国人が一ヶ月半の稽古で習得した日本語は、イントネーションとしては少し変である。しかしそれが、一九七〇年頃の在日韓国人一世が使う日本語として聴くと、ピッタリなのである。

鄭義信さんは、そんなことまで想定されていたのであろうか。

そうやって毎日続く稽古の中で、私は、ある壁にぶち当たった。

リミッターを外す

「すんませんでした」

芝居の中盤、韓国の俳優・申哲振（シン・チョルジン）さん演じる、焼肉店の主人・金龍吉（キム・ヨンギル）に、長谷川豊が謝るシーン。

店でみんな楽しく過ごしているところへ、以前から不倫を疑っていた妻・美根子が突然やって来て、結婚をしていること、それを隠して美花と交際していること、その全てがバレてしまう。

大喧嘩の末、美花は家の奥へ逃げ込み、美根子は「別れんから……うちは、ぜったい別れてやらんから……」と言い残し、泣きながらその場を立ち去る。

我に返った長谷川は、娘はもちろんのこと、家族全員が騙されていたことを知り、憤怒の形相を浮かべている龍吉の前に進み出て、謝罪の言葉を口にする。

稽古場で初めてそのシーンの稽古をした際、私は、かなり抑えた声で、ボソッと言った。

「すんませんでした」

「銀瓶さん。その『すんませんでした』って台詞、全然、謝ってないです」

演出家の鄭義信さんからダメ出しをされた。

「もっと謝ってください」

そう言われて、次は、もう少し大きな声を出した。しかし、同じことだった。三回目は、もっと大きな声を出した。それでも、鄭義信さんの言葉は変わらない。

「まだまだ、謝ってない。もっと謝って」

数日間、そのシーンになると、同じことの繰り返しであった。

謝罪の気持ち、感情を込めてやっているつもりだった。しかし、鄭さんから見ると、「つもりの演技」としか映らなかったのかもしれない。

ふと思ったのが、「落語における演じ方」であった。

これは、噺家によって様々な考え方があり、答えは決して一つではないはずであるが、あくまでも笑福亭銀瓶の考えである。

落語も演劇も、どちらも「演じている」という点では共通するのであるが、演じ方の「度合い」というか「色の濃さ」というモノが、演劇と比べると落語の方が弱いような気がする。落語の方が「サラッとしている」と言うか。

落語は「想像の芸」である。噺家が高座で数人の登場人物になり、一人でそれぞれの台詞を声に出し、身振りや手振り、顔の表情などで演じ分け、その話の空気、世界をお客様に伝える。お客様はそれを見て聴いて、頭の中で絵を想像する。演劇同様、客の目の前には「噺家が演じている様子」が存在しているが、客が笑ったり泣いたりする「対象となる絵」あるいは「対象となる映像」は、客の頭の中に浮かんでいるモノだったり、客が想像したモノだ。なので、落語は演劇以上に、お客様に想像してもらうことが大事である。

一席の落語を最初から最後まで全て、「芝居のような感じ」、「演劇のようなテンション」、「芝居のような気持ちの乗せ方」でやってしまうと、聴く側がちょっとしんどいと言うか、それはもう「落語ではない」ような気がする。

落語は「想像の芸」なので、演劇のようにリアルに色濃くやってしまうと、お客様が「逆に想像できない」。状況によっては、感情の込め方をサラッとさせた方が、お客様の頭の中に絵が浮かぶ。

それ故、落語は、やり過ぎるとダメ、演じ過ぎると逆効果、だと思っていた（あえて、過去形にしている）。

演じ過ぎると、お客様が想像するのに、かえって邪魔になってしまうのではないか。

喜怒哀楽、全ての感情を十割ではなく、八割か七割か、場合によっては五割くらいまで抑えて表現した方が、お客様が想像しやすいのではないか。

そう考えていた。

いろいろと考えた結果、このような「演じ方の違い」についての概念が、私の中にこびりついているのではと思った。

自分の中に、リミッターのようなものが存在し、「落語をする時の感覚」のまま、長谷川という役を演じていたのではないか。

そこで、半ばヤケクソ気味になって、自分の中のリミッターを外し、ありったけの声と感情で、叫ぶような感じで「すんませんでした」と台詞を口にした。

「ん〜、まあ、そんな感じかな」

鄭さんの口調は、渋々ＯＫ、といった響きに聞こえた。

それからも、「すんませんでした」は、ダメ出しを受けたり、ＯＫが出たりの繰り返しだった。

それは、稽古の段階だけでなく、四月十七日の本番が始まってからも同じだった。ダメを出されたり、時々、「今日のは良かったですよ」と言われたり。

なかなかすんなりとは上手くいかないのであるが、「自分の中のリミッターを外す」という感覚は何とも心地よく、「こういうことが必要なのかな」と考えるようになった。

そうやって、試行錯誤を続けていくうちに、二〇〇三年（平成十五年）の秋、桂雀々お兄さんから言われたあの言葉を思い出した。

「これからは、そやなぁ、クレヨンで描いたような、荒っぽくてもエエから、輪郭を太く、ガッ、ガッと描いたような絵。そういう落語をやってみたらどないや」

リミッターを外す。

「落語でも、リミッターを外してみよう」

こう考えるようになった。

龍吉の言葉はハンメの言葉

小さな積み木を一つずつ丁寧に重ねていき、ある程度の高さまで積み上がると、思い切って崩してしまい、また最初から、一つずつやり直していく。

舞台『焼肉ドラゴン』の稽古を通して、私はそんな感覚を抱くようになった。

稽古中、私はこう思っていた。

「この芝居、本当に面白いのだろうか？……感動するのだろうか？」

半信半疑で演じていたように思う。

ところが、四月十一日から、稽古場ではなく新国立劇場の舞台上に本番と同じセットを組み、衣裳をつけての通し稽古が始まると、周囲の空気だけではなく、自分自身の感情も変化していった。

他の役者さんの台詞を聞いて、素直に「面白い」と感じたり、自分が出ていないシーンを客席で見ながらゲラゲラ笑ったり、ラストシーンでは自然と涙が出るようになった。

四月十六日のゲネプロでは、多くの関係者たちが客席に座った。笑い声が起こり、すすり泣く声も聞こえた。

「芝居を信じよう。演出の鄭義信さんが言うことを信じよう。今まで稽古してきたことを信じよう」

初日を前にして、やっと、こんな心境になれた。

四月十七日、ついに、舞台『焼肉ドラゴン』の幕が開いた。

十四人のキャストが持てる力の全てを発揮し、陰で支えるスタッフがプロの仕事をして、素晴らしいスタートを切ることができた。

初日は空席も目立ったが、日に日にチケットの売り上げが伸びていった。

新聞に記者の感想が掲載されたことも大きいが、とにかく、口コミの評判がすごかったそうだ。演劇ファンの間で、「あの芝居、とてもイイらしいよ」と、瞬く間に広がり、途中からソールドアウトの日が続いた。

そしてなんと、サザンオールスターズの桑田佳祐さんがお越しになられ、ラジオで『焼肉ドラゴン』のことを褒めてくださった。

私の師匠も足を運んでくださり、「良かったわ～」と笑みを浮かべてくださった。

客席の熱気が、初日の頃と比べると全く違うことを舞台上で感じた。

カーテンコールの回数が増え、スタンディングオベーションをされるお客様が続出した。

四月二十七日、千秋楽の開場前、新国立劇場の前には、このように書いた紙を持つ人がたくさんいたそうだ。

「余っているチケットがあれば、譲ってください」

これだけ高い評価を得ても、毎日、毎日、お客様が声を出して笑い、感動の涙を流しても、演出家・鄭義信さんの言葉は変わらなかった。

「皆さん、今日が初日ですよ」

ずっとずっと、そう言い続けた。

そして、毎回、毎回、全てのキャストにダメ出しがあった。鄭さんから見て、「できていない」と判断されたシーンは、翌日の公演前、必ず稽古をした。

正直、「しんどいな」と感じたこともあったが、鄭さんの芝居にかける情熱には頭が下がったし、演劇と落語という違いはあれど、舞台上で表現する人間として、とても刺激になった。

鄭さんは、千秋楽の開演前にも、我々に言った。

「皆さん、今日が初日ですよ」

この言葉が、私に大きな影響を与えてくれた。

「常に新鮮な気持ちで舞台に上がる」という、表現者として最も大切な感覚を植え付けてくれた。

六代目・笑福亭松喬師匠の言葉と全く同じである。

「常に、自分はこの噺を初めて喋るんやと思て、高座に上がらなアカン」

毎日が、初日である。

私が演じる長谷川豊の役は、台詞はそれほど多くはないのだが、舞台上には頻繁に出ていて、自分で言うのも何だが、重要な役である。中でも最も肝となるのは、後半、店の主、龍吉の長い台詞をじっと聴いている場面である。

美根子との離婚が成立し、美花との結婚を許してもらうために店を訪れた長谷川に、龍吉が古い話を語り出す。

在日コリアン一世の龍吉が、長谷川に日本語で語りかける。

戦後、故郷である韓国・済州島への帰国が叶わず、日本で暮らし続けることを決心した龍吉の、彼の人生を凝縮した言葉。

いつか故郷、帰るため、働いた、働いた……働いたけど、チェジュド……済州島で事件があった……お母さんも、お父さんも、兄さんも、姉さんも、妹も、親戚、友だち……みんな、みんな、殺されてしもた……わしの村……ひと晩で、丸ごと、のうなった……。

それから、朝鮮戦争があって……女房が死んで……娘二人抱えて、またわしは働いた、働いた……それから、あれと知りおうた……。

あれの村も焼かれて……（美花を指して）これ、連れて、必死で日本、逃げてきた……わしら二人とも、もう帰る村がない……。

あれといっしょになって……娘三人になった……わしは働いた、働いた……それから、時生が生まれて……わしはまた働いた、働いた……娘と息子のため、働いた、働いた……働いて、働いて、気づいたら、この年や……わしは、もう故郷、帰るのあきらめた……故郷は近い……けど、遠い……ものすごう遠い……。

それがわしのインセン……人生……わしの運命……。

この言葉を黙ってじっと聴いている間、私はハンメのことを想っていた。

戦前、十二歳で日本に来たハンメが、具体的にどんな苦労をしてきたのか、知らない。ハンメがどんな想いを持って、日本で暮らし続けてきたのか、きちんと聞いたことはない。ただ、一所懸命、働いてきたことは知っている。幼い頃から、見ている。

長谷川の前で語っている龍吉の言葉は、ハンメの言葉である。

このシーンが大好きだった。しかし、難しかった。龍吉の言葉が胸に響き、長谷川の感情が高ぶることを理想としていたのだが、なかなかうまくいかない。

龍吉の姿の少し後ろに、ハンメがいる。そんな風に想うようにした。

初日の幕が開いて数日経った、四月二十日か、二十二日、とにかく、休演日である二十一日の前後、やっと、自分で「これだ！」と思える長谷川の気持ちになれた。

芝居の最中、適度にハンメのことを感じることができた。

ハンメには元日以来会っていない。四月二十七日に東京公演が終わったら、五月のソウル公演の前、連休中にハンメに会いに行こう。

ハンメとの別れ

四月二十七日、東京公演、千秋楽。

舞台『焼肉ドラゴン』は、大盛況で幕を閉じた。

その夜の打ち上げでは、キャスト、スタッフ全員が集い、美酒に酔った。

そして、五月二十日から始まる、韓国・ソウル公演での成功を誓い、さらに結束を固めた。

四月三十日、下北沢で行われた師匠の落語会に出演させて頂いた。『焼肉ドラゴン』のキャストが数名、初めて私の高座を聴いてくれた。

「銀ちゃん、やっぱり噺家さんだったんだねぇ～」

そんなことを気軽に言ってもらえる関係になれたことが、とても嬉しかった。

二ヶ月前までは、全く知らない人たちだったのに。

その夜、久々に自宅で家族と一緒に夕食を楽しんだ。

妻も子どもたちも、「お疲れ様」と労いの言葉をかけてくれた。

「ゴールデンウィークの間に、みんなでハンメの家に行こう」

家族にそう言った。

夜遅く、そろそろ眠りに就こうかという時、妻が話してくれた。

「実は、ハンメが亡くなったんよ」

「……えっ？……いつ？」

「お芝居の公演中、四月二十一日」

「……二十一日……」

「お義父さんが『銀瓶には知らせるな。芝居に集中させてやらなアカン』って。だから、ずっと黙ってた」

「……」

布団に入って、目を閉じたが、眠れない。

夜中の二時頃だっただろうか、一人で近所の公園に行った。

そこで、ハンメとのお別れをした。

数年前から、身体が弱っていたことは知っていた。

八十八歳まで生きたのだから、大往生である。

亡くなった四月二十一日は、お芝居の休演日だった。

その前日か翌日の舞台で、やっと、自分が納得できる「長谷川豊の気持ち」になれた。

在日一世・龍吉の言葉を聴きながら、ハンメのことを想っていたあの瞬間、ハンメは『焼肉ドラゴン』の舞台に、私のすぐ傍に来てくれていたのかもしれない。

二〇〇五年（平成十七年）に韓国語落語を始めて、その年だったか、次の年だったか、ハンメの家に一人で会いに行った際、生まれて初めて、韓国語で会話をした。

私が使える単語で、簡単な会話である。

ハンメは楽しそうに話していた。

とても、不思議な感覚がした。

どこか知らない街の、韓国に住んでいる見知らぬおばあさんと話しているような、そんな感じがした。

だが、韓国語を勉強して良かった、少しでも話せるようになって良かったと、心からそう思った。

そして、ハンメが初めて日本に来た頃のことを少しだけ聞いた。

十二歳の時、ハンメの両親、そして妹、家族四人で、韓国の慶尚南道から島根県に来たそうだ。

最初は炭焼きの仕事をしていたと言う。

前にテレビの取材で岩手県を訪れた際、山で炭焼きをされている老夫婦に出会った。

仕事の様子を見せてもらったが、自然を相手にする大変な作業だった。

十二歳で祖国を離れ、働く場を求めて、見知らぬ日本へ来て、小さな女の子が学校にも通わず、炭焼きの仕事をする。

どんな気持ちだったのだろう。

「炭焼きをしている周りに、日本人はいた？」

「おったよ」

「その日本人たちは、親切だった？」

「親切やった。優しくしてくれた」

ハンメのこの言葉を聴いて、ホッとしたことを覚えている。

島根県で暮らした後、どういう経緯で結婚して、どこに住んで、どんな暮らしをしてきたのか、そこまでは聞いていない。

もっと、しっかりと教えてもらうべきだった。

神戸の霊園、山の南側の斜面に小さなお墓がある。

墓を建てる際、墓石に刻む文字のことで父から相談を受けた。

「ありがとう。これにしよ。ありがとう、しかないよ」

「そやな」

ハンメに会いに行くと、そこには、どの季節でも、いつも陽の光がたっぷりと降り注ぎ、「ありがとう」の文字も、何もかもが、キラキラとしている。

幼い頃、アパートの共同廊下で、ハンメがキムチを作っていた、あの場所のように。

焼肉ドラゴンから得たモノ

五月二十日、いよいよ、ソウル公演初日。

楽屋の中、自分のテーブルの上に、ハンメの写真を置いた。

若かりし頃のハンメが、まだ赤ん坊である私を抱いている写真。私が最も好きな写真。

第五場、龍吉の言葉を黙って聴くあのシーンでは、それを上着の内ポケットに入れて舞台に立つ。そのために持参した。

日本から、ハマンのマスター、そして、父が観に来てくれた。父と韓国で会うのは、これが初めてであった。

『焼肉ドラゴン』の前評判は上々で、全公演がほぼ完売していた。観客の期待と熱気に包まれた中、キャストとスタッフが力を合わせ、その芝居が持つ魅力を存分に表現し、大きな笑い声と感動の拍手を浴びた。

客席の大半は韓国人であるが、中には日本人のお客様もいる。東京公演同様、日本語と韓国語、それぞれの台詞に字幕がつくため、両方の台詞できちんとした反応が返ってくる。

ソウル公演は、観客の反応において、東京公演とは少し違ったシーンがあった。

第四場で、千葉哲也さん演じる哲男が恋敵との乱闘の末、こう言う。

「おれは、北へ行く」

在日朝鮮人の帰還事業で、日本を離れ、北朝鮮に行って新たな生活を始めるということである。

在日コリアンが日本から北朝鮮へ行く決心を示した、とても重い台詞。

東京公演では、客席がシーンと静まりかえっていた。

しかし、ソウル公演では、笑い声が起きることがあった。

楽屋で千葉哲也さんと「なんでかな?」と話していた。

後日、ネイティブの韓国人が教えてくれた。

「韓国人からすると、わざわざ自分から『北へ行く』ということが、ふざけて言ってるのかも、ギャグで言ってるのかもと、感じるのだと思います」

在日コリアンのことを、実は、多くの日本人が深くは知らない。

そして、韓国に住む韓国人たちのほとんども、在日コリアンに対する知識が乏しい。

中には、こう思っている韓国人もいるそうだ。

「お前ら(在日コリアン)は日本で楽に暮らしていたんだろ?」

確かに、そんな在日コリアンも存在していただろうし、悪いことに手を染めた人たちもいる。

しかし、多くの人たちが、いろんな苦労や様々な悩みを抱えて生き続けてきたことも事実である。

私のハンメや両親も、その一人なのかもしれない。

「在日のことを日本人にも韓国人にも伝えたい」

鄭義信さんが『焼肉ドラゴン』を書いた理由の一つには、鄭さんのこんな想いがあるはずだ。

ここで、念のために書いておくが、私は、「在日コリアン＝差別される側」という図式や概念でもって語られることについて、違和感を持っている。

そして、それと同様に、「在日コリアン＝悪いことをする奴ら」、あるいは、「在日コリアン＝反日勢力」というような固定観念で見られることに対しても、違和感や疑問を抱いている。

誠に平べったい言い方であるが、「いろんな人たちがいる」のである。

それは、日本人と同じように。

話の流れであるから、あえて続けるが、私は、日本という国を愛している。

この国で生まれ、この国で育ち、この国の言葉を母語とし、この国の伝統芸能（伝承芸能）である落語を生業とし、いつか、この国で死ぬ。

日本語は美しい言語である（他の国の言語と比較してということではなく）。だから、その美しい言葉を日本人自身が大切にして、正しい日本語を使うべきだと強く思っている。

世界に類のない落語という文化を生み出した日本は、素晴らしいと思う。

日本の美しい自然、風景を大切に思い、それを後世に残してほしいと願う。

拾った財布を正直に届ける人がたくさんいる、そんな国であってほしい。

ズルいことをして金儲けをする奴らが少なくて、そんな奴らが痛い目に遭うような、そんな国であってほしい。

右に書いたことについて、誠に不安を感じる昨今であるが。

五月二十五日、ソウル公演の千秋楽。

カーテンコールでは、客席全体がスタンディングオベーションとなり、最後は、脚本・演出の鄭義信さんも舞台に上がり、大きな拍手に包まれた。

涙が止まらなかった。

その日は、師匠から「銀瓶」という名前を頂いて、ちょうど二十年という節目の日であった。

そんな大切な日に、ルーツの国のステージに立って、多くの観客から拍手を頂ける。

本当に幸せな、満たされた瞬間であった。

舞台『焼肉ドラゴン』は、その年の日本の演劇界において、高く評価された。

読売演劇大賞では大賞と最優秀作品賞に輝き、さらに、朝日舞台芸術賞グランプリ、鶴屋南北戯曲賞も受賞した。

このような素晴らしい舞台に立てたことを誇りに感じている。

第十一章　覚悟と挑戦

繁昌亭奨励賞

舞台『焼肉ドラゴン』が終わり、役者から噺家に戻った。芝居の稽古が始まってからの約三ヶ月間、ほんの数回しか高座に上がっていなかった。

六月、久々の落語の出番。不安を感じるかと思いきや、とても新鮮な気持ちで、ノビノビ、イキイキとしていた。芝居で充実していたことも理由だし、稽古と本番を通じて感じた「落語でも、リミッターを外してみよう」という意識が大きな要因かもしれない。

自分の高座が変化していくのを肌で感じた。

そして、日々の落語の稽古が楽しくなっていた。

「落語の稽古は、どうやってされるんですか？」

こういう質問を受けることが時々ある。

噺家それぞれで、いろいろなやり方があるだろうが、まずは、台詞を覚えないことにはどうにもならない。

私のやり方は、まず、覚えたい噺を聴きまくる。市販のＣＤを買うなどして、何度も何度も聴き、台詞だけではなく、その噺の世界観までをも身体の中に入れるつもりで聴き続ける。

そして次に、文字に起こす。落語は耳で覚えるのであるが、台詞を整理するために、必ずこの作業をする。実はこれに最も時間をかける。

音源をベースに文字にするのであるが、この時に、「この言い方は〇〇師匠だから成立するが、自分が言う場合はどうなのだろう？」と疑問を持ちながら、客観的視点に立って台詞を吟味する。その結果、語尾や言い回しを微妙に変えたりする。

そうやって、「聴いているお客様に違和感を抱かせない」、また、「自分自身が納得して、気持ちを乗せて口から出せる」、そういう台詞にしていき、「自分用の台本」を作る。

台本ができると、次はそれを音にする。台本を読みながら、ＩＣレコーダーに自分の声で録音する。落語をやっている感じで、感情を込めて、いつもより少しゆっくりと喋って録音する。

今度は、それを聴きながら、そして台本を見ながら声に出す。視覚と聴覚、両方から情報を入れるのである。それをひたすら続ける。

一週間くらい経過すると、もう一度録音し直す。台詞が口について慣れてきているから、最初に録音したスピードでは遅すぎるのである。二回目の録音は、実際に高座でやるのと同じ速度で喋る。そして、これを聴きながら、台本を読みながら、声に出す。

そうやっていくと今度は台本が必要なくなってくる。耳から入ってくる自分の声に合わせて台詞をブツブツ言う。それを繰り返しているうちに、いつの間にか覚えてしまう。

あとは、音を聴くこともなく台詞を口から出す。いわゆる、「ネタを繰る」というやつである。ネタを繰る際には、歩きながらやることがほとんどである。河川敷や公園、スポーツジムのランニングマシンなど、とにかく、歩いている時にはいつでもできる。それ以外だと、自転車に乗っている時、お風呂の中、トイレの中、布団に入って眠くなるまでの間など。

そして、必ずテーマを持ってネタを繰るようにしている。

「今日はとにかく、台詞を間違えずに忠実に言うことに重きを置こう」、「今日は滑舌を意識しよう」、「登場人物の感情をイメージしながら稽古しよう」、「場面、場面の絵を思い浮かべながら台詞を口に出そう」など、いろいろなやり方がある。

中でも、最も大事にしているのは、イメージトレーニングである。

繁昌亭でも、それ以外の大きなホールでも、どこでもいいのであるが、自分が高座に座っている映像を思い浮かべる。客席には満員のお客様が座っている。

テレビの映像のように、カメラが自分の背後から撮っていたり、あるいは、舞台の上から俯瞰で撮影していたり、もしくは、客席から自分を狙っている絵であったり、様々である。そういういろんな角度からの映像、自分がその噺を高座でやっている様子をイメージしながら、ネタを繰る。

そんな風にしていると、時々、新しいギャグを思いついたり、「こっちの言葉の方がいいな」と、文字起こしの時には気づかなかった発見をしたりすることがある。

以前、師匠と落語の稽古について会話した際、師匠はこうおっしゃった。

「ただ、ネタを繰るんやなしに、何かを『見つける』稽古をせなアカン」

きっと、同じことだと思う。

二〇〇八年（平成二十年）十一月二十五日、午後三時三十分過ぎ。

東京での落語会に備え、早めにホテルにチェックインし、荷物の整理をしていると、携帯電話が鳴った。上方落語協会からだった。

「銀瓶さん、おめでとうございます。この度、第三回繁昌亭大賞の奨励賞に決まりました」

寝耳に水とは、このことである。

大阪に繁昌亭ができた翌年、二〇〇七年（平成十九年）から創設された繁昌亭大賞は、入門二十五年以下の落語家に与えられる賞で（輝き賞のみ入門十年以下）、マスコミ関係者や地元商店街関係者などで構成する選考委員会によって決められる。

当初は、大賞、奨励賞、爆笑賞、創作賞、輝き賞と五つの部門があったが、二〇一五年（平成二十七年）以降は、大賞と奨励賞のみとなっている。

私はこの時、まさか自分が選ばれるなどと思ってもいないし、そもそも、こういう時期に選考委員会が開かれ、受賞者が決まるのだということすら知らなかった。

賞などというモノとは、無縁だと思っていた。

「この後、夕方五時から記者会見をするので、上方落語協会までお越し頂けますか？」

「すみません。今、東京なんです」

「そうですか。では、コメントをください」

すぐに、メールで次のようにコメントを送った。

「噺家になって初めての賞です。正直、賞とは無縁だと思っていました。素直に嬉しいです。でも、これに満足することなく、自分のやるべきことをやります。そして、前進します。僕は、まだまだです」

これは、その時の本当の気持ちで、今も全く変わらない。

なぜ私が奨励賞を頂けたのか、なぜ私が選ばれたのか、それは分からない。

私とキャリアが変わらない噺家仲間で、私以上の実力を持つ噺家はいくらでもいる。

二〇〇八年（平成二十年）当時の繁昌亭での高座はもちろん、ラジオ番組への出演、韓国語落語への取り組みなど、様々なことが評価されたのかもしれない。

何が何だか分からないが、自分が選ばれたということは事実なのだから、素直に感謝して、喜ぼう。それと同時に、こんな気持ちも宿った。

「賞を頂いても頂かなくても、やるべきことに変わりはない」

何かを受賞したからといって、それで一生を安泰に暮らせるわけではない。

今日の高座がウケたからといって、明日の高座がどうなるのかは分からない。

毎日を必死にやるしかない。一生、自転車操業である。

だから、喜ぶのは、その日と次の日くらいだった。

ところが、周囲の方たちが、私以上に、とても喜んでくれるのを見た。

家族、両親、ハマンのマスター、落語会のお客様、そして、師匠。

「そうかぁ。何かを受賞すると、周りがこんなにも喜んでくれるんかぁ。……よし、ほな、来年も何か獲ったろか」

繁昌亭奨励賞の上は、繁昌亭大賞しかない。

翌、二〇〇九年（平成二十一年）は、繁昌亭大賞を目標に動くことを決めた。

繁昌亭大賞

野球の打順と同様、落語会や寄席では「何番目に出るのか」によって、その役割も違ってきて、それぞれに難しさがある。

どの順番、ポジションにもそれぞれの役目とやりがいがあるのだが、「出てみたいな」と憧れを抱いたり、実際にその出番を頂いて大きな喜びを感じ、さらに気合いが入るのは、やはり、中トリ（仲入り、休憩前の出番）、そして、トリである。

通常の落語会は、基本的には香盤《こうばん》（噺家内の序列。キャリアに準ずる）に従って決めることが多い。最もキャリアのある噺家がトリをつとめ、その次が中トリ、最も若手がトップという具合に。

上方落語協会が主催する繁昌亭の昼席は、香盤に関係なく、中トリ、トリを決める。

そして、繁昌亭大賞、繁昌亭奨励賞を受賞すると、「受賞記念ウィーク」と題して、大賞ならトリを、奨励賞は中トリをつとめることができ、そこで結果を残せば、それ以降もその出番が回ってくる。

二〇〇九年（平成二十一年）二月二十三日から一週間、受賞記念で、繁昌亭昼席で初めて中トりに出して頂いた。

韓国語落語を始めてから様々な舞台に立ち、師匠との落語会や『焼肉ドラゴン』を経験したことによって、どこに出る時も平常心でいられるようになった。

そして、高座を楽しめるようにもなった。

二〇〇八年（平成二十年）から、繁昌亭を中心に自分で主催する落語会を増やしていった。他の噺家の落語会に出演を依頼されることも大事であるが、自分の会をすることで、さらに成長できる。

そして、自分の会なら、好きなことができる。トリで長い噺を演じることもできる。

せっかく大きなネタを覚えても、それを高座にかけないと、噺の精度は上がらない。

「銀瓶くん、自分の会を持たなアカンよ」と、若い頃から先輩噺家から言われていた。

今の多くの後輩噺家たちは、私が若手の頃よりも精力的に勉強会を主催している。

二〇〇八年（平成二十年）六月から、繁昌亭で『天満の銀座』という落語会を始めた。前座とゲストを迎えて、私が二席か三席演じる会である。

さらに、他の噺家との「ふたり会」も進めていった。二人で二席ずつ演じる競演形式だと、それまで何度も喋っている演目でも、「その場の空気」で予想外の相乗効果が現れたりする。

自分が主催する落語会にしても、繁昌亭の昼席など数人の噺家が順に出る寄席にしても、自分の出番が回ってくる段階で、客席がどれくらい盛り上がっているかは、その時によって違う。

最初から誰もあまりウケなくて、ほとんど笑い声が起きていない状態で回ってくることもあれば、爆笑続きで回ってくることもある。

前者は確かにやりにくいが、「前の演者がウケなかった」ということを気にせず、淡々と自分の仕事をすればいいのだと、後に気づいた。

後者は後者で、やりにくかったりする。

「みんなウケてるのに、俺だけウケなかったらどうしよう」などと、余計なことを考えてしまうからかもしれない。

「とてもウケているこの人が作ってくれた空気に乗っかろう」

ある時期から、自然とこう考えるようになった。

とにかく、二〇〇九年（平成二十一年）はそれまで以上に高い意識を持って（それまでが低すぎただけなのかもしれないが）高座に臨んだ。

繁昌亭の昼席では、与えられたポジションで必ずその役目を果たすことを心掛け、そして夜席では『天満の銀座』や他の噺家との会など、多ければ月に二回くらい落語会を主催した。

十二月一日、火曜日の午後、上方落語協会から連絡が入った。

「おめでとうございます。第四回繁昌亭大賞に決まりました」

奨励賞の時には驚いたのだが、この時はとても冷静だった。

師匠に電話でお礼を言った。「おめでとう！」という言葉が、賞金十万円の何百倍も嬉しかった。

弟子にして頂いたご恩返しを少しはできたのかもしれない。

でも、まだまだ小さい。

ご恩返しという名の浴槽があるのなら、まだ足首ぐらいしかお湯は溜まってない。

浴槽からお湯が溢れかえるのはいつのことやら。

二人の銀ちゃん

「風間杜夫さんとの落語会、いかがですか？」

主催者からこの打診を受けたのは、二〇〇九年（平成二十一年）の夏頃だった。

俳優の風間杜夫さんが落語をされていることは知っていた。

いや、それどころか、風間さんが初めて落語をされた瞬間を私は自分の目で見て、耳で聴いていた。

一九九七年（平成九年）九月十六日、私の師匠が司会をする朝日放送の特番の収録があり、たまたま私も現場にいた。

著名人が落語に挑戦するという企画で、南原清隆さん、デーブ・スペクターさん、松尾伴内さん、福本豊さん、そして、風間杜夫さんが高座に上がった。

個性派揃いのゲストに会場は大盛り上がりで、皆さん、面白かった。

世界の盗塁王・福本豊さんが緊張を見せつつも、福本節で笑いを取り、一瞬の間があり、静まったところで「お客さんが笑うから、なに言うか忘れた」と言って、また爆笑をさらった。

そんな中、風間さんはテンポのいい江戸弁で『堀之内』を演じられ、観客を沸かせた。

舞台袖で師匠と一緒に聴きながら、「上手いですよねぇ」と驚いたことを覚えている。

風間さんが高座を降りられると、師匠も興奮していたのか、風間さんに抱きついていた。

しかし、その風間杜夫さんの相手が「なんで俺？」という疑問が湧いた。

「どうして、僕なんですか？」

「お二人とも『銀ちゃん』だからですよ」

「……あぁ、なるほど！」

私は周りから「銀ちゃん」と呼ばれている。

そして、風間杜夫さんと言えば、映画『蒲田行進曲』で演じられた「銀ちゃん」。

私が初めて風間杜夫という俳優を認識したのは、一九八三年（昭和五十八年）の人気ドラマ『スチュワーデス物語』だろうか。しかし、それ以前、子どもの頃から他のドラマや時代劇で見ているはずである。

とにかく、日本を代表する役者さん。私にとっては雲の上の存在。

そんな方が、名前も知られていない上方の中堅噺家と一緒に落語会に出てくださるなんて、思いも寄らなかった
二〇一〇年（平成二十二年）二月十四日、バレンタインデー。

京都のシルクホールにて『二人の銀ちゃん登場』という落語会が催された。

楽屋で挨拶する私に、風間さんがおっしゃった。

「銀瓶師匠、今日はよろしくお願いします」

「いえ、師匠はやめてください」

「いや〜、師匠ですよ」

芸歴も年齢も風間さんの方が大先輩なのだが、噺家の私を立ててくださる。

和やかな雰囲気のまま、開演まで少し雑談をした。

「一九九七年（平成九年）の鶴瓶師匠の番組で落語をしたことが、大きなきっかけです」

その場に居合わせたことを幸せに思った。

満員のお客様の前で、私が二席、風間さんが一席され、途中、対談もあった。

十三年ぶりに聴く風間さんの噺は、さらに磨きがかかり、観客の笑い声が響いた。

楽屋で他の噺家たちと、「モニターからの声だけ聴いてると、本物の江戸落語家みたいやなぁ」と、驚きの声を上げた。

対談では、私のことを「銀ちゃん」と呼んでくださり、それが何より嬉しかった。

終演後、主催者の方が打ち上げの宴を開いてくださり、一緒にお酒を飲んだ。

最初は「俳優・風間杜夫」だったのだが、焼酎の水割りのピッチが上がると、どんどんと「普通のおじさん」になっていくのが微笑ましかった。

飾らず、とても気さくなお人柄で、私もそこに甘えて、昔の撮影所でのエピソードなどを根掘り葉掘り聞いた。

芝居と落語が、心底好きなのだなぁということが分かった。

風間さんとの競演は『二人の銀ちゃん・アンコール公演』と題し、同じ年の十二月十九日にも、京都で開かれた。

その後もありがたいことに交流が続いていた。

そして、二〇一八年（平成三十年）九月六日、八年ぶりに、私が住む兵庫県尼崎市において、日本経済新聞社が主催する落語会で、風間杜夫さんとの競演が復活した。

もうすぐ七十歳になる人とは思えない、パワフルで、それでいて味のある高座を見せてくださった。

対談での、この会話が印象深い。

「お芝居も落語も、どちらも『演じる』という共通点がありますが、お芝居の時と落語の時で、違いってありますか？　そもそも、風間さんは落語をされている時、どういう感覚でされているんですか？」

「あのですねぇ、僕の場合はまぁ、『噺家を演じている』って、感じですかねぇ」

「なるほど」と思ったし、「流石、役者さんだな」とも思ったが、高座を横で聴いていると、「噺家を演じている」というようなモノではなかった。「噺家」だったし、もっと言うならば、シーンによっては「落語に出てくる人」にも見えた。

風間杜夫さんとは、舞台の上での対談も、酒席での会話も、どちらも飽きない。

「銀ちゃん」つながりで生まれた落語会。

師匠が「笑福亭銀瓶」と名付けてくださったから、このような、ありがたい出会いを授かったのである。

米朝師匠の一文笛

「おい、子どもが可哀そうやと思たら、たかだか五厘か一銭のおもちゃの笛、なんで銭出して買うてやらんねん。それが盗人根性ちゅうのや」

落語『一文笛』で、私が最も好きな台詞である。

この噺は桂米朝師匠が、一九五九年（昭和三十四年）に作られた落語で、当然、初めて世に出た当時は新作落語であったが、その後、米朝師匠だけではなく、米朝一門のお弟子さんはもちろんのこと、他の一門の多くの噺家が演じるようになり、今では上方落語を代表する古典落語の一つとなっている。

そして、名作である。

どの噺も、できた時は「新作」であるが、それが後世にまで伝えられ、多くの噺家が手掛けることによって「古典」になる。これは、とてつもなく凄いことである。

明治初期の大阪を舞台にした、スリを題材にした噺。二十分ほどの標準的な長さであるが、その中に、スリリングな展開があり、わざとらしくない笑いがあり、そして、人情噺的な要素も含まれ、何度聴いても飽きない。

修業中、師匠・鶴瓶の家で聴いた米朝師匠のレコードで、初めてこの噺と出会った時、ラジオドラマを聴いているような感覚がした。そして、何とも切ない気持ちにもなった。

サゲの台詞「兄貴、実はわい、ぎっちょやねん」が、痛快でもあり、また、考えさせられもして、余韻を残す、なるほど「落語的な終わり方」である（ぎっちょとは、左利きのこと）。

そして、米朝師匠の著書『落語と私』の中にある、次の一文にも通じる。

落語は、物語の世界に遊ばせ、笑わせたりハラハラさせたりしていたお客を、サゲによって一瞬に現実にひきもどす。そしてだました方が快哉《かいさい》を叫べば、だまされた方も「してやられたな、あっはっは」……と笑っておしまいになる、いわば知的なお遊びです。

「いつか、この噺をやりたい」

若い頃からこう思っていた私は、二〇〇九年（平成二十一年）の終わり頃から覚え始めた。もちろん、音源は米朝師匠である。

米朝師匠が作られた噺なのだから、当然、米朝師匠にお稽古をつけて頂き、師匠の許可を頂かないといけない。

もちろん、米朝師匠と面識はあるのだが、その頃、師匠は年齢的な問題から、高座に上がられても落語はされず、お弟子さんとの対談をされている状態であった。

そのような状況で、私にお稽古をしてくださるのかどうかは分からない。そこで、年が明けて一月半ば頃、米朝一門の桂団朝《かつらだんちょう》お兄さんに相談をした。

団朝さんは私より一年先輩だが、同い年で、若い頃から仲良くしている。二〇〇八年（平成二十年）十月に、これも米朝師匠の代表的なネタである『帯久』を教えてくださったのも団朝さんである。

さらに言うと、団朝さんも『一文笛』を持ちネタにされている。

「米朝師匠に『一文笛』のお稽古をつけて頂くことはできるでしょうか？」

「ん〜、今、ウチの師匠は、ほとんど稽古をつけてないからなぁ」

「そうですかぁ。じゃあ、難しいですかねぇ？」

「銀ちゃん、とりあえず覚えるだけ覚えとき。覚えたら俺に連絡して。一緒にウチの師匠のところに行こ。で、稽古をお願いしてみよ。たぶん、『団朝、お前が教えてやれ』って、言わはるやろから。師匠がそう言わはったら、俺が教えるということで、どないや？」

「ありがとうございます。よろしくお願いします」

団朝お兄さんの男気を感じた。

一月、二月とバタバタしていたため、三月までずれ込んだ。

「銀ちゃん、三月八日の月曜日、ウチの師匠、家にいてはるから、一緒に行こか」

「ありがとうございます。米朝師匠は、僕が行くこと知ってはるんですか？」

「何も言うてない。こういうのは、いきなり行ったほうがエエんや。念のため浴衣は持っておいでや」

「分かりました」

前日の夜、自宅で、中学生の息子と小学生の娘を座らせ、二人の前で『一文笛』をやった。

他のネタでこんなことをしたことはないのだが、聴いてほしくなった。

「どうやった？」

「なんかエエ話やな」

「分かるか？」

「分かる」

二〇一〇年（平成二十二年）三月八日、午後二時過ぎ、団朝お兄さんと一緒に、尼崎市武庫之荘にある米朝師匠のご自宅の前に立った。

私の家から歩いて十五分ほどの近さであるが、訪れたのは、二〇〇四年（平成十六年）の秋、桂吉朝お兄さんに『七段目』のお稽古をつけて頂いて以来、これが二回目であった。米朝師匠のご自宅には広い稽古場があり、そこで、数々のお稽古が続けられてきた。

「銀ちゃん、ここで待ってて。先に師匠に話してくるわ」

「お願いします」

私は玄関に入ってすぐのところで立っていた。団朝お兄さんが一階の居間へ入って行く。声が聞こえてくる。

「師匠、おはようございます」

「おっ、なんや。どないした？」

「実は、笑福亭銀瓶くんが」

「ほう、銀瓶が」

「師匠の『一文笛』をやらせてほしいと言うてるんです」

「ほう、やったらエエがな」

「それで、師匠の許可を頂きたくて、実は今、銀瓶くんが来てるんです」

「そうか」

「ここへ上がってもよろしいですか？」

「上がったらエエがな」

「銀瓶！　上がっておいで」

私は恐る恐る、ソファーに座られている米朝師匠の前に正座した。

浴衣姿の師匠は、ゆったりと煙草を燻らせていた。米朝師匠は煙草が似合う。

「ご無沙汰しております。笑福亭銀瓶です。突然伺いまして申し訳ございません。師匠の『一文笛』をやらせて頂きたくて、その許可を頂きたく、参りました」

「どうぞやってください」

「……はい、ありがとうございます」

「もう、どっかでやったんか？」

「いえ、師匠の許可を頂いてからと思っておりまして、覚えてはいますが、まだ、どこでもかけておりません。これから先の自分の落語会でやらせて頂きたいと思っております」

「そうか」

「高座でかける前に、ぜひとも、師匠に聴いて頂きたいのですが」

これだけの会話でもガチガチだった。何しろ、目の前にいるのは、人間国宝・桂米朝である。

「わしはもう、しんどいさかい、団朝に聴いてもろたらエエさかい」

この答えが返ってくると思い込んでいた私の耳に入ってきたのは、予想外の言葉であった。

「はい。聴かせて頂きます」

「……えっ？　聴いて頂けるんですか？」

「はい」

「い、い、いま、この場で聴いて頂けるんですか？」

「はい」

横を見ると、団朝お兄さんも「まさか」というような顔をされている。

米朝師匠に落語を聴いて頂ける。

急いで浴衣に着替え、師匠の前に正座。その距離、約一・五メートル。

人間国宝と至近距離で、しかも、師匠の後ろの壁には文化勲章の賞状が掛けてあり、なんとそこには「明仁」と書かれている。時の天皇陛下直筆のご署名が視界の先にある。このような稽古場は他では絶対にあり得ない。

一礼して噺を始めた。


「旦那……、もうし、旦さん」

「……私ですかいな？」

「突然、声かけてエライすんまへん。実はちょっと、お願いしたいことがございますねやが」

「なんでおまっしゃろ？」

何度も稽古を重ねて臨んだのであるが、目の前で米朝師匠が聴いておられる、師匠が私を見ていらっしゃる、それだけで喉がカラカラに乾いてくる。

何ヶ所か台詞が詰まったが、何とか最後まで喋り、頭を下げた。

「よう覚えましたな。どうぞやってください」

「……よろしいんですか？」

「結構です。よう覚えました」

「あ、ありがとうございます」

「ちょっと、お茶でも飲もか」

紅茶とケーキが出された。

ここでまた、団朝お兄さんが気を利かせてくださった。

正直、この当時の米朝師匠は昔のような厳しいお稽古をされておらず、言いようによっては「聴いてもらうだけの形だけの稽古」であった。そのことを気にされた団朝さんが、私の『一文笛』を横で聴いて、団朝さん自身が感じたことを米朝師匠にいくつか質問してくださった。

「師匠、銀瓶くんは、あの場面で◯◯と言うてましたが、アレはどうですか？」

「あぁ、それは、直したほうがエエなぁ」

という具合に。ありがたい限りである。

本来の稽古の形ではないにしろ、しかし、米朝師匠に聴いて頂き、ご本人の口から「よう覚えましたな。どうぞやってください」と言われるのと言われないのとでは、自分の中に芽生える自信という点において雲泥の差がある。

お茶とケーキを食べながら、米朝師匠が昔の話を語ってくださり、また、私にもいろいろと尋ねてくださった。

「銀瓶は他にどんなネタをやってるんや？」

「修業中、ウチの師匠の家で皿を洗いながら、カセットテープで米朝師匠の『どうらんの幸助』を聴いてまして、面白いなと思って、割と早いうちからやらせて頂いてます」

「そうか」

「それから最近では、団朝お兄さんに『帯久』の稽古をつけて頂きました」

「ほう『帯久』を」

「師匠、あの噺は還暦、本卦還《ほんけがえ》りがサゲになるんですが、今のお客さんにはマクラで十干十二支のことを説明しておかないと、ちょっと難しい部分がありますね」

「あぁ、そやろなぁ」

「ですから僕はマクラで、甲子園球場の話をしてるんです」

「甲子園球場？」

「はい。甲子園球場は大正十三年甲子《きのえね》の年に完成して、それで甲子園球場という名前になったので、そのことをマクラに入れています」

「なるほど！　あ〜、そら、エエ説明や。おまはんは韓国語でもやってるらしいが、どないや？」

「ありがとうございます。韓国語と日本語は文法が同じなので、日本語と同じ間（ま）で喋ることができるんです」

「ほう、なるほど。どんな噺をやってるんや？」

「分かりやすい噺がいいと思い、今のところ、『動物園』『時うどん』『犬の目』などです」

「で、ウケはどないや？」

「韓国の大学などを中心に若い韓国人の前でやってるんですが、興味深く聴いてくれて、よくウケてます」

「そうか」

「それから、日本語を学んでいる韓国人に日本語でも落語をするんですが、それも盛り上がります。彼らの語学力もさることながら、やはり、落語の力は凄いですね」

「あぁ、そうか」

「師匠、僕は韓国ではスベったことがないんです。日本では時々スベりますが」

「……ハッハッハッ！」

「昨日、ウチの子に『一文笛』を聴いてもらったんです」

「ほう」

「そしたら二人とも、エエ話やなと」

「そうか」

「僕自身、そんなに裕福な家に育ってないんで、『一文笛』のあの世界というか空気が他人事じゃないというか……、うまく言えないんですけど、とにかく、やりたい噺だったんです。それを子どもたちも少しは感じてくれたのが嬉しかったです」

米朝師匠は目を細めながら、私の話に耳を傾けてくださった。

「……今何時や?……もう五時か。ちょっと、飲もか」

テーブルに一升瓶が運ばれてきた。

「さあ、銀瓶、飲め」

米朝師匠が私にお酒を注いでくださる。

米朝師匠が私のために時間を費やしてくださる。

感激の余り、涙が零《こぼ》れてきた。

米朝師匠とお酒を飲みながら、こんなにもゆっくりと話をさせて頂けたのは、これが最初で最後であった。

二〇一五年(平成二十七年)三月十九日、桂米朝師匠は八十九歳で、その濃密な生涯の幕を閉じられた。

その翌年、二〇一六年（平成二十八年）一月九日、三代目・桂春團治師匠もお亡くなりになられ、上方落語四天王は、全員がこの世を去られた。

四天王をはじめ、多くの先達が遺してくださった財産、噺を、次につなげることが、今生きている上方噺家としての使命だと思っている。

それを少しでも果たしたい。

百年目

二〇一〇年（平成二十二年）十月、文化庁文化交流使に選ばれ、韓国に一ヶ月間滞在して二十公演を行なった。

翌年には、舞台『焼肉ドラゴン』の再演に出演し、さらには、ラジオ大阪で私がメインパーソナリティを担当する帯番組がスタートした。

仕事面ではいい出会いがあり、いい時を過ごしていたのであるが、肝心のトライをしていなかった。

「新しい噺に挑もう。難しいネタを覚えよう」

こう思い立ったのは、二〇一五年（平成二十七年）の秋頃であった。

選んだのは『百年目』。

桂米朝師匠の十八番の一つで、上方落語屈指の大ネタ。

もちろん若い頃から知っている噺であるが、それまで「やりたい」という気は起きなかった。

ところが、五十という年齢が見えてきて、こんなことを想うようになった。

「あの『百年目』に出てくる旦那と番頭は、自分に置き換えると、師匠と俺や」

出来が悪かった丁稚の頃、そこを我慢して番頭にまで育て上げてくれた旦那。その二人の情愛を描いた噺。

自分自身に重なるものを感じた。

米朝師匠は『米朝落語全集』において、次のように記しておられる。

こんなむつかしい噺はありません。考えようでは、どの噺もそれぞれむつかしいのですが、私は「どの落語が一番むつかしいと思うか」と訊かれると、「まあ、百年目です」と答えます。

こんな大きな、そして難しい噺を、勝手に覚えて勝手にできるわけがない。

そこで、以前からお世話になっている桂米二《かつらよねじ》お兄さんにお稽古をお願いした。米朝師匠のお弟子さんの中で、最初に『百年目』をされたのが米二お兄さんで、すでに何度も高座にかけておられる。

米二お兄さんから教われば、それは「米朝師匠から教わったに等しい」と思っている。

一席全て覚えてから、お兄さんに聴いて頂くことになった。

二〇一六年（平成二十八年）一月十一日、午後、上方落語協会会館の二階にある稽古場で、米二お兄さんと向き合って座った。

どの噺もそうであるが、稽古で一席、最初から最後まで聴いて頂く時の緊張というものは、お客様の前で喋る際のそれとはまた違ったものである。前者の方が、よりピンと張り詰めたような、研ぎ澄まされたような感じがする。

「ネタを頂く」というのは、それほど神聖なものである。

『百年目』は、優に四十分はかかる長い噺である。その時の私は五十分近くかかった。

その間、米二お兄さんは正座したまま、じっと聴いてくださり、気になったことをメモしてくださった。

私が喋り終えると、そのメモを元に細かくアドバイスをしてくださる。

「ギシギシギシギシと二階へ上がる、言う時には手を添えたほうがエエな」

「顔を扇子で隠す時、もうちょっと扇子に角度をつけたほうがエエ」

「番頭が隠れ遊びをしてると分かった時の旦那は、もうちょっと喜んだほうがいい」

「あの台詞はもっと絞り出す感じで」

「細かいことやけど、あそこは『番頭さん』やなしに『ご番頭さん』やないとアカン」

中でも特に記憶に残っている指摘は、「た」と「て」の違いであった。

噺のクライマックス、赤梅檀《しゃくせんだん》と難莚草《なんえんそう》の話を語りながら、旦那が番頭を諭す場面。ここをやりたいがために『百年目』をやると言っても過言ではない。

ひと通り語った後、旦那は番頭にこう言う。

「わしゃエエ話じゃと思うたなぁ」

もちろん私もその台詞で覚え、米朝師匠の音源を元に作った台本にもその通り書いていたのだが、緊張からか、勢い余ってなのか、米二お兄さんの前ではこう言ってしまった。

「わしゃエエ話じゃと思うてなぁ」

お兄さんは聞き逃さなかった。

「銀ちゃん、これは『思うたなぁ』やないとアカン」

おっしゃる通りである。

旦那が赤梅檀と難莚草の話を「エエ話だと思った」ということに違いはないのであるが、「思うたなぁ」と「思うてなぁ」では、味わいが全く違う。

これが、落語の、日本語の妙である。

「わしゃエエ話じゃと思うたなぁ」という台詞を大事にする意識が生まれた。

「高座でかけてエエよ」

米二お兄さんから許可を頂き、『百年目』をその年の課題のネタに決めた。

お稲荷さん

秋は噺家にとって独演会のシーズンである。その独演会で「文化庁芸術祭」に参加する噺家が多くいる。

申請して参加が認められると、自分の独演会に数人の審査員が訪れ、その内容次第で、芸術祭大賞、芸術祭優秀賞、芸術祭新人賞が贈られる。

私は、二〇〇九年(平成二十一年)に初めて参加し、二〇一五年(平成二十七年)に二回目のチャレンジをしたが、いずれも受賞は叶わなかった。

自分への励み、モチベーションの向上、そして、意地も重なり、二〇一六年(平成二十八年)も参加を決めた。もちろん『百年目』を引っ提げて。

そのため、自身の落語会で『百年目』を何度もかけた。一月から六月までの半年間で十三回演じた。

お客様の前でやらないと噺が身体に入らないし、自分も噺の中に入ることができない。上達もしなければ、精度も上がらない。

『百年目』は春の噺であるが、そんなことはお構いなし、暑くなっても高座にかけ続けた。

そもそも、芸術祭参加公演となる独演会は十月十五日に催すのだから。

そして、七月からはピタッとやめ、当日まで封印した。もちろん稽古は続ける。稽古とともにイメージトレーニングを重ね、数ヶ月ぶりに演じる本番で、新鮮な感情や感覚を吐き出したかったからである。

だが、そうやって準備をしていても何か物足りなさを感じていた。

「もっと気持ちが入る、説得力がある、そして、笑福亭銀瓶の『百年目』にするには、何かが足りない」

そんなことを考えていた九月の終わり頃、修業中の、師匠とのあの会話を思い出した。

「弟子を辞めさせてください」

「俺は今、お前を辞めさすつもりはない」

『百年目』の旦那と番頭は、師匠と自分。

ならば、かつてのあの出来事を、本当にあったあのことを、噺の中に入れてみよう。

番頭は丁稚の頃、不器用で出来が悪かった。きっと、怒られてばかりだったのだろう。

「店を辞めたい」と言う丁稚。優しく諭す旦那。そのお蔭で店に残り、その後、番頭となる。

最初、こんな風に考えたのであるが、丁稚が旦那に直接「辞めたい」と言うと、それでは私と全く同じになってしまう。

辛くなった丁稚が「辞めたい」とポツリと漏らしているのを、たまたま旦那が見つけるという形を考えた。

そうなると、その場所は店の中よりも外の方がいい。店の裏。蔵が並んでいるあたり。

ふと、お稲荷さんが頭に浮かんだ。

丁稚は日頃から、気持ちがしんどくなると、お稲荷さんの前へ行き、お稲荷さんに愚痴をこぼしたりしている。それは、夜の方がいい。

ある夜、お稲荷さんの前で「辞めたい」と独り言を言う丁稚の前に旦那が現れ、こう言う。

「辞めたらアカン。立派な商人《あきんど》さんになりますのじゃぞ」

その言葉に、旦那に、番頭は恩義を感じている。

ここまでのことを思いついた私は、すぐに、落語作家の小佐田定雄さんに電話をかけた。

「小佐田先生、『百年目』のことで、ちょっと相談があるんですけど」

「うん。どないしたん？」

「商家の蔵の横に、お稲荷さんが祀ってあるというのは不自然ではないですよね？」

「お稲荷さんは商売繁盛の神さんやから、むしろ、祀ってあるほうが自然やね」

「そうですよね。いや、実は……」

私は、自分の経験をもとに考えた『百年目』の演出を伝えた。

「なるほど。いや、銀ちゃん、面白いやん」

「そうですか」

「それな、旦那が丁稚に直接『辞めたらアカン。立派な商人さんになりますのじゃぞ』と言うたんやなしに、旦那は物陰に隠れて言うて、その声を聴いた丁稚が、お稲荷さんの声やと思い込んでいるという風にしたらどうかな？」

「……凄い。なんか、ドラマチックな展開ですねぇ。そやけど、米朝師匠が十八番にされてる『百年目』を、そんな風にイラって（手を加えて）もいいんでしょうか？」

「笑福亭がやるんやから、かまへんがな」

「先生、そんなアホな！」

小佐田定雄さんのお蔭で、自分にしかできない『百年目』が見えてきた。

良いか悪いかは別にして、そういう形が見つかった。

いや、良いとか悪いとか、そんなことはどうでもいい。

自分が「そうしたいかどうか」、そのことの方が重要であった。

二〇一六年（平成二十八年）十月十五日、兵庫県尼崎市のピッコロシアターにて催した『第六回 笑福亭銀瓶 独演会』。

大好きなホールで、トリネタで演じた『百年目』。

マクラを含めると一時間近くかかった。自分の感情から生まれる「自然な間（ま）」によって、そうなった。それによってお客様を退屈させてしまったら、それは自分の責任である。

ピッコロシアターは元々は演劇のホールで、開館以来、数々の名優がその舞台で演じてきた歴史がある。

そのことを意識したのも事実であるが、『百年目』を、ある部分においては芝居をイメージして演じた。

『百年目』だけではない。それまで手掛けていた『たちぎれ線香』や『帯久』、あるいは『一文笛』も、「落語でありながら芝居」を意識した。

そして、自身の体験をもとにして取り入れた「お稲荷さんの話」によって、旦那と番頭への感情移入が自然に、さらには、鮮烈にできたと、自分では思っている。

残念ながら、この年も文化庁芸術祭で受賞することはできなかった。

しかし、一年を通じて一つの噺に取り組めたことは、大きな自信になった。

『百年目』は、私にとって最も大切な噺と言える。

一博と景清

一博《かずひろ》という従兄弟がいる。父の妹の長男で、私より八歳下。

彼は全盲である。まだ赤ちゃんの時に、病気のため両眼を摘出した。

私が小学生の時、母から告げられた瞬間の衝撃を今でも覚えている。

あの時、アパートの共同廊下から屋上に上がる鉄製の階段に、私は座っていた。

「一博、手術して両方の目を取らなアカンねん。まだ赤ちゃんやのに。何も見えへん。お父さんの顔も、お母さんの顔も、分からへん」

それを聞いて、可哀そうで、残酷で、悲しくなって、泣いた。

彼の両親、叔父も叔母も本当に明るい性格で、たまに家に遊びに行くと、いつも笑いが絶えなかった。そして、我が子の目が見えていなくても、お構いなしだった。決して特別扱いしなかった。

叔父も一緒に公園でかくれんぼをした。一博が鬼になった時、叔父が私の手を取り「こっちに来い」と物陰に隠れた。

「ここやったら、絶対、見つからへん」

笑いながら言う叔父を子ども心に「スゴイな、この人」と思った。

しかし、一博は見つけた。

一博はピアノも習っていた。彼がまだ四歳くらいの時、家にピアノの先生が来てレッスンを受けていた。テレビを見ている私の耳に、一博が弾くピアノの音色が聴こえてくる。

「アイツ、ホンマに目ェ、見えてないんか？」

そうやって疑ったこともある。

盲学校を卒業して、大阪の鍼灸院に勤め、その後独立して、現在は大阪の東三国でマッサージ業を営んでいる。結婚し、子どももできて、立派な一国一城の主である。

数年前、ラジオ大阪の番組にゲストで出てくれた際、こう話していた。

「盲学校に通っている頃から『アンタは目は見えへんけど、身体は元気やねんから、絶対に電車の中で座ったらアカン。立っときなさい』と、両親から言われました」

叔母夫婦は素晴らしい。その素敵な両親の愛に育まれ、彼は明るく、誠実に、真っ直ぐに生きている。

『景清《かげきよ》』という落語がある。

目貫師《めぬきし》の定次郎。見事な腕前の職人であるが、ふとした病から突然、その目が光を失う。明るく振る舞ってはいるが、その一方で、生きる望み、職人としての夢をも失っていた。

彼を想う母。そして、母を愛する定次郎。

盲目の主人公・定次郎と、親子の情愛を描いた『景清』。

その十年ほど前から「いつかは」と思っていた噺を次の課題に決めた。

二〇一七年（平成二十九年）の文化庁芸術祭を『景清』で獲る。

そう決めた。

年明けから覚え始め、また、桂米二お兄さんにお稽古をお願いした。

『百年目』同様、米朝師匠から米二お兄さんに受け継がれている噺である。

四月十四日の午後、お兄さんに一席全て聴いて頂いた。

「前半の定次郎をもっと明るくしたほうが、後半がさらに生きてくる」

ありがたいアドバイスを頂き、四月二十三日、天満天神繁昌亭で催した自分の落語会でネタおろしをした。ネタおろしとは、初演、つまり、初めてお客様の前で演じることである。

定次郎への感情移入が激しすぎたのか、あるいは感情をコントロールできなかったのか、噺の中盤あたりで涙が出てきた。

台詞を言いながら「もう泣いてるがな」と、頭の中では笑っていた。

感情をうまく調整できるようになるためには、やはり、高座にかけることと、普段からのイメージトレーニングが必要である。

七月二十三日までの三ヶ月間で、九回高座にかけ、十月十五日の独演会まで封印した。

これも『百年目』と同じ理由である。

そうやって、秋の独演会、芸術祭、『景清』に向けて稽古と準備をしていた夏のある日、松竹芸能の鈴木マネージャーから電話がかかってきた。

「銀瓶さん、来年、一月二十日、空いてますか？」

「空いてるよ」

「朝日放送さんが『しごきの会』をするんですが、そこで、銀瓶さんの名前が上がってるんです。八百人のお客さんで、ＡＢＣラジオの生放送で、三席ネタおろしです。この話、引き受けて頂けますでしょうか？」

「そんなもん、『無理です。できません』なんか、言えるわけないやろ」

「ですよね～」

ちょっとした大仕事が決まった。一度に三席のネタおろし。簡単ではない。

しかし、ちょうどいい、面白いと思った。

二〇一八年（平成三十年）は、噺家になって三十年という節目の年。その記念すべき年の出だしを、そのようなシビれる舞台で飾ることができる。

ツイている、そう思った。

『しごきの会』とは、ABCラジオ主催の落語会『上方落語をきく会』の特別企画で、それまでに三席ネタおろしに挑んだのは、桂小米（後の桂枝雀）、二代目・桂春蝶、四代目・林家小染、桂三枝（現・桂文枝）、五代目・笑福亭枝鶴、桂朝丸（現・桂ざこば）、桂文珍、月亭八方、桂べかこ（現・桂南光）、桂きん枝（現・桂小文枝）、桂雀々、桂南天という錚々たる顔ぶれである。

『百年目』にしろ『景清』にしろ、一席のネタおろしでも時間と神経を使う。

『しごきの会』では、二つ目、中トリ、トリに出演して合計三席演じる。

つまり、三席のうち二席は、トリネタを用意しなければならない。

「何をしよかな？」

チラッと考えたが、夏の時点では思いつかなかった。

九月に入り、『景清』の稽古に、さらに気持ちが入っていった。

河川敷を歩きながら、台詞をブツブツと口にし、情景を思い浮かべる。

時々、一博のことを想った。叔母夫婦のことを想像した。

一博が「目が見えない」ということで、暗い話になったり、重い雰囲気になった覚えはない。もしかすると、私が知らないだけなのかもしれないが。

「一博や叔母は、どんな気持ちだったのだろう」

そんなことを想像するだけで、何度も稽古が止まった。

十月に入り、こう思った。

「叔母と叔父に、一博の両親に『景清』を聴いてもらいたい」

叔母に電話をかけて、『景清』という落語のこと、一博という存在のことを話し、そして、その親である叔母夫婦に独演会に来てほしいと頼んだ。

「しょうちゃん、ありがとう。行くわ」

叔母は快く応えてくれた。

二〇一七年（平成二十九年）十月十五日、日曜日。

五十歳の誕生日に催す独演会。誕生月だからなのか、十月は毎年、イキイキとしている。

ピッコロシアターには、約四百人のお客様がお越しくださった。

叔母夫婦は、私から見て少し右側、目線の先に座っている。しかし、極度の近眼の私には、何となくしか分からない。

中トリのネタ『宿屋仇』で、叔母の高らかな笑い声が響き、「あぁ、来てくれているな」と認識できた。

いよいよ、トリの出番。

約三ヶ月ぶりに演じる『景清』。

自棄《やけ》になり諦めかけていたが、良き理解者である甚兵衛はんから勧められ、「目が見えますようにと、京都の清水寺、清水の観音さんへ祈願すること百日。

満願の百日目、それでも全く目が見えないことに苛立った定次郎が観音さんに悪態をつく。甚兵衛はんに叱られ、なだめられ、「もう一度やり直そう。さあ、家に帰ろう」と言われた定次郎の心の叫び。


「ほっといとぉくなはれ。アンタ一人で帰ったらエエねん。……去《い》にまへん。……ほっといて。もう、ほっといて。……帰れるか、帰れんか、考えてみとぉくなはれ。……甚兵衛はん、この着物な……、お母はんが不自由な手ェで縫うてくれたんや。わての知らん間に縫うてくれた。……今朝ウチ出る時、後ろから着せてくれて、『定や、満願の日ィに間に合うようにやっと縫えた。……これ縞物《しまもん》やで。帰りには、この縞柄が見えるようになって戻ってきとぉくれ。ウチにはなんにもないけど、赤いご飯とお酒の一本もつけて待ってるよってに』と、言うた声がまだ耳にある」

盲目である定次郎を演じている時、私は目を閉じている。

頭と心で、一博と叔母を想った。

やがて、定次郎の目に光が戻り、噺は終わる。

終演後、叔母と叔父に挨拶をした。

「あんな噺を聴かせて、辛い思いをさせたかな？」

「そんなことないよ。エエ噺やった。ありがとう」

やるだけのことをやった。

その時、その瞬間の、自分の全てを吐き出すことができた。

『景清』に時間をかけて、想いを込めて演じることができただけで、満足だった。

翌日から、年明けの『しごきの会』に向けて動き出した。

三ヶ月しかない。

選んだネタは、『質屋蔵』『井戸の茶碗』『短命』の三席。

まずは、覚えるのに最も手こずるであろう『質屋蔵』から取り掛かった。

タイトル通り、質屋を舞台にした落語。この噺の最大の魅力は、何と言っても冒頭である。

質屋の蔵に収められた品物には、人々の想いがかかっている。このことについて、一本の帯に纏わる話を例えに、質屋の主人が番頭に対して延々と説明する。

さらに、その説明の中には数人の登場人物が出てくる。話中話《わちゅうわ》を用いた、この主人の長台詞は十分近くかかる。

この間、笑いはほとんどない。そして、主人の長い台詞の最後に、やっと笑いどころがくる。桂枝雀師匠は「笑いは『緊張の緩和』によって生まれる」とおっしゃっていたが、まさにその通りで、『質屋蔵』の冒頭は、「緩和」の手前に存在する長い「緊張」である。

そして『質屋蔵』は、この「緊張」の時間、つまり、主人の長台詞で全てが決まると言っても過言ではない。ここでお客様を逃がしてしまうと、後は何をやっても無駄である。

これをやりたいと思った。難しいことにトライしたい。

『百年目』『景清』に続き、桂米二お兄さんにお稽古をお願いした。

米朝師匠がお得意にされているネタを三つ続けて、米二お兄さんから頂く。

秋は落語会が多いのだが、その合間を縫って、スポーツジムのランニングマシンで、河川敷で、歩きながら台詞をブツブツブツブツとやり、覚えていった。

十二月二十一日、上方落語協会の稽古場で、米二お兄さんからお許しを頂いた。

それからすぐ、『井戸の茶碗』にも着手した。

少しずつ台詞が、噺が、身体に入っていた年の瀬、十二月二十五日、鈴木マネージャーから電話がかかってきた。

それは、五十歳の男への大きなクリスマスプレゼントとなった。

「銀瓶さん、おめでとうございます。芸術祭優秀賞に決まりました」

平成二十九年度（第七十二回）文化庁芸術祭・大衆芸能部門・優秀賞受賞。

狙っていたものが獲れて、嬉しいというより、ホッとした。

しかしこれは、当然、自分の力だけではない。

稽古をつけてくださった桂米二お兄さんのお蔭であり、何より、『景清』という素晴らしい噺のお蔭である。

そして、叔母夫婦との出会い、一博との出会いがあったからだ。

喜ぶのは一瞬で、意識は来年に向いていた。『しごきの会』が、すぐそこまで迫っている。

しごきの会

「この噺、銀瓶さんにもやってほしいですねぇ。合うと思うんですけど」

高座で桂梅團治《かつらうめだんじ》お兄さんが『井戸の茶碗』をされているのを舞台袖で聴いていると、ABCの伊藤史隆《いとうしりゅう》アナウンサーが言った。

二〇一六年（平成二十八年）六月三十日、ABCラジオ『日曜落語～なみはや亭～』の収録現場でのことである。

「いい噺ですよね」

伊藤史隆さんにそう返した瞬間から、『井戸の茶碗』が頭の片隅にあった。

本来は江戸を舞台にした江戸落語であるが、昨今、場所を大坂（大阪）に置き換え、上方版として演じる噺家が増えている。

そもそも、ネタの東西交流は昔から盛んで、西から東、東から西へと多くの落語が、輸入と言ってはおかしな表現であるが、噺家同士で伝えられている。

千代田卜斎《ちよだぼくさい》という浪人、細川家の家臣・高木作左衛門《たかぎさくざえもん》、そして、仲間内から「正直清兵衛」と呼ばれている屑屋の清兵衛、この三人が主人公であるが、登場人物に悪人が一人も出てこない。

ズルいやり方が至るところで横行している、世知辛い現代社会においては「そんな善人ばかりが出てくるなんて信じられない」と思う人がいても不思議ではないが、それ故、逆に清々しさを存分に感じさせてくれる噺である。

この話を書くにあたって、伊藤史隆さんに連絡をすると、次のようなお返事を頂いた。

「銀瓶さんに『井戸の茶碗』をやって頂きたいと思った理由は二つです。演る人によっては『そんなお人好しな話、ないやろ！』と突っ込みたくなることのある噺です。その点、銀瓶さんは、お芝居を観ているような気にもさせて下さる噺家。いい意味で異空間をうまく作られる噺家なので、この『浮世離れした善人ばかり』の噺をうまく違和感なく見せて下さると思ったから。もう一つの理由は、高木作左衛門の若くて凛とした姿と、老いて貧しても、これまた凛とした武士の魂を持って暮らす千代田卜斎を、両方をうまく演じて下さると思ったからです。もともと若侍は、銀瓶さん、うまく演じられるジャンルでしょうが、年齢と歩んでこられた道から醸し出すお姿が、まさに、千代田卜斎を演じるにふさわしい、そのタイミングが来たんじゃないかな、銀瓶さんの千代田卜斎が見てみたいな、と思ったからです。ちょいと生意気なことを言いまして、恐縮ですが、でも、そう思ったので、『銀瓶さんに合うと思う』と申し上げた次第です」

何とも小っ恥ずかしいのであるが、落語番組の収録で多くの噺家の高座を聴いてこられた伊藤史隆さんから勧められたことで背中を押され、この噺を選んだ。

その時点で、すでに数人の上方噺家が『井戸の茶碗』を手掛けていたが、私は露《つゆ》の新治《しんじ》お兄さんにお稽古をお願いした。繁昌亭ができて以降、何度か出番をご一緒させて頂くことがあり、その端正な語り口に敬意と好感を抱いていたからだ。

新治お兄さんは、東京の柳家さん喬師匠から教えて頂いている。二〇一七年（平成二十九年）の秋、繁昌亭の楽屋でお願いすると、「喜んで。覚えたら連絡ください」と、ありがたいお返事を頂いた。

数日後、露の新治お兄さんの『井戸の茶碗』の音源を手に入れた。

年末の仕事がない数日間、そして、正月返上で『井戸の茶碗』と『短命』の稽古に明け暮れた。

どちらも、ネタを繰っていて楽しくなる。噺の魅力がその理由であるが、やはり、「一月二十日に三席ネタおろしをする」という大きな目標が、そうさせてくれるのであろう。

一月十二日の午後、露の新治お兄さんのご自宅で『井戸の茶碗』を聴いて頂くことになった。噺を始める前、お兄さんがおっしゃった。

「銀瓶くんの落語を録音しよ。それを後で一緒に聴きながら、気になったことを言います」

こういうやり方は初めてであったが、とても合理的だと思った。私のスマホに録音した。

一席全てやり終えた後、音声を再生し、二人で聴いた。

「今の台詞の時、目線は右下に向けた方がいい」

「千代田卜斎の時は、少し背中を丸める感じの方が、年相応の浪人の雰囲気が出る」

「小判がザラザラと落ちる時の手の動きはね……」

その都度、音声を止め、お兄さんがアドバイスをくださる。私はそれをメモする。

「いいですよ。『井戸の茶碗』やってください。いやぁ、今日は私も勉強になりました」

「ありがとうございます」

残る『短命』は我流で覚え、本番までの一週間、稽古に集中した。

お客様の前で試したいのだが、「三席ネタおろし」と銘打っているため、当日までに他の落語会で高座にかけることは許されない。ABCラジオの担当者からも事前にこう言われていた。

「昔なら大丈夫だったんでしょうが、今はSNSで『銀瓶さんが○○を演じた』とか書かれてバレちゃいますから、くれぐれもよろしくお願いします」

それは百も承知である。

寒いから河川敷での稽古は避けて、スポーツジムのランニングマシンをフル活用した。歩きながら、小声でブツブツブツブツ。隣の人は、さぞ気味が悪かっただろう。


一月二十日、いよいよ、『銀瓶しごきの会』当日。すっきりと晴れ渡った、冬の空。これまで大事な日は、ほとんどが快晴である。

チケットは早々に完売。兵庫県尼崎市の会場は、約八百人のお客様で満席。気合いが入る。そして、楽しくなってきた。

音響と照明のチェックを済ませると、桂米二お兄さんの姿を見つけた。

「銀ちゃんの『質屋蔵』、ネタおろしを聴かせてもらうで」

お稽古をつけてくださった先輩の前で、ネタおろし。私はこういうことが苦にならない。むしろ、さらにパワーをもらえる気がしてくる。ありがたい。

夕方五時三十分開演。トップバッターの笑福亭《しょうふくてい》呂好《ろこう》くんが好スタートを切ってくれた。

続いて、私の登場。大きな拍手に迎えられて高座に上がるというのは、噺家冥利に尽きる。喋り出すと、お客様全員のワクワク感が伝わってくる。マクラの段階で「今日は大丈夫だ」と確信した。アウェーではなく、ホームだからだ。この数ヶ月間、自分が稽古してきたことを素直に、そして、躍動感を持って表現すれば、結果は自ずとついてくる。

助演の桂南天さん、笑福亭松喬お兄さんのお二人も、短い持ち時間にも関わらず大いに盛り上げて、華を添えてくださった。

私は、温かい空気に包まれ、『短命』『質屋蔵』『井戸の茶碗』、三席のネタおろしを、お客様以上に、私自身が楽しんだ。

細かいミスはあったが、やり遂げることができた。そして、この三つの噺を今後の自身の大きな、強力な武器にしようと思った。

舞台を降りると、松竹芸能の鈴木マネージャーが満面の笑みで待ってくれていた。

「お疲れ様でした」

「この企画、持ってきてくれてありがとうな」

このような経験をさせて頂けたことに、感謝の気持ちでいっぱいであった。できることなら、もう一度、『しごきの会』に出てみたい。

そして、こういう経験を多くの後輩噺家たちにも味わってほしいと願っている。

伸び盛りの活きの良い若手噺家に対して、強力なベテランや中堅噺家が胸を貸す。

刺激的でワクワクする落語会。その時には、堂々と胸を貸す側に回っていたいものである。

檜舞台

檜舞台《ひのきぶたい》。

この言葉の響きが好きだ。

私だけではなく、舞台に上がる数多くの表現者たちが憧れを抱き、心奪われ、そして、「そこに立ちたい」と強く願う、そういう場所である。

近年、「この舞台に立ちたい。ここで独演会をしたい」と強く感じていたのが、「大阪松竹座」である。歌舞伎はもちろんのこと、他の演劇も含め、何度も客席に座った。そこから見える、広い舞台。

「あの場で落語をしたら、どんな景色が見えるのだろう。どんな感覚になるのであろうか」

ずっと、そんな想いを抱いていた二〇一八年（平成三十年）のある日、またまた、松竹芸能の鈴木マネージャーから電話がかかってきた。

「銀瓶さん、大阪松竹座でのお芝居に出てください」

二〇一九年（平成三十一年）二月、『天下一の軽口男～笑いの神さん　米沢彦八～』という芝居の上演が決まっていた。

江戸時代に活躍し「上方落語の始祖」と呼ばれている米沢彦八《よねざわひこはち》を描いた、木下昌輝さんの小説『天下一の軽口男』を舞台化したもので、主演は駿河太郎さん。私の師匠の息子さんである。松竹新喜劇、吉本新喜劇の役者さん、そして、数名の噺家も出演するという珍しい企画。このような、ありがたい話を断る理由はない。

一月に約三週間の稽古を重ね、二月一日、ついに初日を迎えた。

私の役どころは、いわゆる「狂言回し」である。

芝居と芝居の間にスッと現れ、観客にストーリーの解説や話の背景を説明して、また自然にその場の登場人物になり、芝居の中に戻る。

自分で言うのも何だが、私に合っている、そして、美味しい役目であった。

三階席まであり、千人も収容できる大きな劇場で、マイクも使わず、十七日間、お客様に台詞を届け続けることによって生まれるこの快感は、それを経験した者にしか分からない。

実は、前年の秋頃から、自律神経の乱れからか体調を崩していたのであるが、毎日、毎日、決まった時間に楽屋入りするという規則正しい生活を続け、尚且つ、舞台で腹から声を出していたお蔭で、公演中に身体が治った。

駿河太郎さんとの共演も感慨深いものであった。

私が弟子入りした時、彼はまだ、小学四年生だった。

修業中には、それほど多くの時間を共有しなかったのであるが、時が過ぎ、役者と噺家という立場で、笑福亭鶴瓶の息子と弟子が、同じ舞台に立つ。

キャストとスタッフが力を合わせ、そして、多くのお客様のお蔭で、『天下一の軽口男～笑いの神さん　米沢彦八～』は大成功を収めた。

芝居で台詞を言いながら、時々、頭の片隅に浮かんだ。

「ここで、自分の落語会をしたい。俺の噺をしたい」

それから三ヶ月ほど経ったある日、吉報が届いた。「念ずれば叶う」というのは、本当なのかもしれない。

大阪松竹座での独演会が決まった。

二月のお芝居で、私の仕事をご覧になられた劇場関係者の皆様が、チャンスを与えてくださったのだ。

「二〇二〇年二月に、ぜひ」

嬉しい言葉を聞き、考えた。

今の自分に、千人のキャパはハードルが高すぎる。誰かの力を借りるしかない。

それはもう、師匠しかいない。

師匠との競演は、二〇〇五年（平成十七年）から二〇〇七年（同十九年）まで六回催した『鶴瓶、銀瓶をしごく会』に始まり、二〇一四年（平成二十六年）から『鶴瓶・銀瓶　親子会』、『鶴瓶・銀瓶　ふたり会』と銘打ち、ピッコロシアター、横浜にぎわい座で開催し、二〇一七年（平成二十九年）十一月六日、東京・よみうり大手町ホールでの会が最後となっていた。

大阪松竹座での初めての独演会に、師匠に出演して頂けるのなら、これほどありがたいことはない。

二〇一九年（令和元年）七月二十四日、師匠のご自宅に夏のご挨拶に伺った際、お願いをした。

「大阪松竹座で、私の独演会をさせて頂けることになりました」

「良かったなぁ」

「ありがとうございます。……でも、まだ今の私では、千人のキャパを埋めるのは……」

「できるやろ」

「いえ、そんな……、師匠にゲストとして出て頂きたいのですが」

「分かった。そやけど、いつか、自分の力で、いっぱいにできるようにならなアカンよ」

「ありがとうございます」

ホッと胸を撫で下ろした。しかし、師匠のおっしゃる通りである。いつの日か、ゲストに頼らずに大阪松竹座を満席にできる、そんな噺家にならなければいけない。なりたい。

師匠のスケジュールと調整し、日程が決まった。

二〇二〇年（令和二年）二月二十二日、午後二時開演。

見事に「二」が並んだ。

その流れで、私の落語も二席に決めた。最初の一席は当日のお楽しみとして、トリネタを何にするか。

これはもう『百年目』しかない。春の気配を感じる頃、桜が出てくるこの噺はピッタリである。

そして『百年目』には、私なりの演出が加わっている。

修業中「弟子を辞めたい」と私が言い、それを許さなかった師匠。

旦那と番頭の会話、そして絆に、その事実を投影した。

師匠と同じ高座で『百年目』をかけるのは、二〇一六年（平成二十八年）十一月二十五日、横浜にぎわい座で催した、師匠と私の落語会以来となる。

大阪松竹座という、正真正銘の檜舞台で演じる噺として、『百年目』はまさに打ってつけである。

それに見合う仕事を、結果を、私自身が出すのかどうか、それにかかっている。

出さなければ、ならない。

二〇一九年（令和元年）が、あっという間に過ぎ去った。

大阪松竹座でぎんぎん！

「中国の武漢で原因不明の新型肺炎が発生している」

テレビやネットで、初めてこのようなニュースを目にしたのは、一月半ば頃だっただろうか。

二〇二〇年（令和二年）は、新型コロナウイルスとともに始まった。しかし、その時はまだ、多くの人々が、僅か一ヶ月先のことを何も予想できず、全く想像すらせず、どこか他人事であった。

『笑福亭銀瓶　噺の会～大阪松竹座でぎんぎん！～』

二月二十二日に催す独演会のチケットは順調に売れ、完売間近であった。

ところが、日を追うごとに、状況が刻々と変化していくのを肌で感じた。

二月一日、土曜日、午前中に天満天神繁昌亭で私の落語会があった。

通常、週末になると、大阪天満宮へ参拝する人たちや、天神橋筋商店街での買い物客など、多くの人々が午前中から繁昌亭の周辺を行き来するのであるが、この日は違った。

開場前、後輩噺家と一緒に繁昌亭のロビーに立ち、外を見ながら「今日は、人通りが少ないなぁ」と会話したことを覚えている。

それからの展開は、実に目まぐるしいものであった。

独演会に予約されたお客様からキャンセルのメールが届き、中には、前売りチケットを購入したにも関わらず、「チケット代金が無駄になってもいいので、不安だから行くのをやめておきます」という連絡が相次いだ。

二月半ばになると、こんな不安を感じた。

「大阪松竹座、ガラガラになるんかな？」

しかし、当日を迎えると、そのような不安よりも期待と楽しみが勝り、意気揚々と大阪松竹座に乗り込んだ。

二年前の『銀瓶しごきの会』の時もそうであったが、ここ一番の大きな舞台になると、楽しくなってくる。そして、「成功するに決まっている」と、始まる前から確信している自分がいる。それだけの準備をしているのだから。恐れる必要など何もない。

「晴れ男」の私には珍しく、朝から小雨がパラついていた。しかし、気温はそれほど低くなく、春がすぐそこまで来ているのだと感じることができた。

楽屋の前では、お客様や友人たちによって届けられた多くの花が、私を出迎えてくれた。焼肉ハマンのマスターからの花も並んでいる。彼との出会いがなければ、今この瞬間、今この場所に立つことはできなかったであろう。独演会が終わり尼崎に帰ったら、マスターにいい報告をしよう。絶対にできる。

浴衣に着替え、舞台へ移動し、音響と照明のチェック。千人のキャパ、三階席まである大きな劇場であるから、念入りにしないといけない。

鳴り物の笑福亭喬若《しょうふくていきょうじゃく》くん、笑福亭呂好くん、前座の笑福亭喬介《しょうふくていきょうすけ》くん、三味線の入谷和女《いりたにかずめ》お姉さん、そして、仲入り後に出演してくださる内海英華お姉さんまで加わり、丁寧にチェックしてくださった。

みんな、「今日の落語会を成功させよう。いいものにしよう」という同じ想いでいてくれている。さらには、大阪松竹座の一流のスタッフさんたちが、私のために動いてくださる。落語は、高座では一人なのだが、決して、一人ではできない。

午後一時三十分開場。ちょうどその頃、師匠が楽屋入りされた。

「おはようございます。今日はよろしくお願いいたします」

「おぉ、よろしく。お前、一席目、何すんねん？」

「はい。『蔵丁稚《くらでっち》』をさせて頂きます」

「あぁ、ここで芝居噺やったら、ちょうどエエやん」

大阪松竹座の楽屋で師匠と落語の話をして、しかもそこで師匠と競演をする。

三十二年前、誰がそんなことを想像、あるいは、予測できたであろうか。

午後二時、大きな拍手の中、開演。

トップバッターの笑福亭喬介くんが持ち前の明るい高座で『牛ほめ』を軽やかに演じ、いよいよ私の一席目。

通常、舞台下手から高座に上がるのだが、大阪松竹座での公演、せっかくだから、花道を使わせて頂いた。こんなチャンス、次はいつ訪れるのか分からない。

花道の奥、鳥屋《とや》の中で待つ私。

下座で出囃子「拳」が弾かれると、大阪松竹座のスタッフさんが揚幕《あげまく》を勢いよく開けてくださった。

「チャリン!」

いつもは客席で聴いていた揚幕を開ける時の音が、今は自分の目の前で鳴っている。

こんな贅沢で幸せなことがあるだろうか。

黒紋付羽織袴に身を包んだ私は、左足からゆっくりと前に進んだ。

そこから先は別世界であった。

幾多の名優が歩いたこの花道が、今この瞬間、己が歩む道になっている。

まるで、この道の先に、まだ見ぬ自分がいるような、迷わずこの道を進んで行けば間違いないというような、そんな気がしていた。

二歩、三歩と進むうちに、客席から大きな歓声と割れんばかりの拍手が鳴り響く。

花道の七三《しちさん》で立ち止まり、客席を見渡す。一階席、二階席、三階席。コロナの影響で、所々に空席があったが、そんなことが気にならないほどの温かい空気に包まれた。

高座に座り、深く頭を下げる。

顔を上げ、目に入ってきたその光景は、それまでの、どの会場のそれとも違っていた。

そして、拍手の音が、天井から降ってきた。

自分のために、これだけのお客様が集まってくださり、自分のために、大阪松竹座がある。

少し長めのマクラで場を和ませる。それ以上に、自分を和ませていた。流石の私も幾分かたくなっていたようだ。

師匠をネタに思う存分喋った。師弟の競演なのだから、ご愛敬で許してもらえるだろう。

歌舞伎の劇場で、芝居噺『蔵丁稚』をのびのびと演じた。

続いて師匠の登場。

いきなり高座に座らず、最初は着物で立ったまま『鶴瓶噺』。

「腹立つわ〜。アイツ、俺のこと無茶苦茶言うてましたよね〜。違いますよ。銀瓶はウソばっかりついてます。ホンマはね……」

師匠のカウンターパンチが炸裂した。

師弟のやり合いに、お客様は声を上げて喜んでくださった。

「アイツ、修業中に弟子を辞めたいって言いよったんです。そやけど、ホンマ、辞めんで良かった。大阪松竹座で独演会ができるようになったんですから」

こんな話も交え、大いに盛り上げてくださり、改めて高座に座り、落語は『癇癪《かんしゃく》』を演じてくださった。

師匠と六代目・笑福亭松鶴師匠との想い出をベースにした噺で、そこに、松鶴師匠の弟子を想う気持ちが込められている。

仲入りを挟み、後半は、内海英華お姉さんの『女道楽』。

見事な三味線の音色と声で、まさに、華を添えてくださった。

トリの出番、『百年目』。

余計なことは考えず、稽古してきたことを、その瞬間に自分が感じたまま、その感情、感覚を、素直に台詞にしよう、それしかなかった。

店では堅物で通っている番頭が、隠れ遊び、仲間と花見に興じているところを店の旦那に見つかってしまう。

クビを覚悟する番頭。

翌日、旦那から呼ばれ、番頭は恐る恐る、主人の前に座る。

恐縮しきっている番頭に、旦那は優しく、赤栴檀と難莚草の話を元に、「旦那」という言葉の由来を説く。

そして、店のお金を使い込んでいるのではなく、自分で稼いだ金で遊んでいる番頭を褒める。

「お前さんは大したお人じゃ。帳面には、こっから先の無理もない。甲斐性で稼いで甲斐性で使いなさる。あ〜、立派なもんじゃ。世の中にはな、沈香《じんこう》も焚かず屁もこかずてな人があるが、それではいかん。大きい商いをしようと思う者は、アッと言わすようなところがあって当たり前。やんなされ、やんなされ。わしもまだまだ老い朽ちた歳やないさかい、誘うてや。また付き合うさかい」

そして、ここから、修業中の、私の実体験を元にした台詞が始まる。

「帳面を見てるうちに、古いことを思い出しました。ウチの三番蔵の横に、お稲荷さんが祀ってますなぁ。代々伝わるお稲荷さん。これは誰も知らんことじゃがな、満月の日ィの夜中、私は、あのお稲荷さんに手を合わせてますのじゃ。店がうまいことといきますように、ウチの奉公人が達者でありますようにと。いや、これは誰にも言うてない。誰も知らんことや。……あれは、お前さんがウチへ来て、一年経つか経たんかという時、いつものようにお稲荷さんに手を合わせて、部屋へ戻ろうとすると、なんじゃ、どこからともなしに、子どもの泣き声が聴こえてくる。……見るとお前さんじゃ。『うちへ帰りたい。おとうちゃん、おかあちゃん』。……私、どないしよかと思いましたんじゃがな、ちょっと悪戯心も働いて、『立派な商人さんになりますのじゃぞ』言うて、物陰へ隠れましたんじゃ。ひょいと顔を上げたお前さん、月明かりに照らされて、エライ、ビックリしてたな」

「……あれは、旦さんが言うてくれはったんでおますか？……私は、お稲荷さんの声やと、思うておりました」

「……そうかぁ？……それやったら、こんな話、するんやなかったなぁ。……あれから、長い年月《としつき》が経ちました。……お前さんはもう、ウチで番頭をするような男やない。自分の店を持って然るべき、暖簾をかけて然るべき、立派な商人さんになりましたんじゃな。私の知らん間に。……あの時、お前を家《うち》へ帰さんで良かった」


「弟子を辞めさせてください」

「俺は今、お前を辞めさすつもりはない」

修業中の、あの日のことを頭の中のほんの片隅に置きながら、旦那と番頭を演じていた。

「あの時、辞めさせずに残してくださり、ありがとうございます」

私は当然、こう思っている。

「あの時、お前を辞めさせなくて良かった」

師匠もこんな風に感じてくださっていたら嬉しいな、そうも思っている。

私にとって『百年目』は、師匠と私の噺である。

大きな、そして、温かい拍手に包まれ、緞帳が静かに下りた。


この独演会が、もし、あと一週間遅かったら、恐らく、中止を余儀なくされたであろう。

現に、三月に入り、多くの落語会、様々な公演の中止が相次いだ。

こう書くのは不謹慎なのかもしれないが、私は本当に幸せ者である。

そして、やはり、何かに守られているような気がする。

それは、もしかしたら、ハンメなのかもしれない。

三月以降、たくさんの落語会、仕事が、中止やキャンセルになり、時間がたっぷりとできた。

正直、不安に襲われたこともある。

しかし、二月二十二日に大阪松竹座で独演会ができた、多くのお客様の前で師匠と競演し、そこで自分の『百年目』ができたという、この事実が、「負けてなるものか」という支えになっている。

そして、二〇二〇年（令和二年）四月の終わりからこの自叙伝を書いている、この執筆活動が、今の私を奮い立たせ、さらには、これまでにない充実感を与えてくれている。

人は「やるべきことが、ある」というただそれだけで、不安を消し去ることができる。

春に、別のコラムの執筆をしている最中、ある言葉に出会った。

それは、恥ずかしながら、五十歳を過ぎて初めて知る言葉であった。

師弟の縁は前世・現世・来世の三世《さんぜ》につながる深い因縁で結ばれている、という意味を持つ、その言葉。

「師弟は三世」

師匠と私は、前世には、どんな間柄だったのだろう。
来世には、どのように巡り合うのであろう。
願わくは、ずっと、現世であってほしい。
今のまま、ずっと。

あとがき

「銀瓶さん、また本を書いてくださいよ。次は、落語や上方の噺家さんに纏わる、ガッツリした本を。銀瓶さんの書いたものを読みたいです」

エッセイ集『銀瓶人語』の三冊目を出版した、二〇一二年（平成二十四年）以降、西日本出版社の内山正之さんから、会う度にこう言われていた。

私は決まって、いつも笑いながら返した。

「僕が落語や噺家について、何を書くんですか?……無理です、無理です」

事実そうである。

上方落語に関する深い内容の書籍は、桂米朝師匠の著書をはじめ、すでに多くのものが世に出ているし、また、私が書くとしても、それほどいいものが書けるような気がしなかった。

そもそも、書く意欲がなかった。

二〇二〇年（令和二年）四月初旬、新型コロナウイルスの猛威が顕著になった頃、編集プロダクション・ウエストプランの松田きこさんから、WEBメディアでの執筆を依頼され、久々に本腰を入れてモノを書いた。

それは、噺家の修業生活に纏わるもので、自分が経験したことを中心に綴った。

その過程で、「書く喜び」「書く楽しさ」を思い出した。

ちょうど同じ頃、内山さんと会った。

「銀瓶さん、本を書いてくださいよ」

「……そうですね。何か書きましょうか。……書くとしたら、自分のこと、自叙伝しか思いつかないですね」

「自叙伝、いいじゃないですか」

「でも、それを書くには、師匠と師匠の奥さんのお許しが必要です。お二人とのことを赤裸々に書かないと、意味がないですから」

大げさなようだが、新型コロナウイルスで世の中が混沌とし、人生観に変化が生じたというか、それまで考えもしなかったような想いが芽生えていた。

「いつ、どうなるのか分からない。いつ死んでも、不思議ではない」

私のような、売れてもいない、有名でもない噺家の半生に、一体どれほどの価値があるのか定かではないのだが、「自分のことを記しておきたい」と、素直に感じた。

四月十八日、師匠ご夫妻と話す機会があり、そこで、自叙伝を書きたいということを伝えた。

「エエよ。好きなように書いたらエエ」

師匠は、あっさりと許してくださった。隣で奥さんも頷いている。

四月下旬以降、自分の記憶を頼りに、ほぼ毎日、朝から執筆を続けた。

自分にとって大事なこと、大切な出来事は、明確に近い形で覚えているので、書くべきことが次から次へと生まれてくる。

六月某日、また、師匠ご夫妻と会った際、こんな会話になった。

「自叙伝を書いていたら、『あぁ、あの人に悪いことしたなぁ』、『失礼なこと言うたなぁ』とか、思い出します」

「懺悔の時間やな」

師匠は笑いながら、芋焼酎のソーダ割を口に含んだ。

しかし、師匠のおっしゃる通り、約五十三年間の私の人生は、もちろん、頑張ったこと、胸を張って良いことなどもあるが、懺悔すべきこともたくさんある。

いろんな人たちに、失礼なことを言い、申し訳ない言動が多々あった。

もし、生まれ変わることができるとして、もう一度、人生をやり直すことができるとするのなら、いくつかの修正点を持ちながら（私が申し訳ないと感じている、これまでの数々の言動についての修正をしつつ）、次のように生きていたい。

同じ両親のもとに生まれ、同じ境遇で生まれ、同じ環境で育ち、同じ学校に通い、同じ仲間と出会い、同じ校歌を歌い、同じ先生に教えてもらい、同じ人を好きになり、同じ人を愛し、同じ人から愛されていたい。

そして、同じ人の、弟子でいたい。

私の半生を綴った拙い文章に、最後までお付き合い頂き、本当にありがとうございます。

この本を書くにあたって、きっかけを与えてくださったウエストプランの松田きこさん、そして、背中を押してくださった西日本出版社の内山正之さんに感謝します。

さらには、これまで私を応援してくださった皆様、子どもの頃からの、学生時代からの友人たち、大切なことを教えてくださった多くの先生方、各一門の師匠や先輩噺家の皆様、たくさんの噺家仲間、後輩噺家の皆さん、そして家族に、心からお礼を申し上げます。

本当にありがとうございます。

世の中のあらゆる業種が困難を極める中、上方落語界も大変な危機に直面しております。

読者の皆様、これからも、上方落語を何卒よろしくお願い申し上げます。

二〇二一年二月二十二日

笑福亭　銀瓶

笑福亭銀瓶

１９６７年10月15日生まれ、兵庫県神戸市出身。

１９８８年３月28日、笑福亭鶴瓶に入門。

２００５年から韓国語による落語も手がけ、韓国各地で公演を継続。

２００８年、繁昌亭奨励賞受賞。２００９年、繁昌亭大賞受賞。２０１７年、文化庁芸術祭優秀賞受賞。舞台『焼肉ドラゴン』、ＮＨＫ朝ドラ『あさが来た』『まんぷく』『スカーレット』、ＮＨＫ『歴史秘話ヒストリア』に出演するなど、役者としても活動。著書『銀瓶人語』(西日本出版社)。趣味は、ピアノ、筋トレ、観劇。

参考書籍

落語と私　桂米朝(文藝春秋)
米朝落語全集 増補改訂版　桂米朝(創元社)

師弟　笑福亭鶴瓶からもらった言葉

２０２１年４月22日　初版第一刷発行

著　者　笑福亭銀瓶
発行者　内山正之
発行所　株式会社西日本出版社
http://www.jimotonohon.com/
〒564-0044
大阪府吹田市南金田1-8-25-402
【営業・受注センター】
〒564-0044
大阪府吹田市南金田1-11-11-202
TEL.06-6338-3078　FAX.06-6310-7057
郵便振替口座番号　00980-4-181121

編　集　松田きこ（ウエストプラン）
デザイン　鷺草デザイン事務所
表紙写真　大西二士男
印刷・製本　株式会社光邦
協　力　松竹芸能株式会社

ISBN 978-4-908443-57-2

笑福亭銀瓶の本

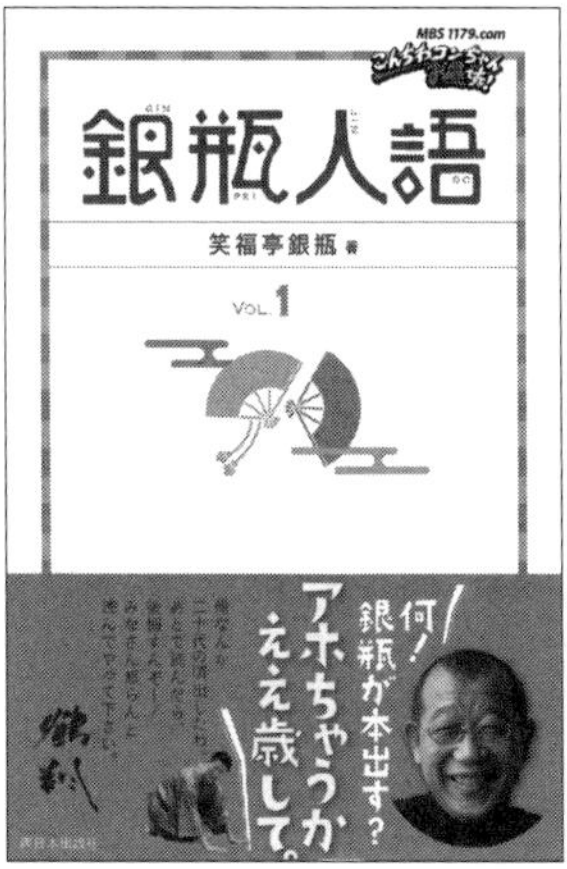

笑福亭銀瓶がその日常を描いた、
エッセイ「銀瓶人語」
笑って怒って、ちょっと落として。
朴訥とした新しい笑い満載。
じっくりとお楽しみください。

銀瓶人語vol1
巻頭　笑福亭銀瓶写真集
巻末付録　銀瓶人語誕生秘話
こんちわコンちゃんお昼ですょ！＆銀瓶人語年表

銀瓶人語vol2
巻末付録　こんちわコンちゃん今週の反省会スペシャル

銀瓶人語vol3
巻末付録　銀瓶をとりまく女たち
－内海英華・関岡香・和田麻実子－

定価：本体 1,300円
四六判 220p

発行：株式会社西日本出版社

西日本出版社のノンフィクション

第二次世界大戦で心身ともに病み、高度成長とともにベストセラー作家としての地位を積み上げ、１９９６年日本で一番本が売れていた年、執筆中に亡くなった山村美紗の生涯は、日本の歩み、出版業界の歩みとリンクする。

山村美紗のパートナーは長らく西村京太郎だと思われていた。

葬儀に喪主として突然現れた、夫。奇妙な三角関係を形作り、嫉妬心にかられながら美紗を支えた二人の存在。

京都に住み京都を描いた作家の素顔を描いた、ノンフィクション。

「本の雑誌」が選ぶ 2020年度ベスト10
ノンフィクション部門の1位

京都に女王と呼ばれた作家がいた
〜山村美紗とふたりの男〜

著者：花房観音
判型：四六版上製 228p／定価：本体 1,500円
ISBN978-4-908443-52-7

彼らは加害者である前に被害者だった。

奈良少年刑務所で行われていた、作家・寮美千子の「物語の教室」。

絵本を読み、演じる。詩を作り、声を掛け合う。

それだけのことで、罪を犯し、世間とコミュニケーションを取れなかった少年たちが、身を守るためにつけていた「心の鎧」を脱ぎ始める。

「空が青いから白をえらんだのです」が生まれた場所で起こった数々の奇跡を描いた、渾身のノンフィクション。

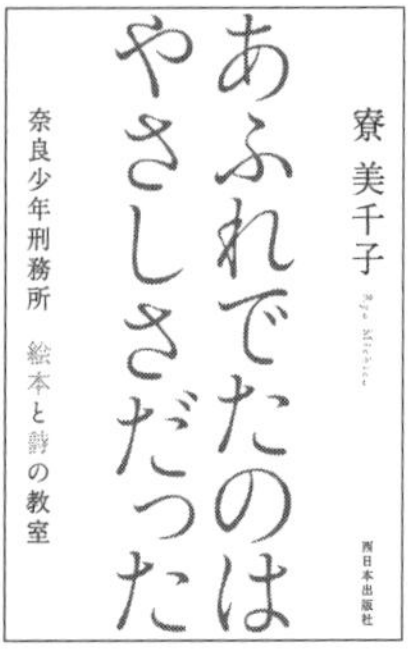

あふれでたのは やさしさだった
奈良少年刑務所 絵本と詩の教室

著者：寮美千子
判型：新書版 228p／定価：本体 1,000円
ISBN978-4-908443-28-2